악부시집
청상곡사 1

악부시집
청상곡사 1

곽무천 지음

주기평·서용준·김수희·홍혜진·임도현
이욱진·김해민·이다연 역해

學古房

일러두기

1 이 책은 ≪악부시집樂府詩集≫(중화서국출판, 1996)을 저본으로 하였다. 원문의 교감은 별도로 하지 않고 저본에서의 내용을 그대로 따랐으며, 저본의 원문이 다른 서적들과 차이가 있는 경우 필요에 따라 주석을 통해 이를 밝혔으며 출전을 따로 표시하지는 않았다.
2 매 작품은 일정 분량을 한 사람이 맡아 번역과 주해를 하는 책임번역의 방식을 취하였고 각각의 분량 말미에 해당 역해자의 이름을 밝혔다.
4 주석의 표제음은 두음법칙을 적용하여 표기하였으며, 한 글자인 경우 이를 적용하지 않고 원음을 표기하였다.
5 이 책에 사용된 부호는 다음과 같다.

≪ ≫ : 서명.
〈 〉 : 편명 또는 작품명.
( ) : 한자 독음 및 인용문의 원문.
[ ] : 한글표기와 한자표기의 음이 다른 경우.
" " : 인용문.
' ' : 강조.

역자서문

　지난 2012년부터 서울대학교 중어중문학과 중국 고전시가 전공자들을 중심으로 역대 주요 중국 시인들의 시를 완역하는 모임이 꾸려진지 올해로 어느덧 8년을 맞이하게 되었다. 이 모임은 중국 고전시가 중국 고전문학을 대표하는 양식임에도 그동안 주요 시인의 변변한 완역집이 존재하지 않는다는 중국 고전시가 전공자로서의 자각과 반성에서 시작되었다. 그리고 부족하나마 그 연구 성과들을 차례로 세상에 내어 놓게 되었으니, 지난 2014년에는 고려와 조선에 걸쳐 우리 선조들이 선록하고 주석을 달아 그 학술적 가치가 높으면서도 우리의 국문학 연구에도 도움이 될 수 있는 ≪협주명현십초시夾注明賢十抄詩≫를 완역하였고, 2015년에는 중국 산수시의 대가로 꼽히는 남조 송나라의 사령운(謝靈運, 385~433)과 그의 친척동생인 사혜련(謝惠蓮, 397~433)의 시를 완역하였다. 이어 2017년에는 이른바 건안풍골建安風骨의 흥기를 주장하며 당대 초기 완약婉弱한 남조 제량齊梁의 유풍을 일소하고 성당시 발전의 토대를 이루었다고 평가받는 진자앙陳子昻의 시를 완역하는 등 문학사적으로 의미 있는 작가와 작품들을 선정하여 짧게는 1년에서 길게는 2년에 걸쳐 지속적인 번역작업을 수행하고 그 결과물을 책으로 출간하였다.
　이후 모임에서는 보다 장기적인 계획 하에 중국 고전시의 토대를 마련하는 것에 모두가 공감하였고, 이에 따라 고대 중국 민가의 총집이자 후대 오·칠언 고시와 근체시 및 사詞의 바탕이 되었던 ≪악부시집樂府詩集≫을 완역하는 것을 목표로 하였다. 여기에는 총 5,300여 수에 달하는 작품이 수록되어 있는데 이번에 출간하는 ≪악부시집樂府詩集·청상곡사淸商曲辭≫는 그 일부분으로서 주로 위진남북조魏晉南北朝 시대의 민가들이 수록되어 있다.

<청상곡사清商曲辭>는 크게 <오성가곡吳聲歌曲>과 <서곡가西曲歌>, <강남농江南弄>, <상운악上雲樂>의 4가지 유형으로 구분되는데, 이중 <오성가곡>과 <서곡가>가 가장 많은 분량을 차지하며 문학적 성취 또한 뛰어나다고 평가되고 있다. 이들은 그 시기와 지역에 있어 다소 차이가 있어 <오성가곡>은 진晉, 송宋, 제齊 시기에 도읍인 건업建業을 중심으로 한 장강 중하류 지역에서 유행한 민가이며, <서곡가>는 이보다 약간 늦은 양梁, 제陳 시기에 강릉江陵과 양양襄陽을 중심으로 한 장강 중류 및 한수漢水 지역에서 유행한 민가이다. 본서에서는 <청상곡사> 중 일차로 <오성가곡>을 번역하였으며, 이후 <서곡가> 등을 하나로 모아 <청상곡사>를 완역하기로 하였다.

　본서의 원문은 ≪악부시집樂府詩集≫(중화서국출판, 1996)을 저본으로 하였다. ≪악부시집≫에는 작품 뿐 아니라 해제에서 편자인 송宋 곽무천郭茂倩이 인용한 여러 전적들이 소개되어 있다. 그 내용이 인용한 실제 서적과 일치하지 않는 부분 또한 더러 있는데 중화서국 판본에서는 이에 대해 비교적 충실히 교감하고 그 내용을 밝히고 있다. 따라서 역해자들이 교감에 대한 수고를 덜고 작품 번역과 해설에 보다 충실을 기할 수 있도록 이를 저본으로 하였으며, 주석이나 해설에서의 필요에 따라 글자 상의 차이에 대해 간략하게만 언급하였다.

　본 역해서에서는 매 작품의 일정분량을 한 사람이 맡아 번역과 주해를 하는 책임번역의 방식을 취하였고 각각의 분량 말미에 해당 역해자의 이름을 밝혔다. 그러나 모든 작품에 대해 먼저 책임번역자가 번역과 주석 및 해설을 일차로 담당하고 이를 바탕으로 공동의 검토와 논의를 거쳐 다시 수정 보완하는 과정을 거쳤다. 따라서 혹 이에 대한 오류나 잘못이 있다고 한다면 이는 전적으로 역해작업에 참여한 모두의 공동 책임임을 밝힌다.

이번 번역작업에는 박사논문을 마친 이욱진 선생이 다시 참여하였으며 박사 수료생인 김해민, 이다연 동학이 새로 참여하였다. 이들은 관련 자료나 원문 검색에 많은 도움을 주었으며, 특히 작품의 이해와 분석 등에 있어 자주 새로운 관점이나 견해를 제시함으로써 작품에 대한 보다 다양하고 충실한 해설이 가능할 수 있도록 하였다. 가히 뛰어나고 촉망받는 진정한 '학문후속세대'라 칭할 수 있으니, 우리 학문의 미래는 이들로 인해 밝다고 할 수 있을 것이다.

앞으로도 지속적으로 새로운 인원들을 충원해 가며 우리의 연구는 계속될 것임을 약속하며 독자들의 많은 관심과 격려를 기대한다.

2020. 1.
역해자를 대표하여
벽송碧松 **주 기 평** 삼가 씀

목차

1. 오가 3수 吳歌三首 ⋯⋯ 34
2. 자야가 42수 子夜歌四十二首 ⋯⋯ 37
3. 자야사시가 75수 子夜四時歌七十五首 ⋯⋯ 65
4. 자야사시가 7수 子夜四時歌七首 ⋯⋯ 110
5. 자야사시가 8수 子夜四時歌八首 ⋯⋯ 115
6. 자야춘가 子夜春歌 ⋯⋯ 120
7. 자야동가 2수 子夜冬歌二首 ⋯⋯ 121
8. 자야사시가 6수 子夜四時歌六首 ⋯⋯ 123
9. 자야사시가 4수 子夜四時歌四首 ⋯⋯ 128
10. 자야사시가 4수 子夜四時歌四首 ⋯⋯ 132
11. 대자야가 2수 大子夜歌二首 ⋯⋯ 136
12. 자야경가 2수 子夜警歌二首 ⋯⋯ 138
13. 자야변가 4수 子夜變歌四首 ⋯⋯ 140
14. 상성가 9수 上聲歌九首 ⋯⋯ 144
15. 환문가 2수 歡聞歌二首 ⋯⋯ 151
16. 환문변가 7수 歡聞變歌七首 ⋯⋯ 154
17. 전계가 8수 前溪歌八首 ⋯⋯ 160
18. 아자가 4수 阿子歌四首 ⋯⋯ 166
19. 정독호가 7수 丁督護歌七首 ⋯⋯ 169
20. 단선랑 10수 団扇郎十首 ⋯⋯ 175
21. 칠일야녀가 9수 七日夜女歌九首 ⋯⋯ 183
22. 장사변가 3수 長史變歌三首 ⋯⋯ 190

23. 황생곡 3수 黃生曲三首 ··· 193
24. 황혹곡 4수 黃鵠曲四首 ··· 196
25. 벽옥가 6수 碧玉歌六首 ··· 199
26. 도엽가 4수 桃葉歌四首 ··· 203
27. 장락가 8수 長樂佳八首 ··· 207
28. 환호곡 3수 歡好曲三首 ··· 212
29. 오농가 14수 懊儂歌十四首 ····································· 214
30. 오뇌곡 懊惱曲 ·· 223
31. 화산기 25수 華山畿二十五首 ································· 227
32. 독곡가 94수 讀曲歌九十四首 ································· 242
33. 춘강화월야 7수 春江花月夜七首 ···························· 300
34. 옥수후정화 2수 玉樹後庭花二首 ···························· 312
35. 당당 堂堂 ·· 317
36. 삼각사 4수 三閣詞四首 ··· 319
37. 범용주 泛龍舟 ·· 324
38. 황죽자가 黃竹子歌 ·· 327
39. 강릉녀가 江陵女歌 ·· 329
40. 신현가 18수 神弦歌十八首 ···································· 330
41. 신현곡 神弦曲 ·· 344
42. 신현별곡 神弦別曲 ·· 346
43. 사어산신녀가 2수 祠漁山神女歌二首 ····················· 348
44. 사신가 2수 祠神歌二首 ··· 352

청상곡사清商曲辭와 오성가곡吳聲歌曲에 대하여

오성가곡은 송말宋末의 곽무천郭茂倩이 편집한 《악부시집樂府詩集》의 <청상곡사> 조목에서 가장 수량이 많은 시가의 모음으로 <서곡가西曲歌>와 함께 청상곡사의 중요한 구성요소이다. 《악부시집》이 중국 고대 민가류 시가의 방대한 모음집인 것처럼, 청상곡사는 주로 위진남북조魏晉南北朝 시대의 민가류 시가를 많이 모았다. 그리고 오성가곡은 그 안에서도 주로 남조의 민가를 많이 모았는데 《악부시집》에 수록된 역대의 전체 악부 시들 가운데에서도 비교적 서정성이 높은 것으로 알려졌다.

그런데 그 기원이 민가에서 시작하였고 그 구체적인 음악의 형태나 다른 조건들이 지금까지 전해지지 않기 때문에, 비단 오성가곡뿐 아니라 청상곡사에 대해서도 아직 우리가 명확하게 이해하지 못한 부분이 많다. 또한 《악부시집》에 기록된 내용 뿐 아니라 현전하는 다른 참고자료 등을 검토하더라도 전문연구자들조차 아직 서로 견해를 달리하거나 판단을 보류하는 문제들이 많다. 따라서 오성가곡에 대해 소개하려면 마땅히 먼저 청상곡사에 대해 설명을 해야 하겠으나, 아직은 그 대강의 설명만이 가능하고 구체적인 사항에 대해서는 서로 다른 견해를 소개하거나 소략하게 처리할 수밖에 없을 따름이다.

이미 이 책의 본문에는 《악부시집》에서 곽무천이 청상곡사와 오성가곡에 대해 설명하고 개괄한 내용이 번역되어있다. 그러나 여러 가지 이유 때문에 그 내용이 이해하기 쉽지 않으며 또 그 설명이 명쾌하지 않은 부분도 있다. 그래서 이 책에서 지금 소개하는 청상곡사와 오성가곡에 대한 내용은 《악부시집》의 해설을 보충하는 성격을 가지며, 아울러 곽무천의 해설을 같이 보지 않고도 청상곡사와 오성가곡에 대해 기초적으로 이해할 수 있게 하려는 목표를 가진다.

1. 청상곡사란?

≪악부시집≫은 수록한 5000여 편의 악부시들을 모두 12종류로 분류하였다. 청상곡사는 ≪악부시집≫에 700여 수가 실려 있으며 이것은 12종류 가운데에서 4번째로 많은 수량이다. 주로 한대漢代에 기원한 상화가사相和歌辭가 서정성과 함께 서사성을 크게 부각시킨 것에 반하여 청상곡사는 중국 고대의 서정 민가의 매우 중요한 부분을 차지한다. 그런데 이 12가지 분류는 주로 해당 악부시의 음악의 용도, 음악의 형식적 특징, 발생 시기나 유행 지역 등을 기준으로 하였지만 그 12가지가 모두 같은 범주를 기준으로 분류한 것도 아니며 그것이 정확히 무엇을 의미하는 것인지 분명하지 않은 부분도 있다. 그러니 ≪악부시집≫이 청상곡사에 대해 설명한 내용 역시 면밀히 검토하고 다른 자료들과 비교할 필요가 있다.

1-1 청상악淸商樂

청상곡사란 청상악의 가사란 뜻이다. 중국 음악사전류에서는 청상악을 한위漢魏의 상화가사 등의 구곡舊曲을 바탕으로 동진東晉과 남북조에서 그 당시의 민간음악을 흡수하여 만든 속악俗樂의 총칭이라고 설명한다. 여기에서 청상악은 청상서淸商署의 음악이라는 뜻이다. 어떤 연구자는 청상악이 먼저 있었고 이 청상악을 연주해서 청상서라고 이름지었다고 주장하기도 하였다. 그러나 대체로 청상서가 먼저 있었던 것으로 보는 견해가 우세하다. 청상서는 위魏나라에서 궁궐에 설치한 연회와 오락의 기구였던 것으로 보이는데 시간이 흘러 남조 때에는 국가의 정식 아악雅樂을 담당하는 기관이 되었다. 이에 따라 청상악은 연희의 음악에서 국가의 정성正聲으로 신분 상승이 되었.

처음 청상서에서 연주하고 노래하고 춤을 추었던 음악의 종류에 대해서는 의견이 분분하다. 만약 청상악이 먼저 있었다면 청상악을 연주했겠으나 청상서가 먼저 있었다면 상황이 다르다. 《악부시집》을 포함하여 과거부터 오늘날까지 대부분의 연구자들은 청상서에서 한漢에서 전해진 상화가사를 연주하고 공연하였을 것이라고 생각한다. 그런데 청상서에서 연주되었다고 곽무천이 이야기한 삼조三調(대체로 3종류의 음악)에 대해서는, 그것이 오직 상화삼조相和三調만인지, 아니면 청상삼조淸商三調가 차별성을 가지며 존재했는지에 대해 서로 의견이 다르다. 청상삼조라는 명칭은 《악부시집》 이후에도 사용되었지만, 현재는 청상악이라는 구체적인 음악 형식을 특정하지 못하기 때문에 청상삼조가 사실 없었거나 또는 있었더라도 상화삼조와 같은 의미일 것이라고 생각하는 경향이 더 많다.

중국이 남북조로 나뉜 다음에 남조와 북조 조정은 모두 청상서를 설치하였다. 북쪽으로부터 동진東晉이 옮겨와서 건업建業(지금의 남경시南京市)에 수도를 정한 뒤로 송宋, 제齊, 양梁, 진陳의 4나라가 모두 건업을 수도로 삼아 남조를 이뤘다. 북조는 5호16국의 시대를 거쳐 북위北魏가 평정을 한 다음에 북주北周에 이르기까지 북조를 이뤘다. 대체로 남조는 본래 한족漢族이 지배층을 이룬 국가이며 북조는 기타민족의 국가로 여겨진다. 당시 상황을 미루어보면 북조 왕조가 남조 왕조의 정치 체계를 참조했을 가능성이 크며 청상서 역시 본래 위나라와 진나라에 있던 것이 남조로 이어질 때에 북조에서 이것을 따라한 것으로 보인다.

상화가사를 중심으로 중원구곡中原舊曲을 주로 연주하던 청상서는 남조 왕조가 남쪽으로 옮겨온 다음에는 남쪽 지방의 음악을 새로 받아들인 것으로 보인다. 소위 남조신성南朝新聲, 또는 청상신성淸商新聲이라 불리는 남방의 민가가 지배 계층의 음악에 흡수된 것인데 오성가곡과 서곡가가 청상서의 음악에 포함되었다. 그런데 이 청상서의 음악 공연에서 남조와 북조의 차이가 발생하였다.

역사적 기록에 따르면 남조를 침략한 북조의 후위後魏의 효문제孝文帝가 남조의 청상악을 얻었다고 한다. 이 청상악에는 상화가사 뿐 아니라 오성가곡과 서곡가가 다량 포함되었다. 북조에서는 이 청상악을 청상서에서 연주하였다. 그래서 북조의 청상서에서 연주하는 청상악에는 중원구곡과 오성가곡과 서곡가가 모두 포함되었다. 이와 달리 남조에서는 처음에는 청상서에서 당시 남방의 민가인 오성가곡과 서곡가도 연주하였으나, 점차로 지도층 인사들이 남방의 민가를 청상서에서 연주하는 것을 반대하였다. 그래서 결국 남조의 청상서에서 공식적으로 연주할 수 있었던 청상악은 오직 중원구곡인 상화가사와 여기에서 파생한 청상악(만약에 있었다면) 뿐이었다. 이것은 청상서가 남조의 공식 음악 관청이 된 것과도 상관이 있었는데, 청상악이 남조의 아악정성을 의미했기 때문에 민간의 노래를 정성으로 포함시키기 곤란했던 것이다. 물론 청상서가 아닌 궁궐이나 귀족의 사사로운 연회에서는 오성가곡과 서곡가가 매우 애호되었다. 곽무천의 해제에 인용된 왕승건의 말은 다소 오해의 가능성이 있는데, 다만 상화가사가 쇠퇴했다는 사실만을 안타까워하는 것이 아니라 오성가곡과 서곡가를 청상서에서 배제하기를 바라는 말이었다.

남조의 왕조에서 중원구곡만을 청상서의 정성으로 공식적으로 취급한 것과 달리, 북조의 왕조에서 남조의 민가까지 모두 청상악으로 받아들인 이유는 기록된 바가 없으나 어쩌면 외부에서 진입한 다른 민족 출신의 지배층이 남방 문화를 결국 중국의 본래 문화로 인정하고 선망했기 때문일 수도 있다. 그 뒤에 북조를 제패한 북주를 접수해서 수隋나라를 세우고 다시 남조를 포함해서 중국을 통일한 문제文帝는 남방의 음악을 추가로 수집하고 이들을 화하정성華夏正聲(중원의 바른 소리)라고 칭찬하였다고 한다. 수나라의 청상서의 청상악에도 당연히 남조의 민가가 포함되었다. 그러니 남방의 민가가 지역과 시대에 따라 국가의 정성에 포함되었다가 빠졌다가 다시 포함된 것이다.

당唐나라는 수나라에서 곡조와 악기 등을 정비했던 청상악을 거의 그대로 받아들였고 단지 이에 더해 일부 음악적인 세부 사항을 수정한 것으로 보인다. 그래서 당나라의 청상악은 이전부터 전해져온 남방의 민가풍의 음악이 주를 이루었다. 그리고 곽무천은 《악부시집》에서 수와 당의 청상악의 개념을 받아들여 남조의 민가를 모두 포함하는 청상악의 가사를 청상곡사라고 규정하였다.

그런데 지금까지 남아있는 당나라의 청상악의 목록에는 위진남북조의 민가와 함께 한漢나라의 상화가사로 보이는 것들과 역시 한나라에서 이미 유래한 것으로 보이는 악부시의 제목이 있다고 한다. 곽무천이 청상곡사를 편집하면서 오히려 이러한 것들, 즉 한대에서 유래한 소위 중원구곡을 청상곡사의 목록에서 빼버린 것은 아마도 의도적이었던 것으로 보인다. 그래서 《악부시집》의 해제에서는 그 이전까지 청상곡사를 이야기하다가 문득 남아있던 노래를 '초한구성楚漢舊聲과 청조淸調'라고 나누어 불렀다. 곽무천은 수와 당의 청상악의 가사 중에서 상화가사의 종류는 상화가사로 보내버렸고 남방의 민가에 가깝더라도 기원이 한대에 이른다고 생각한 것들은 다른 종류의 악부시로 분류하였다. 그래서 《악부시집》의 청상곡사는 시대적으로는 오직 위진남북조시대, 지역적으로는 주로 남조의 남방 지역에서 유행하였던 노래의 가사만을 포함하고 있다.

1-2 청상淸商의 뜻

청상곡사가 청상악의 가사이고 청상악이 청상서의 음악인 것은 이미 분명하다. 그러나 청상서가 왜 '청상'이라는 이름을 갖게 되었는지에 대해서는 여전히 통일된 견해가 없다. 청상서는 '청상의 음악을 연주하는 기관' 정도의 의미로 이해하는 것이 일반적이다. 그래서 청상악이 청상서보다 먼저 있었다고 생각하는 연구자도 있는 것이다.

청상악이라는 개별적인 음악을 특정하지 못하는 가장 큰 이유는 구체적이고 기록적인 증거가 전혀 남아있지 않기 때문이라고 한다. 《악부시집》은 한나라 때에 채옹蔡邕이 언급했다는 청상곡에 포함된다는 몇 가지 노래 제목들을 열거하였으나 그것들이 기록하기에는 수준이 떨어졌다는 것 이외에는 그 실체를 전혀 알 수 없다. 그래서 채옹이 이 노래들을 왜 청상곡이라고 불렀는지도 알 수 없다. 다만 청상서 이전에 '청상'이라는 단어가 이미 있었다는 것만을 확인할 수 있었다.

청상을 음악의 소리와 관련해서 이해하려는 견해도 많다. 중국 고전 음악의 음계에서 청淸은 원음에서 반음이 높은 음을 의미한다는데, 청상淸商음은 중국의 전통적인 5음계(궁宮, 상商, 각角, 치徵, 우羽)에는 없는 음이다. 5음계에 변음 2가지를 더한 것이 7음계인데, 현재 전하는 중국의 고대 7음계에는 청상음이 포함된 음계가 없다고 한다. 그러니 청상음을 으뜸음으로 시작하는 청상음계도 현재 전하는 것이 없다. 그래서 어떤 연구자는 고대 음계(7음계이든 12음계이든)의 곡조에서 두 번째 음이 첫 번째 음보다 반음이 높거나 낮은 음계를, 두 번째 음이 결국 상음의 순서니까 이것을 청상곡이라고 불렀다고 주장을 하기도 했다. 어쩌면 지금은 전하지 않는 고대의 음계 가운데에서, 특히 지역적으로 중국의 남방지역에서 사용한 악곡의 음계 가운데에 청상음을 기본음의 하나로, 또는 으뜸음으로 사용한 음계가 있었을 지도 모른다. 아니면 정상적인 음계는 아니나 특별히 청상음을 강조한 변칙적인 곡조가 있었을 지도 모른다. 그러나 현재로서는 여전히 전혀 근거가 없다고 보는 편이라고 한다.

청상의 '청'을 소리의 성격으로 보는 견해도 있다. 이러한 해석은 중국 고전 음악에서 청淸을 '높고 슬픈'의 의미로도 사용하는 것에 근거한다. 그러면 청상은 '슬픈 상음'의 의미가 된다. 음악에 관련된 내용은 아니지만 고대의 다른 전적에서도 '청상'을 '슬픈 상음'의 의미로 사용한 용례가 있다. 하지만 이러한 해석은 오음계에서 상음이 겨우 궁음보다 '청'한 것으로 인정받는다는 점에서 문제가 있다. 그러니 만약 청상이 '슬픈 상음의 노래'라면 이것을 긍정적으로 풀이해서 '아주 높은 소리는 아니면서 곡조나 가사가 슬픈, 상음이 으뜸음인 노래' 정도의 의미가 될 뿐이다. 연구자에 따르면 상음의 음계가 실제 가기가 부를 수 있는 가장 높은 음계였으니 '슬픈 상음'이라는 것이 일리가 있다고 주장하기도 한다. 아예 '청상'을 그냥 '상음'으로 보는 견해도 있다. 결국 '청상'의 음악이라는 명칭에서 그 '청'을 어떻게 해석하든, 과연 이것이 음악 형식과 관련이 있는 명칭인지에 대해 현재까지도 여전히 분명하지 않으며, 이와 관련한 여러 견해들에 대해 연구자들도 대부분 보류적인 태도를 보이는 것 같다. 현재 중국 고전 음악에 남아있는 청상조淸商調라는 이름의 음계에도 청상음이 없다. 이 청상조는 청상악과 관련이 없으며 음악의 분위기와 관련이 있다.

청상의 본래 의미 보다는 청상이 주로 위나라 때에 어떤 의미로 쓰였는지에 주목하는 견해도 있다. 청상이 음악적으로 '슬픈 상음'의 노래든지 아니면 그저 상음을 으뜸음으로 하는 노래든지와 상관없이, 청상 또는 청상악은 슬픈 내용과 분위기의 노래였다는 것이다. 비록 사전류에서는 별로 보이지 않는 듯이지만 이러한 견해는 '청상'을 '슬픈 정도의 의미로 이해한다. 그래서 이러한 견해에 따르면 청상악은 음악의 곡조나 가사의 내용이 슬픈 음악이다. 그러니 이러한 주장에서는 청상악류의 음악이 어떤 특정한 종류의 악곡 형식을 뜻하는 것이 아니다. 현재 전하는 청상곡사의 노래의 상당수가 슬픈 사랑의 노래라는 것도 이러한 관점과 연관이 있다.

다소 편의적으로 보이는 이 주장이 실제 역사와 얼마나 부합하는 것인지 현재로서는 알기 어렵다. 이러한 주장은 슬픈 내용의 음악이 그 당시에 수준이 높고 쓸 만한 음악으로 받아들여졌다는 가정을 하는데, 그래서 위나라가 되면 청상한 음악이 좋은 음악을 뜻하는 말이 되었다고 주장한다. 즉 청상은 고급 음악의 대표가 되었으며 청상서란 고급 음악을 연주하는 기구가 된 것이다. 그리고 이러한 주장은 채옹이 언급한 한나라의 청상곡이지만 수준이 떨어져 기록할 만하지 못한 노래들에 대해 나름의 설명을 할 수 있다.

이미 상화가사가 청상서의 청상악에 포함되었다면 과연 청상악만의 음악적 특징을 도출하여 구별하기는 것은 힘들다. 그리고 나중에 청상악의 중심이 되었던 남방의 민가는 상화가사와 음악적 형식이나 문학적 형식이 모두 판이하게 다르다. 그러니 어떻게 보더라도 청상악의 음악 형식적 특징은 분명하지 않다. 그래서 청상악을 결국 '당대의 애상적인 고급음악'으로 이해하고 남북조의 조정에서 청상서를 '고급 음악 연주 기구'로 보았다고 여기는 것이다. 비록 민가에서 출발한 노래들일 지라도 그 노래들이 수준 높은 고위 계층에서 향유되었으며 한동안 국가의 아악으로 여겨졌다는 것도 이러한 견해의 근거 가운데 하나이다. 그러나 결론적으로 청상이 음악의 형식적인 종류인지 고급 음악의 대명사인지 여전히 분명하지 않다.

1-3 청상곡사의 문학적 특징와 의의

청상곡사가 과거 시대의 민가들(《시경詩經》의 국풍國風, <상화가사> 등)과 비교해서 구별되는 것은 형식적으로 작품의 길이가 짧고 글자 수가 단정하며 기교적인 표현이 많고, 내용적으로 서사성이 줄고 서정성이 강조되었으며 역사적이거나 사회적인 문제에 관심이 없다는 점이다. 청상곡사의 내용의 가장 큰 주제는 남녀 간의 사랑이며 그 가운데에서는 비극적 사랑으로 인한 고통이다. 신분 격차 등의 구체적인 이유로 이별이나 죽음을 당하는 사례가 드물게 있긴 하지만 대부분의 사랑은 기쁨으로 끝나든 슬픔으로 끝나든 보통은 운명적이거나 보편적인 성격을 가지며 이것은 일반적인 고대 민가의 사랑 노래의 성격이기도 하다. 곽무천은 각기 작품의 해제에서 이 보편적인 사랑의 기쁨과 슬픔의 노래에 구체적인 역사성을 부여하고 그 서사성을 회복시켜 작품 각각의 고유한 가치를 중국 전통 시학의 기준에 맞게 구성하려고 하였다. 그러나 이러한 곽무천의 시도가 적어도 남조 시대에 청상곡사를 즐겼던 귀족과 문인의 취향과 어울리지는 못했던 것 같다.

구체적인 사회성과 역사성이 생략된 인간 사랑의 여러 감정에 대한 민간의 노래는 역시 사회성과 역사성, 특히 정치성은 추구하지 않았으나 비인간적이고 초월적인 현언시玄言詩로의 경도를 극복하고 인간 감정의 일상적이고 보편적인 감동을 유지할 수 있었던 남조 귀족 문학의 여러 문학 형식들-가령 궁체시宮體詩 등에 영향을 주었다. 부정적으로 평가했을 때에 퇴폐적이고 무기력하다고 할 수 있었으나, 인간 감정의 세심한 측면에 대한 감동은 이 후 중국 시가 문학에서 소위 순문학純文學이 발전할 수 있는 기초를 제공하였다고 할 수 있다.

청상곡사가 노래의 글자 수가 많지 않고 길이가 짧고 일정한 형식이 많다는 점은 고시에서 근체시로 변화하는 중국 고전 시가의 발전 과정에서 일정한 상호 관계가 있었음을 추측하게 한다. 오성가곡이나 서곡가나 5언4구가 많았던 점에서 절구絶句 형식의 형성과 영향 관계를 검토할 수 있다. 그리고 서곡가의 창작에 문인의 모작模作이 많았는데 이는 남조 민가의 언어와 분위기, 그리고 음운과 성률이 문인의 시가 창작에 영향을 주고 이후 당시의 발전에도 영향을 줬을 수 있다.

2. 吳聲歌曲이란?

　청상곡사의 노래는 크게 오성가곡과 서곡가로 나뉘는데 이들을 병칭하는 오성서곡吳聲西曲은 마치 남조 민가의 대명사처럼 불리기도 했다. 《악부시집》은 남조南朝 진陳나라의 《고금악록古今樂錄》에서 청상가곡을 오성가곡, 신현가神弦歌, 서곡가, 상운악上雲樂, 아가雅歌, 강남농江南弄의 6가지 종류로 나눈 것을 받아들였는데, 신현가를 오성가곡 아래에 포함시켰고 상운악, 아가, 강남농을 서곡가 아래에 포함시켰다. 오성가곡과 서곡가의 구별은 주로 발생한 지역과 시기에 따라 나뉘는데, 두 민가 사이에 당연히 존재했을 음악적인 차이는 파악하기 어렵다. 오성가곡은 남조의 도성都城인 건업 부근의 예전 오吳지방의 성읍과 장강 유역의 민가로 구성되었으며 서곡가는 동정호洞庭湖 부근의 예전 초楚지방의 성읍과 장강 유역의 민가로 구성되었다. 원칙적으로 오성가곡과 서곡가는 창작 시기의 선후를 따지기 어려우나 현재 전하는 민가의 내용에 따르면 오성가곡은 민가를 수집하여 수정한 형태의 작품이 많은 반면에 서곡가는 초기 민가의 형태가 아니라 남조 제齊나라 이후 문인의 모작이 많다. 그래서 보통 문학사에서는 오성가곡이 동진, 송宋, 제까지의 작품이 많고 서곡가가 남조 양梁, 진陳의 작품이 많았다고 설명하며 오성가곡이 서곡가보다 현상적으로 그 유행 시기가 앞섰다고 해설한다.

2-1 오吳 지역의 민가에서 기원한 오성가곡

　오 지역은 장강의 하류 지역으로, 삼국시대에 손권의 오나라가 도읍을 건업에 정한 이후로 중국 남방 문화의 중심 지역이 되었다. 흔히 강남江南이라고도 알려진 이 지역은 자연지리적인 조건과 인문지리적 조건이 모두 비교적 풍요한 곳이었다. 이에 따라 농업과 상업 모두 고대 중국에서 가장 발달한 지역이었으니 남조의 모든 왕조가 이 지역에 도읍을 정하였다. 이 지역의 평민들은 남조 왕조가 여러 방면에서 흥망성쇠의 부침을 겪는 동안 비교적 안정적인 생활을 지속할 수 있었던 것으로 보인다. 오지역의 민가를 수집하여 수정한 오성가곡의 내용에 전쟁과 부역에 대한 공포가 그다지 보이지 않는 것에는 이러한 이유도 있었을 것 같다.

오 지역 민가의 가장 큰 고통의 원인은 보통 짝사랑과 이별이었는데 그 이별의 원인도 보통 남자의 배신, 서로 간의 불화, 상업적이거나 경제적인 필요로 인한 원행遠行 등이었다. 이별의 가장 운명적인 이유인 사별死別의 경우에도 짝사랑에 의한 사망, 질병에 의한 사망, 돌발적인 사고에 의한 사망으로 인한 것이었지 전쟁과 같은 사회적 재앙으로 인한 사망은 확인하기 어렵다. 국가의 전쟁과 관련된 내용이 <정독호가丁督護歌>와 <장사변가長史變歌>에 보이긴 하나 수량이 적으며 그 내용도 남의 이야기를 전하는 식이다.

《악부시집》에서는 오성가곡이 본래 노래만 있었던 것을 수집한 뒤에 악기의 연주를 더했다고 설명하였다. 이 설명에 따르면 민가의 음악에 맞게 관현의 음악을 새로 만들었다는 의미로 보인다. 그래서 오성가곡의 관현의 음악은 본래 남방의 민가의 음악과 유사했을 것으로 추측된다. 그러니 중원의 옛 노래인 상화가사의 북방적인 음악과 비교하여 관현의 연주 음악도 달랐을 가능성이 크다. 현재 오성가곡 뿐 아니라 서곡가도 보통 5언4구의 짧은 형식이며 이 중심 노래의 전후에 더할 수 있는 것은 화성和聲과 송성送聲만이 있었다고 한다. 그러므로 현재 추측하는 청상곡사 연주의 가장 큰 규모의 형태인 6곡 연속 연주를 할 때에 각 곡의 사이에 화성과 송성을 모두 넣었다고 하더라도 전체 음악의 길이가 상화가사보다 길었다고 단언하기 어렵다. 그리고 이 연속 연주에서 어떤 노래들을 서로 연결했는지, 또는 같은 곡을 반복했는지 등은 현재 명확하지 않다. 다만 <변가變歌> 등의 변형 음악들을 처음 노래의 뒤에 같이 연주했을 것이라고 추측하며, 악부시 가운데에는 귀족의 연회에서 오성가곡과 서곡가를 서로 같이 연주한 것으로 추측할 수 있는 내용의 가사도 있다. 청상곡사의 악기의 종류는 상화가사의 악기와 비교하여 그 종류가 바뀐 것은 있으나 수량은 늘었다고 기록되어 있다.

2-2 오성가곡의 저자와 창작 배경 및 창작 순서

곽무천은《악부시집》의 모든 곡조에서 각 제목의 악부시를 설명할 때 해제를 달면서 해당 악부시의 기원을 설명하려 하였다. 서사성이 많은 악부시의 기원을 악부시 연구자들은 일반적으로 본사本事(본래의 사건과 이야기라는 뜻이다)라고 부른다. 이 본사는 단순히 저자가 누구인지를 설명하는 경우도 있고 왜 저자가 이 악부시를 지었는지 배경 사건의 개요를 설명하기도 한다. 어떤 연구자는 전체 5천여 수의 악부시에서 곽무천이 설명한 본사의 서사 구조를 악부시의 내용에 포함하고 있는 악부시가 대략 4할을 넘는다고 주장하기도 한다.

  그런데 곽무천이 주장한 이 본사들은《악부시집》이전의 악부시 관련 저작에서 이미 밝혔던 것 가운데에서 곽무천이 선택한 것도 있고 곽무천이 스스로 연구해낸 것도 있다. 현재의 연구자들도 고대의 악부시들이 같은 제목 아래에서 유사한 서사구조를 상속하는 경향이 있었다는 것을 인정한다. 어떤 악부시의 제목이 같으면 내용도 비슷할 가능성이 많다. 그러나 악부시는 기본적으로 민가에서 기원했으며 우리가 특정 민가를 처음 수집한 사람을 지목할 수 있는 가능성은 있지만 그 민가의 처음 기원과 그 서사성을 의심 없이 밝히는 것은 어렵다. 더욱이 곽무천은 상당수의 악부시의 본사의 서사구조에 특정 역사인물을 대입시키려는 경향을 보였는데, 이것은 간단히 접수하기에는 힘든 주장이며 이 주장에 대해 매번 곽무천 자신의 근거가 분명한 것도 아니다.

  오성가곡의 본사에 대해서도《악부시집》은 비슷한 설명 태도를 가진다. 남방의 민가인데도 대부분 처음 노래의 상류층 출신의 창작자가 존재하며 그 창작의 이유가 설명된다. 그러나 현재는, 가령 제목에 이름이 쓰인 <정독호가> 조차도 그것이 특정한 역사인물인 정독호가 이 시가의 배경 이야기에 등장한다는 것을 보증하는 것이 아니라고 생각된다. 이미 곽무천의 설명에서도 이 '정독호'가 단지 화성이나 송성일 것이라는 암시를 받기에 충분하며, 그 이외에 이 시가들의 내용은 일반적이고 흔한 전쟁의 이야기일 뿐이라고 의심받는다. 다만 비교적 그 창작시기가 나중이고 내용도 실질적으로 민가라고 보기 힘든 진후주陳後主와 수양제隋煬帝의 작품들만이 그들의 작품으로 일반적으로 받아들여진다. 게다가 오성가곡을 포함한 청상곡사는 악부시 가운데에서도 서정성이 강하며 길이가 매우 짧은 편이다. 물론 민가인 이상 그 서사성 또한 긍정해야 하지만 악부시의 상화가사처럼 서사성이 강하지도 않고 길이가 길지도 않다. 그래서 곽무천의 본사 설명은 그 내용이 주로 남녀의 애정 위주이면서 그 감성이 보편적이고 그 주인공이 익명적인 매우 짧은 민가인 오성가곡에는 그다지 어울리는 것 같지 않다. 역사성과 사회성이 배제되어 그 서사성도 비교적 부족한 서정 민가에 곽무천이 억지로 역사성을 부여하려한 셈이다.

그러나 악무천의 본사 해설에 근거하면 오성가곡에 수록된 시가들의 처음 발생 순서를 대략적으로 계측할 수 있다. 이것은 《악부시집》의 편집 순서와는 다르다. <전계가前溪歌>(진晉 심충沈珫 지음) - <아자가阿子歌>, <환문가懽聞歌>(진 목제穆帝 시기) - <자야가子夜歌>(진 효무제孝武帝 시기) - <벽옥가碧玉歌>(진 손작孫綽 지음) - <도엽가桃葉歌>(진 왕헌지王獻之 지음) - <단선랑가團扇郎歌>(진 왕민王珉의 형수의 시비 지음) - <장사변가>(진 왕흠王廞 지음) - <오농가懊儂歌>(진 안제安帝 시기) - <정독호가>(진 안제 시기 본사 발생) - <화산기華山畿>(송宋 소제少帝 시기 본사 발생) - <독곡가讀曲歌>(송 문제文帝 시기) - <춘강화월야春江花月夜>, <옥수후정화玉水後庭花>, <당당堂堂>(진陳 후주後主 지음) - <범용주泛龍舟(수隋 양제煬帝 지음)

2-3 오성가곡의 음악적인 특징들

오성가곡은 민가를 채집하여 곡을 정리한 것이다. 현재 《악부시집》에 수록된 오성가곡은 대부분 5언4구로 되어있으며 5언3구나 단구의 작품도 있다. 비교적 길이가 긴 작품들은 대부분 비교적 나중에 또는 당나라 이후의 시인들이 본격적으로 창작한 시가들이다. 곽무천은 다른 자료들을 활용하면서 오성가곡의 노래의 앞과 뒤에 화성이나 송성이 있었다고 밝혔고 개별적인 작품들의 설명에서도 화성이나 송성이 있었음을 밝혔다. 현재 남아있는 하성이나 송성은 짧은 단어도 있고 짧은 단구도 있고 두 구절 이상의 노래 가사인 경우도 있다. 그런데 곽무천은 이러한 화성과 송성을 오성가곡의 본래 가사에는 포함시키지 않았다. 화성과 송성이 짧은 단어인 경우에는 일종의 추임새로 여겨서 크게 중시하지 않을 수 있겠으나 그 길이가 길어지면 일정한 의미를 가지게 된다. 그리고 이러한 의미는 원래의 시의 내용과 연관되어지기 마련이다.

화성과 송성은 청상곡사의 다른 악부시들에도 공통적으로 적용되는 내용이다. 화성과 송성이 음악적인 효과만을 가졌다면 원래 민가에 있던 것일 수도 있고 청상서를 중심으로 한 귀족 문화의 재창작 과정에서 더해졌을 수도 있다.《악부시집》의 해설을 보면 상당수의 작품들이 민간에서 악기 없이 노래될 때에 이미 화성이나 송성이 있었음을 알 수 있다. 그렇다면 민가를 채집하면서 왜 화성과 송성을 본래 노래 가사에 포함시키지 않았는지, 또는 오성가곡의 노래 가사에 화성과 송성의 흔적이 과연 없는지 검토할 필요가 있다. 만약 특정 제목의 오성가곡에는 모두 공통적인 화성이나 송성을 쓰는 것이었다면, 가령 <자야가>는 '지자持子'로 송성을 쓴다고 하였는데 이 '지자'가 모든 <자야가>에 공통적으로 송성으로 무조건 쓰였다면, 개별적인 시가의 내용에 화성과 송성을 포함시킬 필요가 없을 것이다. 그러나 어떤 악부시들은 시의 내용에 화성과 송성이 이미 섞여있다고 생각되는 작품들이 있고, 특히 그 길이가 매우 짧은 것들은 시의 내용 전체가 화성이나 송성이 아닐까 의심스러운 경우도 있으며, 어떤 작품들은 그 제목이 본사가 아니라 원래 화성이나 송성에서 나온 것이 아닐까 생각되기도 한다.

현재 300여 편의 작품이 전하는 오성가곡에는 음악적, 또는 형식적으로 특기할 만한 작품들이 두 종류가 있다. 기존의 노래와 그 내용에는 결정적인 차이가 있는 것 같지 않은데 오성가곡 가운데에는 변가變歌들이 있다. 현재 가사만 남아있기 때문에 이렇게 바뀐 노래들이 과연 무엇을 바꿨는지 알 수 없다.《악부시집》의 설명에 근거하면 이러한 변가들은 송성을 바꿨을 수도 있고 악기의 종류를 바꿨을 수도 있고 연속 연주 시에 순서를 바꿨을 수도 있으며 어쩌면 음악의 곡조나 리듬을 조금 또는 많이 바꿨을 수도 있다. 이러한 변가에는 곽무천의 본사 해설도 더해지지 않았다. 이것은 변가의 발생이 다만 왕실과 귀족 계층이 민가를 향유하는 과정에서 이루어진 일이라는 것을 알려준다.

역시 상류 계층의 음악 감상 과정에서 만들어진 것으로 보이는 악부시들이 더 있다. <자야가>, <대자야가大子夜歌>, <자야경가子夜警歌>, <상성가上聲歌> 등에는 노래 자체의 가치나 수준을 평가하는 내용이 나온다. 이 노래들은 해당 노래가 얼마나 뛰어난지, 또는 해당 악부시를 노래하거나 연주하는 예인의 솜씨가 얼마나 뛰어난지를 평가하고 묘사한다. 그러니 이러한 작품들은 민간의 노래가 아닌 것이 분명하다. 그러나 다른 오성가곡들의 내용에 같은 제목의 노래나 연주를 듣고 슬퍼하는 여인이 등장하는 민가들도 있기 때문에 기계적으로 그 종류를 구별하는 것은 간단하지 않다.

2-4 다른 오성가곡들과 성격이 다른 신현가神弦歌

오성가곡의 민가들의 내용 가운데에서 가장 많은 것은 남녀 사이의 애정 문제로 야기되는 다양한 사건과 이에 따르는 감정 문제라고 할 수 있다. 여기에 더해 인간 생활의 고단함이나 무상함, 생계를 위한 농업과 상업에의 종사, 외부 세상에 대한 동경, 음악의 감상 등의 내용이 또 있다. 그리고 오성가곡의 가장 후반부에 수록되었지만 그 내용이 다른 오성가곡들과 현격하게 구별되는 신현가가 있다. 이 신현가는 그 형식적인 면에서도 다른 오성가곡의 민가들과 다르다.

현재 《악부시집》에 18수가 전해지는 신현가를 남조 진의 《고금악록》에서는 오성가곡과 따로 구별했다. 그러나 곽무천은 오성가곡에 이 소량의 신현가를 포함시켰는데 오늘날 청상곡사를 구별할 때에는 보통 곽무천의 전례를 따른다. 신현가의 내용은 전적으로 제사를 지내는 이야기이다. 다른 오성가곡에도 죽은 사람을 추모하거나 제사를 지내는 내용이 있으나 신현가는 그 성격이 다르다. 오성가곡에서 추모하는 죽은 사람은 사랑한 사람이거나 가족인 경우가 일반적이다. 이와 달리 신현가에서 제사를 지내는 대상은 귀신이며 이 귀신들은 여러 잡다한 남방의 잡신雜神들이다. 다른 오성가곡의 민가들이 인간 생활의 여러 현실적인 상태(주로 애정 문제이지만)에 대해 섬세한 감정적 태도를 보였던 것과 비교했을 때에 신현가가 귀신을 섬기는 태도는 생활밀착적인 성격을 가졌다는 점에서만 다른 민가들과 비슷하다.

역사적 기록에 따르면 강남 지역은 중원지역과 비교해서 미신 풍속이 더 유행했다고 한다. 지방색이 풍부한 다양한 남방의 잡신이 신현가에 등장한다는 것은 이 다양한 잡신들이 남조의 민간 생활에 매우 밀접하게 연관되었음을 알려준다. 그리고 이러한 미신 풍속은 민간 뿐 아니라 왕실에서도 유행하였다. 그러니 귀신을 섬기는 노래를 왕실의 청상서에서 채집한 것은 이상한 일이 아니다.

다만 이러한 신현가들은 다른 오성가곡들과 비교해서 형식적인 면에서도 차이가 있다. 각 구절의 글자 수가 들쭉날쭉하고 시의 길이도 들쭉날쭉하다. 그래서 형식적인 면에서 보았을 때에 신현가와 오성가곡은 다른 것이 아닌지 의심될 정도다. 연구에 따르면 신현가는 오성가곡과 그 기원이 다르다. 이미 신현가와 비슷한 노래가 삼국시대 손권孫權의 오나라의 종묘에서도 불려졌다고 한다. 이 기록을 신뢰할 수 있다면 신현가의 글자 수와 노래의 길이가 다른 오성가곡과 다른 점이 설명될 수 있다. 신현가는 일종의 오지역의 옛 노래(오성구곡吳聲舊曲)인 것이다.

전체 오성가곡 가운데에는 글자 수가 조금 다른 노래들도 있다. 그리고 이 신현가도 건업을 중심으로 한 오 지역에서 계속 불리던 노래이며 청상서에 채집되었다. 그래서 비록 <고금악록>에서는 오성가곡과 신현가를 구별하였지만 《악부시집》에서는 오성가곡에 포함시켰다. 아마도 곽무천은 신현가의 가치를 크게 중요하게 생각하지 않은 것 같다.

청상곡사 淸商曲辭

청상악은 일명 청악이라고 한다. 청악은 먼 옛날부터 전해오는 소리이다. 그 시작은 상화삼조인데 모두 한위 이래의 옛 악곡이다. 그 가사는 모두가 옛 가사이거나 위나라 삼조가 지은 것이다. 진나라 조정이 옮겨가면서부터 그 음악은 흩어져버렸는데 부견이 전량을 멸하고 그것을 얻어 전진과 후진에 전하였다. 남조 송나라 무제가 관중을 평정하고 이어 남쪽으로 들어가면서 내지에는 다시 전하지 않게 되었다. 이 이후로 남조의 문물은 가장 번성하였다고 일컬어졌다. 민간의 노래와 나라의 풍속도 세상에 새로운 소리가 있게 되었다. 따라서 왕승건은 삼조의 노래에 대해 논하여 이르기를, "지금의 청상악은 사실 동작대에서 연유한다. 위나라 삼조는 풍류가 가히 품을 만하여 서진에서 높이 불리었으며 동진에서 더욱 중시되었다. 그러나 인정이 변하고 듣는 것이 바뀌면서 점차 다시 쇠락하게 되었고, 수십 년 사이에 없어진 것이 거의 절반이었다. 남은 곡조를 좇으며 오래도록 그리워하고 남은 악기를 어루만지며 크게 탄식하는 까닭이다."라고 하였다. 후위 효문제가 회한 지역을 토벌하고 선무제가 수춘을 평정하면서 그 악기들을 거두어 강좌에 전해진 중원의 옛 곡을 얻게 되었으니, <명군>, <성주>, <공막>, <백구>의 부류와 강남 지역의 오가와 형초 지역의 서성을 모두 청상악이라 총칭하고 궁정의 연회에서 이를 함께 연주하였다. 양나라와 진나라가 망하게 되면서 남아 있는 것이 거의 드물었다. 수나라가 진나라를 평정하면서 이를 얻었는데 문제는 그 가락을 칭찬하면서 말하기를, "이것이 중원의 바른 소리이다."라고 하였다. 이에 약간 고쳐서 더하고 빼어 그 슬픔과 원망을 없앴으며, 살피어 이를 보충하여 새로이 율려를 정하고 악기를 고쳐 제작하였다. 인하여 태상시에 청상서를 두어 이를 관장하게 하고 '청악'이라 불렀다. 개황 연간 초에 처음으로 칠부악을 설치하였는데 청상기가 그 중 하나였다. 대업 연간에 수나라 양제는 청악과 서량 등을 제정하여 구부악을 만들었는데, 청악의 노래곡으로는 <양반>이 있으며 춤곡으로는 <명군>, <병계>가 있다. 악기로는 종, 경, 금, 슬, 격금, 비파, 공후, 축, 쟁, 절고, 생, 적, 소, 호, 훈 등 15종이 있는데 하나의 악대로 삼았다. 당나라 때에는 여기에 취엽을 더하였고 훈은 없앴다. 수나라 왕실이 어지러워지면서 갈수록 없어지고 누락되었다. 당나라 정관 연간에 십부악을 사용하였는데 청악 역시 그것에 포함되어 있었으며, 무측천 시기까지 여전히 63곡이 남아 있었다. 그 이후 가사가 남아 있는 것으로 <백설>, <공막>, <파유>, <명군>, <봉장추>, <명지군>, <탁무>, <백구>, <백저>, <자야오성사시가>, <전계>, <아자급환문>, <단선>, <오뇌>, <장사변>, <정독호>, <독곡>, <오야제>, <석성>, <막수>, <양양>, <서오야비>, <고객>, <양반>, <아가효호>, <상림환>, <삼주>, <채상>, <춘강화월야>, <옥수후정화>, <당당>, <범룡주> 등 32곡과 <명지군>, <아가> 각 2수, <사시가> 4수를 합하여 37수가 있다. 또한 7곡은 소리는 있으나 가사는 없으니, <상주>, <봉추>, <평조>, <청조>, <슬조>, <평절>, <명소>로서 앞의 것과 함께 44곡이 남아 있다. 장안 연간 이후 조정에서는 옛 악곡을 중시하지 않아 악공과 악기들이 점차 사라졌으며, 관현에 맞추어 연주할 수 있는 것은 다만 <명군>, <양반>, <효호>, <춘가>, <추가>, <백설>, <당당>, <춘강화월야> 등 8곡이었다. 이로부터 음악이 잘못되고 일실되면서 오 땅의 음과 점점 멀어지게 되었다. 개원 연간에 유황은 오 땅 사람을 취하여 그로 하여금 전습하게 하는 것이 마땅하다 여기고 가인 이랑자에게 물었다. 이랑자는 북방 사람인데 강도 사람 유재생에게 배웠다. 당시 소리와 곡조는 이미 일실되고 다만 아가의 노래 가사만 있었는데, 가사가 전아하고 음이 아정하였다. 후에 이랑자가 세상을 떠나면서 청악의 노래는 마침내 없어지고 말았다. 북주와 수나라 이래로 관악의 아곡은 수백 곡인데 대부분 서량악을 사용하였다. 고무곡은 대부분 구자악을 사용하였다. 다만 금공만 아직까지 초나라와 한나라의 옛 소리와 청조를 전하고 있다. 채옹의 5농과 초조의 4농을 9농이라 부른다. 전아한 소리가 유독 남아 있지만 조정과 교묘에서 사용된 것이 아닌 까닭에 수록하지 않았다. ≪악부해제≫에서 다음과 같이 말하였다. "채옹이 이르기를, '청상곡에는 또한 <출곡서문>, <육지행거>, <협종>, <주당침>, <봉법> 등 다섯 곡이 있는데 그 가사는 족히 채록할 것이 못된다.'라고 하였다."
清商樂, 一曰清樂. 清樂者, 九代之遺聲.[1] 其始卽相和三調是也,[2] 並漢魏已來舊曲.

其辭皆古調及魏三祖所作.³⁾ 自晉朝播遷, 其音分散, 苻堅滅涼得之,⁴⁾ 傳於前後二秦. 及宋武定關中,⁵⁾ 因而入南, 不復存於內地. 自時已後, 南朝文物號爲最盛. 民謠國俗, 亦世有新聲. 故王僧虔論三調歌曰,⁶⁾ 今之清商, 實由銅雀.⁷⁾ 魏氏三祖, 風流可懷. 京洛相高,⁸⁾ 江左彌重.⁹⁾ 而情變聽改, 稍復零落. 十數年間, 亡者將半. 所以追餘操而長懷, 撫遺器而太息者矣. 後魏孝文討淮漢,¹⁰⁾ 宣武定壽春,¹¹⁾ 收其聲伎,¹²⁾ 得江左所傳中原舊曲, <明君><聖主><公莫><白鳩>之屬, 及江南吳歌, 荊楚西聲, 總謂之清商樂. 至於殿庭饗宴, 則兼奏之. 遭梁、陳亡亂, 存者蓋寡. 及隋平陳得之, 文帝善其節奏, 曰, 此華夏正聲也. 乃微更損益, 去其哀怨, 考而補之, 以新定律呂, 更造樂器. 因於太常置清商署以管之,¹³⁾ 謂之清樂. 開皇初,¹⁴⁾ 始置七部樂,¹⁵⁾ 清商伎其一也. 大業中,¹⁶⁾ 煬帝乃定清樂、西涼等爲九部.¹⁷⁾ 而清樂歌曲有<楊伴>, 舞曲有<明君><幷契>. 樂器有鐘、磬、琴、瑟、擊琴、琵琶、箜篌、筑、箏、節鼓、笙、笛、簫、篪、塤等十五種, 爲一部. 唐又增吹葉而無塤. 隋室喪亂, 日益淪缺. 唐貞觀中,¹⁸⁾ 用十部樂,¹⁹⁾ 清樂亦在焉. 至武后時, 猶有六十三曲. 其後歌辭在者有<白雪><公莫><巴渝><明君><鳳將雛><明之君><鐸舞><白鳩><白紵><子夜吳聲四時歌><前溪><阿子及歡聞><團扇><懊憹><長史變><丁督護><讀曲><烏夜啼><石城><莫愁><襄陽><棲烏夜飛><估客><楊伴><雅歌驍壺><常林歡><三洲><採桑><春江花月夜><玉樹後庭花><堂堂><泛龍舟>等三十二曲, <明之君><雅歌>各二首, <四時歌>四首,²⁰⁾ 合三十七首, 又七曲有聲無辭, <上柱><鳳雛><平調><清調><瑟調><平折><命嘯>, 通前爲四十四曲存焉. 長安已後,²¹⁾ 朝廷不重古曲, 工伎浸缺, 能合於管弦者唯<明君><楊伴><驍壺><春歌><秋歌><白雪><堂堂><春江花月夜>八曲等. 自是樂章訛失, 與吳音轉遠. 開元中,²²⁾ 劉貺以爲宜取吳人, 使之傳習, 以問歌工李郎子. 郎子北人, 學於江都人兪才生. 時聲調已失, 唯雅歌曲辭,²³⁾ 辭典而音雅. 後郎子亡去, 清樂之歌遂闕. 自周、隋已來, 管雅曲將數百曲,²⁴⁾ 多用西涼樂.²⁵⁾ 鼓舞曲多用龜茲樂.²⁶⁾ 唯琴工猶傳楚、漢舊聲及清調. 蔡邕五弄,²⁷⁾ 楚調四弄,²⁸⁾ 謂之九弄.²⁹⁾ 雅聲獨存, 非朝廷郊廟所用, 故不載. ≪樂府解題≫曰,³⁰⁾ 蔡邕云, 清商曲, 又有<出郭西門><陸地行車><夾鐘><朱堂寢><奉法>等五曲, 其詞不足采著.

주석

1) 九代(구대) : 아홉 개의 조대. 일반적으로 먼 옛날을 가리킨다.
2) 相和三調(상화삼조) : 한漢 악부樂府 상화가사相和歌辭의 평조平調, 청조淸調, 슬조瑟調의 노래를 가리키며, 청상삼조淸商三調라고도 한다.
3) 魏三祖(위삼조) : 위魏의 세 황제. 무제武帝 조조曹操, 문제文帝 조비曹丕, 명제明帝 조예曹睿를 가리킨다.
4) 苻堅(부견) : 오호십육국五胡十六國 시기 전진前秦의 제3대 임금. 태학을 정비하고 한인漢人 왕맹王猛을 중용하여 국세를 크게 떨쳤으나, 이른바 '비수지전淝水之戰'의 동진東晉 정벌전쟁에서 사안謝安과 사현謝玄의 군대에 대패한 후 국세가 기울었으며 후에 후진後秦을 세운 요장姚萇에 의해 피살되었다.
  涼(량) : 오호십육국五胡十六國 중의 하나인 전량前涼. 서진西晉 멸망 후 양주자사涼州刺史 출신의 장식張寔에 의해 건립되었으며 전진前秦의 부견苻堅에 멸망하였다.
5) 宋武(송무) : 송宋 무제武帝 유유劉裕.
6) 王僧虔(왕승건) : 낭야琅邪 임기臨沂 사람으로 남조南朝 송宋과 제齊에서 오군태수吳郡太守, 시중侍中 등을 지냈다.
7) 銅雀(동작) : 동작대銅雀臺. 지금의 하북성河北省 임장현臨漳縣에 있다. 한漢 건안建安 15년(210) 조조曹操가 지은 누각으로 그 꼭대기에 구리로 만든 큰 참새가 있어서 이렇게 불렀으며 조조의 애첩과 가녀歌女들이 모두 여기에 살았다. 여기서는 위魏를 의미한다.
8) 京洛(경락) : 낙양洛陽. 서진西晉의 도읍으로 경락京雒이라고도 하며, 여기서는 서진을 의미한다.
9) 江左(강좌) : 장강長江 동쪽 지역. 동진東晉 이후 송宋, 제齊, 양梁, 진陳 다섯 왕조가 통치하던 지역으로, 여기서는 동진을 의미한다.
10) 淮漢(회한) : 회하淮河 중류의 연안 지역. 북위北魏 태화太和 18년(494), 효문제孝文帝 탁발굉拓跋宏이 남제南齊의 황위를 찬탈한 소란蕭鸞을 정벌한다는 구실로 대규모 군사를 일으켜 남침하여 이른바 '회한지전淮漢之戰'을 벌인 곳이다.
11) 壽春(수춘) : 지금의 안휘성 수현壽縣 수춘진壽春鎭. 역대 중요한 군사적 요충지로서, 전진前秦의 부견苻堅이 동진東晉을 공격하였던 '비수지전淝水之戰'의 장소이기도 하다. 북위 경명景明 원년(500) 선무제宣武帝 탁발각拓跋恪에 의해 점령되었다.
12) 聲伎(성기) : 악기樂伎. 궁중의 가희歌姬와 무녀舞女를 가리킨다.

13) 太常(태상) : 관직명. 조정의 제사와 음악을 관장하였다.
14) 開皇(개황) : 수隋 문제文帝 양견楊堅의 연호(581~600)이다.
15) 七部樂(칠부악) : 수隋와 당唐 초기의 궁정음악. ≪수서隋書·음악지音樂志≫에 "수나라 개황 초에 국기國伎, 청상기淸商伎, 고려기高麗伎, 천축기天竺伎, 안국기安國伎, 구자기龜玆伎, 문강기文康伎의 칠부의 음악을 정하여 두었다.(隋開皇初, 定置國伎, 淸商伎, 高麗伎, 天竺伎, 安國伎, 龜玆伎, 文康伎, 七部樂)"라고 하였다.
16) 大業(대업) : 수隋 양제煬帝 양광楊廣의 연호(604~617)이다.
17) 九部樂(구부악) : 수隋와 당唐 초기의 궁정음악. ≪수서·음악지≫에 "대업 연간에 양제가 청악淸樂, 서량西涼, 구자龜玆, 천축天竺, 강국康國, 소륵疏勒, 안국安國, 고려高麗, 예필禮畢을 정하여 구부악으로 삼았다.(及大業中, 煬帝乃定淸樂, 西涼, 龜玆, 天竺, 康國, 疏勒, 安國, 高麗, 禮畢, 以爲九部樂)"라고 하였다.
18) 貞觀(정관) : 당唐 태종太宗 이세민李世民의 연호(627~649)이다.
19) 十部樂(십부악) : 당唐 초기의 궁정음악. 연악燕樂, 청상淸商, 서량西涼, 천축天竺, 고려高麗, 구자龜玆, 안국安國, 소륵疏勒, 강국康國, 고창高昌을 가리킨다.
20) 四首(사수) : 1수의 잘못이다. <사시가>는 4수가 아니라 1수이다.
21) 長安(장안) : 당唐 예종睿宗 이단李旦의 연호(701~704)이다.
22) 開元(개원) : 당唐 현종玄宗 이융기李隆基의 연호(713~741)이다.
23) 雅歌(아가) : 아악雅樂을 반주로 하여 부르는 노래.
24) 管雅曲(관아곡) : 관악기로 연주하는 아곡雅曲. '잡곡雜曲'의 잘못이며, 속곡俗曲을 포함한다.
25) 西涼(서량) : 오호십육국五胡十六國 중의 하나. 지금의 감숙성 무위시武威市에 도읍을 두었다.
26) 龜玆(구자) : 고대 서역의 국가 이름. 구자丘玆 또는 구자邱玆라고도 한다.
27) 蔡邕五弄(채옹오농) : 동한東漢 채옹蔡邕이 지은 다섯 개의 거문고 곡. <유춘遊春>, <녹수淥水>, <유사幽思>, <좌수坐愁>, <추사秋思>를 가리키며, '채씨오농蔡氏五弄'이라고도 한다.
28) 楚調四弄(초소사농) : 삼국三國 위魏의 혜강嵇康이 지은 네 개의 거문고 곡. <장청長靑>, <단청短靑>, <장측長側>, <단측短側>을 가리키며, '혜씨사농嵇氏四弄'이라고도 한다.
29) 九弄(구농) : 수隋 양제煬帝 때 채씨오농蔡氏五弄과 혜씨사농嵇氏四弄을 합하여 이와 같이 부르고, 이를 연주할 수 있는 것을 취사取士의 기준으로 삼았다.
30) 樂府解題(악부해제) : 당唐 오긍吳兢이 편찬한 악부樂府 관련 저작으로, 역대 여러 사전류史傳

악부시집樂府詩集 · **청상곡사**淸商曲辭 1

類와 문집들에서 악부 옛 제목의 명명과 관련한 내용들을 풍부하게 채록하였다. 원서명은 ≪악부고제요해樂府古題要解≫이며, 총2권으로 이루어져 있다.

오성가곡 吳聲歌曲

≪진서·악지≫에 이르기를, "오가잡곡은 모두 강남에서 나왔는데, 동진 이래로 점차 더욱 많아졌다. 그 처음은 모두가 노래만 부르는 것이었는데, 후에 관현악기를 그것에 입혔다. 영가 연간에 도강한 이후 아래로 양나라와 진나라에 이르기까지 모두가 건업에 도읍을 세웠으니, 오성가곡은 여기에서 시작하였다."라고 하였다. ≪고금악록≫에 이르기를, "오성가의 옛 악기로 호, 공후, 비파가 있으며, 지금은 생과 쟁이 있다. 그 곡으로 명소, 오성, 유곡, 반절, 육변, 팔해가 있다. 명소는 십해로, <오조림>, <부운구>, <안귀호>, <마양>이 남아 있으며 그 나머지는 모두 전하지 않는다. 오성은 십곡으로, <자야>, <상주>, <봉장추>, <상성>, <환문>, <환문변>, <전계>, <아자>, <정독호>, <단선랑>이며 모두 양나라에서 사용한 곡이다. <봉장추> 이상 3곡은 옛날부터 노래가 있어 한나라에서 양나라에 이르기까지 바뀌지 않았으나 지금은 전하지 않는다. <상성> 이하 7곡은 궁녀 포명월이 춤곡인 <전계> 1곡을 만들었고 나머지는 모두 왕금주가 만든 것이다. 유곡은 육곡으로, <자야사시가>, <자야경가>, <자야변가>이며 모두가 십곡 중간의 유곡이다. 반절, 육변, 팔해는 한나라 이래로 있어 왔다. 팔해는 고탄, 상주고탄, 정간, 신채, 대치, 소치, 당남, 성당으로, 양나라 태청 연간까지도 여전히 있었는데 지금은 전하지 않는다. 또한 <칠일야녀가>, <장사변>, <황곡>, <벽옥>, <도엽>, <장락가>, <환호>, <오뇌>, <독곡>이 있는데, 역시 모두 오성가곡이다."라고 하였다.

≪晉書·樂志≫曰, 吳歌雜曲, 並出江南, 東晉已來, 稍有增廣. 其始皆徒歌, 旣而被之管弦. 蓋自永嘉渡江之後,[1] 下及梁、陳, 咸都建業, 吳聲歌曲起於此也. ≪古今樂錄≫曰, 吳聲歌舊器有箎, 箜篌、琵琶, 今有笙箏. 其曲有命嘯, 吳聲, 游曲, 半折,[2] 六變,[3] 八解.[4] 命嘯十解, 存者有<烏噪林><浮雲驅><雁歸湖><馬讓>, 餘皆不傳. 吳聲十曲,一曰<子夜>, 二曰<上柱>, 三曰<鳳將雛>, 四曰<上聲>, 五曰<歡聞>, 六曰<歡聞變>, 七曰<前溪>, 八曰<阿子>, 九曰<丁督護>, 十曰<團扇郎>, 並梁所用曲. <鳳將雛>以上三曲, 古有歌, 自漢至梁不改, 今不傳. <上聲>以下七曲, 內人包明月製舞<前溪>一曲, 餘並王金珠所製也. 游曲六曲<子夜四時歌><警歌><變歌>, 並十曲中間游曲也. 半折, 六變, 八解, 漢世已來有之. 八解者, 古彈, 上柱古彈, 鄭干, 新蔡, 大治, 小治, 當男, 盛當, 梁太清中猶有得者,5) 今不傳. 又有<七日夜><女歌><長史變><黃鵠><碧玉><桃葉><長樂佳><歡好><懊惱><讀曲>, 亦皆吳聲歌曲也.

주석

1) 永嘉(영가) : 서진西晉 회제懷帝 사마치司馬熾의 연호(307~313)이다. 여기서는 영가 5년(311) 흉노가 낙양을 함락시키고 회제를 포로로 잡아간 영가지란永嘉之亂을 가리킨다.
   渡江(도강) : 강을 건너다. 흉노의 침입으로 서진이 멸망하고 사마예司馬睿가 남하하여 건강建康에 도읍을 세운 것을 말한다.
2) 半折(반절) : 전체의 반절半折로 이루어진 곡.
3) 六變(육변) : 악장이 여섯 번 바뀌는 곡. 고대에 신에게 제사 지낼 때 악장이 여섯 번 바뀌어야 비로소 제의가 완성되는 것으로 여겼다. ≪주례周禮·춘관春官·대사악大司樂≫에 "무릇 육악六樂이라 하는 것은 한 번 변하여 조류를 바쳐 내와 못에 이르고, 두 번 변하여 털이 짧은 동물을 바쳐 산림에 이르며, 세 번 변하여 물고기를 바쳐 구릉에 이른다. 네 번 변하여 털 있는 동물을 바쳐 물가와 낮은 땅에 이르고, 다섯 번 변하여 갑골이 있는 동물을 바쳐 땅에 이르며, 여섯 번 변하여 하늘 형상의 사물(기린, 봉황, 거북, 용)을 바쳐 천신에 이른다. … 만약 음악이 여섯 번 변하면 천신이 모두 내려와 가히 예를 갖출 수 있다.(凡六樂者, 一變而致羽物, 及川澤之示. 再變而致臝物, 及山林之示. 三變而致鱗物, 及丘陵之示. 四變而致毛物, 及墳衍之示. 五變而致介物, 及土示. 六變而致象物, 及天神…若樂六變, 則天神皆降, 可得而禮矣)"라고 하였다.
4) 八解(팔해) : 곡을 노래하거나 연주하는 방식에 따른 구분으로 여겨지나, 분명하지 않다.
5) 太清(태청) : 양梁 무제武帝 소연蕭衍의 연호(547~549)이다.

(주기평)

1. 오가 3수 吳歌三首

송宋 포조鮑照

1-1

夏口樊城岸,[1] 하구의 번성 강 언덕
曹公却月戍,[2] 조공의 각월성 수루.
但觀流水還, 다만 되돌아 흐르는 물만 보셔도
識是儂淚下.[3] 내 떨군 눈물인지 아시겠지.

주석

1) 夏口(하구) : 한수漢水의 하류인 하수夏水 어귀.
   樊城(번성) : 지금의 호북성 양양시襄陽市 지역.
2) 曹公(조공) : 위魏 무제武帝 조조曹操. 건안建安 13년(208) 조조의 군대가 양양襄陽에 이르자 형주荊州의 유종劉琮이 항복하였고 번성에 주둔하고 있던 유비劉備는 하구로 달아났다.
   却月戍(각월수) : 각월성却月城의 수루戍樓. 각월성은 언월루偃月壘라고도 하며 지금의 호북성 무한시武漢市 북쪽에 있다. 면수沔水를 사이로 노산성魯山城과 마주하고 있으며 성의 모양이 초승달과 같아 이와 같이 불렀다.
3) 儂(농) : 나. 오吳 지역의 방언이다.

해설

사랑하는 이와 헤어진 여인의 슬픔과 그리움을 노래하고 있다. 여인이 있는 번성과 임이 있는 각월성을 대비시키며 하수夏水와 면수沔水를 경계로 사랑하는 이와 헤어져 그리움의 눈물만 흘리고 있는 상황을 말하고 있다.

1-2

夏口樊城岸,	하구의 번성 강 언덕
曹公却月樓.[1]	조공의 각월성 수루.
觀見流水還,	돌아 흐르는 물만 보셔도
識是儂淚流.	내 흘린 눈물인지 아시겠지.

주석

1) 却月樓(각월루) : 앞 연의 각월수却月戍와 같은 의미이다.

해설

제1수에 이어 여인이 있는 번성과 임이 있는 각월성을 다시 대비시키며 슬픔과 그리움을 심화시키고 있다.

1-3

人言荊江狹,[1]	사람들 형강이 좁다 말하지만
荊江定自闊.	형강은 분명 넓다네.
五兩了無聞,[2]	오량에 끝내 소식 없으니
風聲那得達.[3]	바람 소리 어찌하면 얻을 수 있으리?

주석

1) 荊江(형강) : 호북성 형주荊州를 지나는 장강長江의 별칭.
2) 五兩(오량) : 고대에 배를 운행할 때 바람을 측량하는 기구. 5장 높이의 장대에 꿩의 털 8량을 매달아 바람의 방향과 세기를 측정하였다.

了(료) : 도통. 도무지.
3) 那(나) : 어찌.
　　得達(득달) : 얻다. 획득하다. 오吳 지역의 방언이다.

해설
　건너갈 수 없는 형강은 그 어느 강보다 넓을 뿐임을 말하며 바람이 불지 않아 강을 건널 수 없는 현실을 안타까워하고 있다.

(주기평)

2. 자야가 42수 子夜歌四十二首
진, 송, 제의 가사 晉宋齊辭

≪당서·악지≫에 이르기를, "<자야가>는 진나라의 곡이다. 진나라에 자야라는 이름의 여인이 있어 이 소리를 만들었는데 소리가 너무나 슬프고 아팠다."라고 하였다. ≪송서·악지≫에 이르기를, "진 효무제 태원 연간에 낭야의 왕가의 집에 노래 잘하는 자야가 있었고, 은윤이 예장태수로 있을 때 예장으로 옮겨와 살고 있던 유승건의 집에도 노래 잘하는 자야가 있었다. 은윤이 예장태수가 된 것이 태원 연간이었으니, 자야는 이때 이전 사람이다."라고 하였다. ≪고금악록≫에 이르기를, "무릇 노래곡이 끝나면 모두 화답하는 소리가 있다. <자야>는 <지자>로 화답하고 <봉장추>는 <택치>로 화답한다."라고 하였다. ≪악부해제≫에 이르기를, "후인들이 사계절에 즐기며 노니는 가사로 고쳐 <자야사시가>라고 불렀다. 또한 <대자야가>, <자야경가>, <자야변가>가 있는데 모두 곡이 변한 것이다."라고 하였다.

≪唐書·樂志≫曰, <子夜歌>者, 晉曲也. 晉有女子名子夜, 造此聲, 聲過哀苦. ≪宋書·樂志≫曰, 晉孝武太元中,[1] 琅琊王軻之家有鬼歌子夜,[2] 殷允爲豫章,[3] 豫章僑人庾僧虔家亦有鬼歌子夜.[4] 殷允爲豫章亦是太元中, 則子夜是此時以前人也. ≪古今樂錄≫曰, 凡歌曲終, 皆有送聲.[5] <子夜>以<持子>送曲,[6] <鳳將雛>以<澤雉>送曲.[7] ≪樂府解題≫曰, 後人更爲四時行樂之詞, 謂之<子夜四時歌>. 又有<大子夜歌><子夜警歌><子夜變歌>, 皆曲之變也.

주석

1) 太元(태원) : 동진東晉 효무제孝武帝 사마요司馬曜의 연호(376～396)이다.
2) 琅琊(낭야) : 지금의 산동성 임기현臨沂縣이다.
   鬼歌(귀가) : 빼어나게 노래 잘하는 사람.
3) 豫章(예장) : 지금의 강서성 남창현南昌縣이다. 여기서는 예장태수豫章太守를 의미한다.
4) 僑人(교인) : 고향을 떠나 타 지역으로 옮겨와 살고 있는 사람. 여기서는 북방 출신으로 남방으로 내려와 살고 있는 사람을 가리킨다.
5) 送聲(송성) : 노래가 끝나고 화답하는 소리.
6) 持子(지자) : 고대 악곡명. 지금은 전하지 않아 자세한 내용을 알 수 없다.
7) 鳳將雛(봉장추) : 고대 악곡명. ≪악부시집·상화가사相和歌辭≫에 실려 있다.
   澤雉(택치) : 고대 악곡명. ≪악부시집·잡곡가사雜曲歌辭≫에 실려 있다.

2-1

落日出前門,	해 지고 앞문을 나서
瞻矚見子度,1)	바라보니 그대 건너오는 것 보이네.
冶容多姿鬢,2)	어여쁜 모습에 아름다운 머리칼 풍성하고
芳香已盈路.	향기 이미 길에 가득하네.

주석

1) 瞻矚(첨촉) : 주시하다.
   子(자) : 그대. 여기서는 여인을 가리킨다.
   度(도) : 건너오다.
2) 冶容(야용) : 아름다운 용모.
   姿鬢(자빈) : 아름다운 머리카락.

해설

저녁이 되어 문을 나서 여인을 만나는 남자의 모습이 나타나 있다. 여인의 어여쁜 용모와 아름다운 머리칼, 길 가득한 향기에 대한 찬미에서 여인을 향한 남자의 깊은 사랑이 느껴진다.

2-2

芳是香所爲,	향기는 향이 만든 것인데
冶容不敢當.[1]	아름답다는 말 감당키 어렵네요.
天不奪人願,[2]	하늘이 사람의 소망 져버리지 않아
故使儂見郎.[3]	저로 하여금 그대를 만나게 했네요.

주석

1) 不敢當(불감당) : 감당하기 어렵다.
2) 人願(인원) : 사람의 바람. 여기서는 여인의 소망을 가리킨다.
3) 儂(농) : 나. 오吳 지역의 방언이다.
   郎(랑) : 그대. 남자를 가리킨다.

해설

　　남자의 칭송에 대한 여인의 답가이다. 자신을 칭송한 남자에게 겸손함을 나타내고, 하늘이 자신을 소망을 들어준 것이라는 말로써 그녀 역시 남자와의 만남을 바라고 있었음을 말하고 있다.

2-3

宿昔不梳頭,[1]	밤에 머리도 빗어 올리지 않고
絲髮被兩肩.	가는 머리 두 어깨를 덮었네.
婉伸郎膝上,[2]	낭군의 무릎 위에 예쁘게 펼치니
何處不可憐.	어딘들 사랑스럽지 않으리?

주석

1) 宿昔(숙석) : 어젯밤. 낭군과 함께 보낸 밤을 말한다.

梳頭(소두) : 머리를 빗다.
2) 婉伸(완신) : 어여쁘게 펼치다. 낭군의 무릎에 머리를 베고 있는 모습을 말한다.

해설
사랑하는 이와 함께 밤을 보낸 여인의 사랑스럽고 애교 있는 모습이 나타나 있다. 여인의 빗지 않고 늘어뜨린 머리로써 함께 밤을 보낸 상황을 말하고, 남자의 무릎에 누워 아양을 부리는 여인의 모습에서 둘 사이의 친밀감이 느껴진다.

2-4

自從別歡來,[1]	그대와 헤어진 후로
奩器了不開,[2]	화장 상자는 전혀 열지 않았네요.
頭亂不敢理,	머리 헝클어져도 매만지려 하지 않았으니
粉拂生黃衣.[3]	분첩에 누런 곰팡이 피어났네요.

주석
1) 歡(환) : 그대. 사랑하는 남자의 호칭이다.
2) 奩器(염기) : 화장 상자.
   了(료) : 전혀. 도무지.
3) 粉拂(분불) : 분첩. 분을 묻혀 바르는 화장 도구이다.
   黃衣(황의) : 누런 곰팡이.

해설
사랑하는 이와 헤어진 여인의 절망과 무기력함이 나타나 있다. 헤어진 이후 화장함을 열지 않았다는 말로써 남자를 향한 자신의 변함없는 애정을 드러내고, 헝클어진 머리와 화장 솔에 피어난 곰팡이로써 홀로 남겨진 자신의 무기력한 모습을 말하고 있다.

2-5

崎嶇相怨慕,[1]	이랬다저랬다 원망하고 그리워하다
始獲風雲通.[2]	비로소 바람과 구름의 만남을 얻게 되었네.
玉林語石闕,[3]	아름다운 숲에서 석궐을 이야기하니
悲思兩心同.	두 마음 같음을 슬퍼하며 그리워하네.

주석

1) 崎嶇(기구) : 감정에 기복이 있는 모양.
2) 風雲通(풍운통) : 비와 구름이 만나다. ≪역易·건乾≫의 "구름은 용을 따르고 바람은 호랑이를 따른다.(雲從龍, 風從虎)"에서 유래한 말로, 서로 비슷한 것끼리 만나거나 따르는 것을 말한다. 여기서는 그리운 사람의 소식을 얻게 된 것을 말한다.
3) 玉林(옥림) : 아름다운 숲. 두 사람이 재회하는 장소이다 '림'이 '상牀'으로 되어 있는 판본도 있다.
   石闕(석궐) : 종묘宗廟나 능묘陵墓 앞에 세워져 있는 돌문. 여기서는 쌍관雙關의 수법을 차용하여 '비碑'로써 '비悲'의 뜻을 나타내었다.

해설

임과 오랫동안 헤어져 있으며 수많은 감정의 기복을 겪다가 마침내 임의 소식을 접하고 슬픔과 그리움을 토로하고 있다.

2-6

見娘喜容媚,[1]	그대를 보고 아름다운 모습이 좋아
願得結金蘭.[2]	깊은 사귐 맺을 수 있기를 바랐네.
空織無經緯,[3]	날줄과 씨줄도 없이 헛되이 베를 짜니
求匹理自難.[4]	한 필을 구하지만 실 짜기도 어렵다네.

주석

1) 娘(랑) : 임. 본래는 여인을 의미하나 여기서는 남자를 가리킨다.
   喜(희) : 기뻐하다. '선善'으로 되어 있는 판본도 있다.
   容媚(용미) : 아름다운 용모.
2) 金蘭(금란) : 쇠와 난초 같은 우정이라는 뜻으로 깊고 절친한 사귐을 가리킨다. ≪역易·계사상繫辭上≫의 "두 사람이 마음을 함께하면 그 날카로움은 쇠를 자르고, 마음을 함께하는 말은 그 향기가 난초와 같다.(二人同心, 其利斷金. 同心之言, 其臭如蘭)"라 한 것에서 유래하였다.
3) 經緯(경위) : 베의 날줄과 씨줄.
4) 匹(필) : 베 한 필. 짝을 뜻하는 '배필配匹'의 쌍관어로 사용되었다.
   理(리) : 누에고치에서 실을 뽑는 것을 말한다.

해설

사랑하는 사람과 만날 수 없는 여인의 안타까움이 나타나 있다. 남자의 아름다운 모습에 반해 그와의 만남을 갈구하였으나, 자신만의 실현될 수 없는 헛된 바람이었을 뿐 짝을 이루지 못함을 탄식하고 있다.

2-7

始欲識郎時,	처음 그대와 사귀려 할 때
兩心望如一.	두 마음 한결같기를 바랐네.
理絲入殘機,1)	실 뽑아 부서진 베틀에 넣었으니
何悟不成匹.2)	한 필 만들지 못할 줄 어찌 알았으리?

주석

1) 理絲(이사) : 누에고치에서 실을 뽑다. '사'는 그리움을 뜻하는 '사思'의 쌍관어로 사용되었다.
   殘機(잔기) : 부서진 베틀. 온전하지 않은 남자의 사랑을 의미한다.

2) 匹(필) : 베 한 필. 짝을 뜻하는 '배필配匹'의 쌍관어로 사용되었다.

해설
서로 사랑하다 변심해 버린 사내에 대한 원망이 나타나 있다. 사랑을 시작할 때 서로가 한결같은 마음이기를 바랐으나 사내의 변심으로 인해 마침내 헤어지고만 현실을 안타까워하고 있다.

2-8

前絲斷纏綿,[1]	앞의 실 끊어져 뒤엉키니
意欲結交情.	그대와 사귐의 정 맺고자 하였네.
春蠶易感化,[2]	봄누에는 감화되기도 쉬우니
絲子已復生.[3]	누에 실이 이미 다시 생겨났네.

주석
1) 前絲(전사) : 이전의 실. 남자와 사귀기 전에 품었던 그리움을 말한다.
   纏綿(전면) : 실이 얽히고 이어지다. 그리움이 끝없이 이어지는 것을 말한다. '전'이 '성成'으로 되어 있는 판본도 있다.
2) 春蠶(춘잠) : 봄누에. 여인 자신을 가리킨다.
   感化(감화) : 감동하여 변화되다.
3) 絲子(사자) : 누에 실. 여인의 그리움을 비유한다.

해설
사랑하는 사람에 대한 여인의 그리움과 갈수록 샘솟는 애정이 나타나 있다. 끊임없이 이어지는 그리움으로 인해 사랑을 갈구하였던 이전의 상황을 말하고, 마침내 그를 만나 감동하여 사랑의 감정이 다시금 더욱 솟아나게 되었음을 말하고 있다.

2-9

今夕已歡別,[1]	오늘밤 그대와 이미 이별하였으니
合會在何時.	어느 때에나 만날 수 있으리?
明燈照空局,[2]	밝은 등불은 빈 바둑판을 비추니
悠然未有期.[3]	아득하여라, 만날 기약이 없구나.

주석

1) 歡(환) : 그대. 사랑하는 남자의 호칭이다.
2) 空局(공국) : 빈 바둑판. 바둑을 뜻하는 '기棋'를 기약하는 의미의 '기期'와 쌍관어로 사용하여 텅 빈 바둑판으로써 만날 기약이 없는 상황을 나타내었다.
3) 悠然(유연) : 아득히 먼 모양. 또는 슬퍼 아파하는 모양.

해설

사랑하는 이와 헤어진 여인의 안타까움이 나타나 있다. 밤에 남자를 떠나보내고 환한 등불 아래 홀로 앉아 슬픔과 아쉬움으로 다시 만날 날을 고대해 보지만, 바둑알 하나 놓여 있지 않는 텅 빈 바둑판에서 재회의 기약 없는 현실을 떠올리며 안타까워하고 있다.

2-10

自從別郎來,	그대와 이별한 후
何日不咨嗟.[1]	어느 날인들 탄식하지 않았으리?
黃蘗鬱成林,[2]	황벽나무 우거져 숲을 이루었으니
當奈苦心多.[3]	무수한 쓰디 쓴 속을 어이할까나?

주석

1) 咨嗟(자차) : 탄식하다.
2) 黃蘗(황벽) : 황벽나무. 운향과에 속하는 낙엽교목으로, 황경나무라고도 한다. 나무의 속껍

질이 황색이고 쓴 맛이 나며 고대로 약재와 염료로 사용되었다. 여기서는 속마음이 고통스럽다는 뜻으로 사용되었다.
3) 當奈(당내) : 마땅히 어찌해야 할까?

해설
　사랑하는 이와 헤어진 여인의 슬픔과 아픔을 노래하였다. 이별 후 매일같이 탄식하며 살고 있는 여인의 모습에서 헤어날 수 없는 깊은 이별의 슬픔을 짐작할 수 있으며, 우거진 황벽나무 숲을 통해 여인의 가슴속에 가득한 쓰라린 고통을 느낄 수 있다.

2-11

高山種芙蓉,[1]	높은 산에 부용꽃 심고
復經黃蘗塢,[2]	다시 황벽나무 둑 지나왔네.
果得一蓮時,[3]	마침내 연꽃 하나 얻었지만
流離嬰辛苦.[4]	떠돌며 쓰라린 고통 겪은 후였다네.

주석
1) 芙蓉(부용) : 부용꽃. 남편의 얼굴을 의미하는 '부용夫容'과 쌍관어로 사용되었다.
2) 黃蘗塢(황벽오) : 황벽나무가 심어진 둑. 황벽나무는 내면의 고통을 의미한다.
3) 果(과) : 결국. 마침내.
　蓮(련) : 연꽃. 사랑을 뜻하는 '련憐'의 쌍관어로 사용되었다.
4) 流離(유리) : 이곳저곳을 전전하며 떠돌다.
　嬰(영) : 만나다.

해설
　수많은 아픔과 고통의 과정을 겪고 마침내 사랑을 이루어 낸 감회를 나타내고 있다. 임을 그리워하며 황벽나무 심어진 고통의 둑길을 지나왔음을 회상하고, 오랜 방랑과 시련의 과정을 거쳐 마침내 임의 사랑을 얻게 되었음을 말하고 있다.

2-12

朝思出前門,	아침에 그리워하며 앞문을 나섰다가
暮思還後渚.[1]	저녁에 그리워하며 뒤 물가로 돌아오네.
語笑向誰道,[2]	웃음 섞인 말을 누구에게 말하리?
腹中陰憶汝.[3]	마음속으로 남몰래 그대 생각한다네.

주석

1) 渚(저) : 물가. 모래섬.
2) 道(도) : 말하다. 드러내다.
3) 陰(음) : 남몰래.

해설

사랑하는 사람을 기다리는 여인의 안타까움과 그리움이 나타나 있다. 임을 기다리며 아침이면 나갔다가 저녁이 되어서야 돌아오는 여인의 모습에서 간절함과 상실감이 교차되고 있으며, 남들에게 웃음 섞인 말 한 마디조차 못하고 임에 대한 그리움에 빠져 있음을 말하고 있다.

2-13

擥枕北窗臥,[1]	베개 끌어 북창에 누우니
郎來就儂嬉.[2]	그대 와서 나와 장난하며 노네.
小喜多唐突,[3]	잠깐의 즐거움에 당돌함도 많건만
相憐能幾時.	얼마 동안이나 서로 사랑힐 수 있으리?

주석

1) 擥(람) : 당기다. 손에 쥐다.
2) 嬉(희) : 장난하며 놀다.

3) 小喜(소희) : 짧은 시간의 즐거움.
　唐突(당돌) : 당돌하다. 무람없다. 격의 없이 즐기며 노는 것을 말한다.

해설
사랑하는 이와 꿈속에서 노니는 모습이 나타나 있다. 홀로 잠자리에 들어 꿈속에서 찾아온 임과 함께 즐겁게 지냈건만 꿈속에서조차 헤어짐의 시간을 아쉬워했음을 말하고 있다.

2-14

駐筯不能食,¹⁾	젓가락 멈춘 채 먹지도 못하고
蹇蹇步闈裏.²⁾	느릿느릿 방 안으로 걸어가네.
投瓊著局上,³⁾	옥돌 던져 바둑판 위에 놓고는
終日走博子.⁴⁾	종일토록 바둑알만 옮긴다네.

주석
1) 駐筯(주저) : 젓가락질을 멈추다. 식사를 하지 못하는 것을 말한다.
2) 蹇蹇(건건) : 천천히 느릿느릿 걷는 모양.
　闈(위) : 내실內室. 여인이 거처하는 방.
3) 瓊(경) : 아름다운 옥돌. 여기서는 여인 자신을 비유한다.
4) 博子(박자) : 바둑알. 바둑을 뜻하는 '기棋'를 기약을 뜻하는 '기期'의 쌍관어로 사용하였다.

해설
사랑하는 이와 헤어진 여인의 무력감과 재회에 대한 갈망이 나타나 있다. 임과 이별한 상실감에 먹고 살아갈 의욕조차 잃어버리고 종일토록 바둑알만 옮기며 임과의 재회만을 기다리고 있다.

2-15

郎爲傍人取,[1]	그대를 옆 사람에게 빼앗겨 버렸으니
負儂非一事.[2]	나를 저버린 것이 한 번이 아니라네.
攡門不安橫,[3]	문 열어 두고 횡목 설치하지 않으니
無復相關意.[4]	다시는 상관할 생각이 없어서라네.

주석

1) 爲(위) : 피동사. ~에게 ~하게 되다.
2) 負(부) : 저버리다. 배신하다.
3) 攡門(이문) : 문을 열다.
   安橫(안횡) : 문의 가로 목을 설치하다. 문을 걸어 잠근다는 뜻이다.
4) 關(관) : 관여하다. 상관하다. 빗장을 잠근다는 뜻의 '관(關)'을 상관한다는 의미의 쌍관어로 사용하였다.

해설

사랑을 배신한 연인에 대한 원망과 미움이 나타나 있다. 임이 그동안 자신을 배신했던 일이 한둘이 아니었음을 말하고, 이제 문을 걸어 잠그지 않겠다는 말로써 다시는 그에 대해 '상관하지 않겠다[不關]'는 단호한 뜻을 나타내고 있다.

2-16

年少當及時,[1]	젊어서 때에 맞춰 즐겨야 하니
蹉跎日就老.[2]	헛되이 보내면 젊은 시절 곧 늙어버린다네.
若不信儂語,	만약 내 말을 못 믿으시겠다면
但看霜下草.	다만 서리 맞은 풀을 보시구려.

주석

1) 及時(급시) : 시간에 맞추다. 때에 맞춰 즐기는 것을 말한다.
2) 蹉跎(차타) : 시간을 헛되이 보내다.
   日(일) : 태양. 젊은 시절을 비유한다.

해설

젊은 시절을 소중히 여기고 즐길 것을 권고하고 있다. 젊은 시절 헛되이 보내면 노년의 후회만 남을 것임을 말하며 서리 맞아 시든 풀로써 인생의 유한함과 세월의 급박함을 말하고 있다.

2-17

綠攬迮題錦,¹⁾	초록 띠로 비단 치마 앞쪽을 조이는데
雙裙今復開.²⁾	두 겹 치마 오늘 다시금 열리네.
已許腰中帶,³⁾	허리에 묶은 띠를 이미 허락하였건만
誰共解羅衣.	누가 함께 비단 옷 풀어주리?

주석

1) 綠攬(녹람) : 초록 띠. '람'은 '손에 쥐다, 당기다'의 뜻으로, 여기서는 치마를 올려 묶는 띠를 가리킨다.
   迮(책) : 묶다. 조이다.
   題錦(제금) : 비단 치마 앞쪽.
2) 雙裙(쌍군) : 두 겹 치마.
3) 許(허) : 허락하다.

해설

옷을 입다가 옛날 임과의 일을 생각하고 있다. 초록 띠로 치마를 조여 입다가 홀연 열려진 겹치마에서 옛날 임과 사랑하던 때를 떠올리고, 지금은 자신의 옷을 풀어줄 사람이 없음을 안타까워하고 있다.

2-18

常慮有貳意,	항상 다른 마음이 있을까 걱정했는데
歡今果不齊.	그대 지금 결국 똑같지가 않네요.
枯魚就濁水,	마른 물고기는 탁한 물로 나아가니
長與淸流乖.	오래도록 맑은 물과는 어그러질 뿐이랍니다.

주석

1) 貳意(이의) : 두 개의 생각. 다른 마음.
2) 齊(제) : 일정하다. 변함없다.
3) 枯魚(고어) : 마른 물고기. 또는 말라가는 연못의 물고기. 변심한 임을 비유한다.
   濁水(탁수) : 탁한 물. 임의 정부情婦를 비유한다.
4) 淸流(청류) : 맑은 물. 여인 자신을 비유한다.

해설

변심한 임에 대한 원망과 미움이 나타나 있다. 사랑하는 순간부터 혹여 있을지 모를 임의 변심을 걱정하였건만 결국 현실이 되어버렸음을 말하고, 임과 그 정부를 마른 물고기와 탁한 물에 비유하며 맑은 물과 같은 자신과는 끝내 어울릴 수 없는 존재임을 말하고 있다.

2-19

歡愁儂亦慘,[1]	그대 시름겨우면 나 역시 슬퍼지고
郞笑我便喜.[2]	그대 웃으면 나는 곧 기뻐진답니다.
不見連理樹[3]	연리지를 못 보셨나요?
異根同條起[4]	다른 뿌리에 같은 가지가 생겨난답니다.

주석

1) 慘(참) : 비참하다. 서글프다.
2) 便(변) : 곧.
3) 連理樹(연리수) : 뿌리는 다르면서 가지가 하나로 연결된 나무. 연리지連理枝라고도 한다.
4) 同條(동조) : 하나로 연결된 가지.

해설

사랑하는 사람과 동고동락하는 심정과 오래도록 함께하고 싶은 바람이 나타나 있다. 임의 시름은 나의 슬픔의 원인이며 임의 웃음 또한 나의 기쁨의 원인이라 말하며 임을 향한 절대적이고 맹목적인 사랑을 말하고, 연리수를 가리키며 임과 평생을 함께하고 싶은 바람을 나타내고 있다.

2-20

感歡初殷勤,¹⁾	처음에는 그대의 잘해주는 모습에 감동하였건만
歎子後遼落.²⁾	나중에는 그대의 차가운 마음에 탄식했지요.
打金側玳瑁,³⁾	금박 입혀 바다거북의 테두리를 두르면
外豔裏懷薄.	겉은 아름답지만 속에 품은 것은 적답니다.

주석

1) 殷勤(은근) : 정이 깊고 두터운 모양.
2) 遼落(요락) : 마음이 차갑고 소원한 모양.
3) 玳瑁(대모) : 바다거북. 등껍질을 공예품이나 장식품으로 사용하였다.

해설

애정이 식어버린 임에 대한 안타까움이 나타나 있다. 처음에는 임의 사랑이 깊고 두터웠지만 이제는 차갑고 소원해지게 되었음을 말하며, 임을 금박 장식의 아름다운 바다거북에 비유하며 비록 겉은 화려할지언정 그 속은 박정할 뿐임을 탄식하고 있다.

2-21

別後涕流連,[1]	이별 후 눈물은 연달아 흐르고
相思情悲滿.	그리움에 정은 슬픔만 가득하네.
憶子腹糜爛,[2]	그대 생각에 속은 문드러지고
肝腸尺寸斷.[3]	간장은 마디마디 끊어지네.

주석

1) 流連(유련) : 연이어 줄줄 흐르다.
2) 糜爛(미란) : 문드러지다.
3) 尺寸(척촌) : 작고 미미한 크기.

해설

사랑하는 사람과 헤어진 여인의 슬픔과 고통을 노래하고 있다. 이별 후 끊임없이 그리움의 눈물을 흘리며 썩어 문드러지는 가슴과 마디마디 끊어지는 간장으로 이별의 고통을 나타내고 있다.

2-22

道近不得數,[1]	길은 가까우나 그대 올 날 헤아릴 수 없어
遂致盛寒違.[2]	마침내 한겨울에 떨어져 있게 되었네.
不見東流水.	동으로 흐르는 물 보지 못했는가?
何時復西歸.	언제 다시 서쪽으로 돌아오리?

주석

1) 數(수) : 셈하다. 헤아리다. 떠난 사람이 돌아올 날을 기다리는 것을 말한다.
2) 盛寒(성한) : 매서운 추위. 한겨울을 가리킨다.
   違(위) : 멀어지다. 떠나다.

해설

떠나간 임을 기다리는 여인의 안타까움이 나타나 있다. 가까이 있으면서도 만남을 기약할 수 없는 현실은 여인의 안타까움을 더욱 절실하게 하고 있다. 흐르는 물은 다시 돌아올 수 없음을 말하며 헛되이 지나가버리는 시간을 아쉬워하고 있다.

2-23

誰能思不歌,	누군들 그리움에 노래 부르지 않을 수 있으리?
誰能飢不食.	누군들 배고픔에 먹지 않을 수 있으리?
日冥當戶倚,¹⁾	날 저물면 문에 기대어
惆悵底不憶.²⁾	슬퍼하며 어찌 그리워하지 않으리?

주석

1) 日冥(일명) : 날이 어두워지다.
2) 惆悵(추창) : 슬퍼 탄식하다.
   底(저) : 어찌.

해설

벗어날 수 없는 이별의 슬픔을 노래하고 있다. 그리우면 노래 부르고 배가 고프면 밥을 먹듯이, 날이 저물면 본능적으로 문 밖에서 사랑하는 이가 돌아오기만을 기다리게 됨을 말하고 있다.

(주기평)

2-24

攣裙未結帶,¹⁾	치마 붙잡고 띠도 매지 못한 채
約眉出前窓,²⁾	눈썹 그리고서 앞창으로 나서는데,
羅裳易飄颺,³⁾	비단치마 쉬이 날려
小開罵春風.⁴⁾	조금 벌어졌기에 봄바람을 욕하네.

주석

1) 攣裙(남군) : 치마를 잡다. 치마가 흘러내리지 않도록 붙잡다.
2) 約眉(약미) : 눈썹을 그리다. '약'은 바르다, 칠한다는 뜻이다.
3) 飄颺(표양) : 바람에 날리다.
4) 小開(소개) : 조금 벌어지다. 앞 구의 '비단치마'가 바람에 날려 조금 벌어진 것이다. 창문이 조금 열린 것으로 볼 수도 있다.

해설

이 시는 임이 왔다는 말에 단장도 마치지 못하고 창가로 나서다가 바람에 치마가 벌어지게 되자 봄바람을 탓하는 여인의 모습을 노래하였다.

2-25

舉酒待相勸,¹⁾	술을 들고 권해주길 기다리며
酒還杯亦空.²⁾	술이 오면 잔은 또 비었었지.
願因微觴會,³⁾	원컨대 작은 술자리로 인해 만나서
心感色亦同.⁴⁾	마음으로 느껴 안색도 같아지길.

주석

1) 待(대) : 기다리다.
2) 酒還(주환) : 술이 오다. 술이 이르다. '환'은 '도래到來'의 뜻이다.

3) 微觴(미상) : 작은 술자리.
4) 心感(심감) : 마음으로 느끼다. 마음이 서로 맞는 것을 가리킨다.

   色(색) : 안색顔色. 얼굴색.

   이 구는 술을 마시며 서로 마음이 맞아 얼굴이 붉어지도록 취하길 바란다는 것이다.

해설

이 시는 예전의 오붓한 술자리를 떠올리며 술자리를 빌어 임과 다시 만나길 바라는 심정을 노래하였다.

2-26

夜覺百思纏,¹⁾	밤에 깨어 온갖 생각에 얽매여
憂歎涕流襟.	근심하고 탄식하다 눈물이 옷깃에 흘러요.
徒懷傾筐情,²⁾	임 그리는 정을 헛되이 품어보지만
郞誰明儂心.³⁾	그대 어찌 내 마음을 알겠어요?

주석

1) 覺(교) : 잠이 깨다.

   纏(전) : 얽매이다. 머릿속에서 근심이 떠나지 않는 것을 가리킨다.

2) 傾筐情(경광정) : 임을 그리는 정. '경광'은 비스듬히 기울어져 풀 따위를 담기 쉬운 광주리로, 나물 캐는 일도 그만두고 임을 그리워하는 심정을 나타낸다. ≪시경詩經·주남周南·권이卷耳≫에 "도꼬마리를 캐고 캐도 기운 광주리 채우지 못하네. 아 나는 임을 그리워하기에 저 큰 길에 버려두었네.(采采卷耳, 不盈頃筐, 嗟我懷人, 寘彼周行)"라고 하였다.

3) 誰(수) : 어찌. '하何'의 뜻이다.

   明(명) : 알다. 깨닫다.

해설

이 시는 잠 못 이룬 채 여전히 임을 그리워하며 근심하고 있음을 노래하였다.

2-27

儂年不及時,¹⁾   내 나이가 좋은 때를 만나지 못하여
其於作乖離.²⁾   그가 떠나가 버렸네.
素不如浮萍,³⁾   본래 부평초만도 못한 신세
轉動春風移.   봄바람 부는 대로 옮겨가는데.

주석

1) 及時(급시) : 좋은 때에 이르다. 상황이나 여건이 좋은 것을 가리킨다.
2) 於(어) : 뜻이 없는 어조사.
  乖離(괴리) : 이별하다. 헤어지다.
3) 素(소) : 본래. 본디.

해설

이 시는 상황이 안 좋아서 임과 이별했지만 임을 따라가지 못하는 자기신세가 봄바람 따라 옮겨 다니는 부평초만도 못함을 노래하였다.

2-28

夜長不得眠,   밤 긴데 잠들지 못하고
轉側聽更鼓.¹⁾   뒤척이다 시간 알리는 북소리를 듣고 말았네.
無故歡相逢,²⁾   괜히 임과 만나서
使儂肝腸苦.   내 애간장을 괴롭게 하네.

주석

1) 轉側(전측) : 이리저리 뒤척이다. 전전반측輾轉反側.
  更鼓(경고) : 몇 경更인지 시간을 알려주는 북소리.
2) 無故(무고) : 이유 없이. 공연히.

해설

이 시는 시간을 알리는 북소리가 날 때까지 뒤척이며 잠들지 못하게 되자, 임과 만난 것을 되레 후회하는 심정을 말하였다.

2-29

歡從何處來,	임은 어디에서 오실까
端然有憂色.[1]	정말로 근심하는 기색이 있구나.
三喚不一應,	세 번 불러도 한 번 응하지 않는데
有何比松柏.[2]	무엇 때문에 송백 같이 구는가.

주석

1) 端然(단연) : 정말로. 과연.
2) 有何(유하) : 무엇 때문에.
   比(비) : 같다. 동일하다.
   松柏(송백) : 소나무와 측백나무. 임에 대한 마음을 바꾸지 않는 여인의 지조를 비유한다.

해설

이 시는 떠난 임에 대하여 여인이 여전히 상록수 같은 지조를 지니는 것을 안타까워하였다.

2-30

念愛情慊慊,[1]	사랑을 생각하면 마음이 불만스러우니
傾倒無所惜.[2]	아낌없이 쏟아서 주었건만.
重簾持自鄣,[3]	겹겹 주렴 가지고서 자신을 가리면
誰知許厚薄.[4]	누가 이같이 도타운지 알아주랴.

주석

1) 慊慊(겸겸) : 불만스러운 모습.
2) 傾倒(경도) : 쏟아내다. 이 구는 마음을 쏟아 아낌없이 사랑한 것을 말한다.
   이 두 구는 아낌없이 사랑을 주었지만 임의 사랑은 그에 못 미쳐서 여인의 마음이 불만스럽다는 말이다.
3) 重簾(중렴) : 겹겹이 쳐진 주렴.
   鄣(장) : 가리다. '장障'과 같다.
4) 許(허) : 이처럼. 이와 같다. '여차如此'의 뜻이다.
   厚薄(후박) : 도탑다. 정이 도타운 정도를 가리킨다.

해설

이 시는 여인의 아낌없는 사랑에도 불구하고 임이 그 심정을 몰라주는 데 대한 안타까움을 서술하였다.

2-31

氣淸明月朗,	날씨 맑고 밝은 달 환하면
夜與君共嬉.	밤에 그대와 함께 즐거워했지.
郎歌妙意曲,	그대가 오묘한 곡조를 노래하면
儂亦吐芳詞.[1]	나 또한 아름다운 가사 말했었는데.

주석

1) 芳詞(방사) : 아름다운 가사.

해설

이 시는 임과 즐기던 시절을 추억한 것으로, 밝은 달밤에 주거니 받거니 함께 노래하던 일을 말하였다.

2-32

驚風急素柯,[1]	거센 바람이 가을 가지에 급히 불어오고
白日漸微濛.[2]	흰 태양이 점차 희미하게 밝아오네.
郎懷幽閨性,[3]	그대는 깊은 규방에 대한 마음 품었었고
儂亦恃春容.[4]	나 또한 봄 같은 모습 자부했었는데.

주석

1) 素柯(소가) : 가을의 나뭇가지. '소'는 흰색으로, 가을을 나타내는 색이다.
2) 微濛(미몽) : 희미하다. 어슴푸레하다. 날이 밝아오는 것을 가리킨다.
   이 두 구는 가을밤에 잠들지 못하고 새벽을 맞는 것을 가리킨다.
3) 幽閨性(유규성) : 깊은 규방에 거하는 여인에 대한 마음.
4) 恃(시) : 자부하다.
   春容(춘용) : 봄 같이 아름다운 모습. 청춘의 아름다운 모습을 가리킨다.

해설

이 시는 가을밤에 잠들지 못하고 새벽을 맞으면서 임과 함께하던 옛 시절을 추억한 것이다.

2-33

夜長不得眠,	밤 길어도 잠들지 못하는데
明月何灼灼.[1]	밝은 달은 어찌나 환한지.
想聞散喚聲,[2]	가끔씩 부르는 소리가 들리는듯하여
虛應空中諾.	부질없이 허공에다 '네'하고 응답했네.

주석

1) 灼灼(작작) : 밝게 빛나는 모양.
2) 想(상) : 짐작하다. 추측하다.

散喚聲(산환성) : 가끔씩 부르는 소리.
이 구는 자기를 부르는 소리가 들렸다 안 들렸다 하는 것을 가리킨다.

해설

이 시는 달 밝은 밤에 잠들지 못하고 있다가 자기를 부르는 것 같은 소리에 그만 네하고 대답하고 말았음을 말하였다. 이를 통해 임이 찾아주길 바라는 애절한 심정을 표현하였다.

2-34

人各旣疇匹,[1]	남들은 이미 각자 짝이 있건만
我志獨乖違.	내 뜻만 유독 어긋나버렸네.
風吹冬簾起,	바람이 겨울 주렴에 불어와서
許時寒薄飛.[2]	때때로 춥고 박한 기운 날리게 하네.

주석

1) 疇匹(주필) : 짝. 배필.
2) 許(허) : ~을 허여하다. ~하게 하다.
  寒薄(한박) : 춥고 박한 기운. 눈을 가리킬 수도 있다.

해설

이 시는 임과 헤어지고 나서 홀로 겨울을 맞은 것을 말하였다.

2-35

我念歡的的,[1]	나는 임이 확실하다고 생각했건만
子行由豫情.[2]	그대는 우유부단한 마음을 가졌었지.
霧露隱芙蓉,[3]	안개이슬이 부용을 감춰버린 듯

見蓮不分明.⁴⁾　　연꽃을 보아도 분명하지 않았지.

| 주석

1) 的的(적적) : 확실하다. 진실하다.
2) 由豫(유예) : 우유부단하다. 머뭇거리며 결정하지 못하다.
   行(행) : 행하다. 마음을 가지다.
3) 芙蓉(부용) : 부용꽃. '부용夫容'과 발음이 동일하여 '임의 얼굴'이라는 쌍관어로 사용된다.
4) 蓮(련) : 연꽃. '연憐'과 발음이 동일하여 '사랑'이라는 쌍관어로 사용된다.
   이 두 구는 임의 얼굴을 볼 수 없어서 그 사랑에 대해 분명하게 판단할 수 없음을 말한다.

| 해설

이 시는 사랑에 대한 자기 생각과 임의 행동이 달랐기 때문에 결국 사랑에 대한 확신을 얻지 못하게 되었음을 말하였다.

2-36
　儂作北辰星,¹⁾　　나는 북극성이 되어서
　千年無轉移.　　　천년토록 옮겨가지 않는데,
　歡行白日心,²⁾　　임은 태양의 마음을 가졌는지
　朝東暮還西.　　　아침에는 동쪽 저녁에는 다시 서쪽일세.

| 주석

1) 北辰星(북진성) : 북극성. 여인의 변치 않는 마음을 비유한다.
2) 行(행) : 행하다. 마음을 가지다.

| 해설

이 시는 자기마음은 북극성 같이 변함없는데, 임은 하루에도 동쪽에서 서쪽으로 옮겨가는

태양처럼 변덕스러움을 말하였다. 북극성과 태양의 대비를 통해 자신과 임의 태도가 확연히 다름을 표현하였다.

2-37

憐歡好情懷,¹⁾　임을 사랑하며 내 마음 좋았기에
移居作鄕里.²⁾　거처를 옮겨 한 마을사람 되었네.
桐樹生門前,　　오동나무가 문 앞에 나 있어
出入見梧子.³⁾　들고 날며 오동 열매를 본다네.

주석

1) 情懷(정회) : 마음. 흉회.
2) 鄕里(향리) : 한 마을사람. 동향사람.
3) 梧子(오자) : 오동나무 열매. '오자吾子'와 발음이 동일하여 '그대'라는 쌍관어로 사용된다.

해설

이 시는 임 때문에 한 마을로 집을 옮기고 임을 자주 보게 되었음을 노래하였다.

2-38

遣信歡不來,　　서신을 보내도 임이 오지 않았고
自往復不出.¹⁾　직접 가도 또 나오지 않았네.
金銅作芙蓉,　　금동으로 부용꽃 만든다 해도
蓮子何能實.²⁾　연밥을 어찌 맺을 수 있으랴.

주석

1) 自往(자왕) : 직접 가다. 자기가 가다.

2) 蓮子(연자) : 연밥. '연'이 '연憐'의 쌍관어이므로 '그대를 사랑하지만'으로 풀이된다.
　實(실) : 열매를 맺다. 결실을 맺다. 원래 '귀貴'로 되어 있는데 ≪시기詩紀≫에 의거하여 고쳤다.

해설
　이 시는 임에게 서신을 보내도 오지 않고 직접 가도 만나주지 않자 결국 임과 맺어질 수 없는 상황임을 말하였다.

2-39
　初時非不密,　　처음에는 친밀하지 않음이 없더니
　其後日不如.　　그 후로는 날마다 못해져갔네.
　回頭批櫛脫,¹⁾　고개 돌려 빗을 밀어 뺐는데
　轉覺薄志疏.²⁾　박정한 마음 소원해짐을 점차 느껴서라네.

주석
1) 批(비) : 밀어내다. 밀다.
　櫛(즐) : 빗. 임에게 선물 받은 장신구로 보인다.
2) 薄志疏(박지소) : 박정한 마음 소원해지다. 임이 박정하게 대하며 점차 소원해진 것을 말한다.

해설
　이 시는 임이 처음에는 잘해주다가 점차 마음이 소원해지자 이에 실망한 나머지 선물로 준 빗을 빼내버리는 것을 말하였다.

2-40
　寢食不相忘,　　자나 깨나 먹을 때나 임을 잊지 못해
　同坐復俱起.¹⁾　같이 앉았다가 다시 함께 일어나네.

玉藕金芙蓉,²⁾　　옥 연뿌리와 황금 부용도
無稱我蓮子.³⁾　　내 연밥만 못하다네.

주석

1) 同坐(동좌) : 같이 앉다.
　이 구는 앉으나 서나 임 생각이 뇌리에서 떠나지 않는 것을 의미한다.
2) 玉藕(옥우) : 옥 연뿌리. '우'는 '우偶'의 쌍관어로 좋은 짝을 가리킨다.
3) 無稱(무칭) : ~만 못하다. 상당하지 못하다.
　이 두 구는 설령 좋은 상대가 있더라도 자기가 사랑하는 임만 못함을 나타내었다.

해설

　이 시는 자나 깨나 먹을 때나 항상 임 생각이 뇌리에서 떠나지 않을 정도로 임을 사랑하는데, 그래서 좋은 사람이라 해도 결국 자기 임만 못하다는 생각을 노래하였다.

2-41

恃愛如欲進,¹⁾　　사랑을 믿고서 나갈 듯이 하다가
含羞未肯前.²⁾　　수줍어하며 앞으로 나오려하질 않네.
口朱發豔歌,³⁾　　붉은 입술로 사랑노래 부르면서
玉指弄嬌弦.⁴⁾　　흰 손가락으로 고운 현을 튕기네.

주석

1) 恃愛(시애) : 사랑을 믿다.
2) 未肯前(미긍전) : 앞으로 나아오려 하지 않다.
　이 두 구는 사랑을 받고 앞으로 나갈 듯이 하다가 도로 수줍어하며 나가지 못하는 여인의 모습을 그려내었다.
3) 發豔歌(발염가) : 사랑노래를 부르다. '염가'는 남녀의 애정을 내용으로 하는 노래이다.

4) 弄嬌弦(농교현) : 고운 현을 튕기다. '교현'은 사랑노래에 걸맞은 아름답고 서정적인 가락을 가리킨다.

> 해설

　이 시는 아름다운 여인이 앞으로 나갈 듯이 하다가 도로 수줍어하며 나오질 못하다가 이윽고 사랑노래를 부르며 아름다운 선율을 연주해내는 모습을 그려내었다.

2-42

朝日照綺錢,¹⁾	아침 햇살은 동전 모양 창에 비치고
光風動紈素.²⁾	환한 바람은 흰 비단옷에 살랑이는데,
巧笑蒨兩犀,³⁾	어여쁜 웃음에 위아래 치열이 선명하고
美目揚雙蛾.⁴⁾	아름다운 눈짓에 두 눈썹 올라가네.

> 주석

1) 綺錢(기전) : 동전 모양의 도안을 아로새긴 창.
2) 紈素(환소) : 깨끗하고 하얀 비단. 비단옷을 가리킨다.
3) 巧笑(교소) : 어여쁜 웃음.
   蒨(천) : 선명하다. '천倩'과 통한다.
   兩犀(양서) : 위아래의 치열.
4) 雙蛾(쌍아) : 두 눈썹. '아'는 나비 더듬이 모양의 눈썹을 가리킨다.
   이 두 구는 ≪시경詩經·위풍衛風·석인碩人≫의 "어여쁜 웃음은 아름답고 아름다운 눈은 선명하네.(巧笑倩兮, 美目盼兮)" 구절을 활용한 것이다.

> 해설

　이 시는 맑고 상쾌한 아침을 맞아 더욱 아름다워 보이는 여인의 모습을 노래하였다.

(김수희)

3. 자야사시가 75수 子夜四時歌七十五首
진, 송, 제의 가사 晉宋齊辭

3-1 춘가 20수 春歌二十首

3-1-1
春風動春心,	봄바람에 춘심이 동하여
流目矚山林.¹⁾	이리저리 바라보다 산림을 보나니,
山林多奇采,	산의 숲에는 기이한 색채 많고
陽鳥吐清音.²⁾	봄새들은 맑은 소리를 내누나.

주석

1) 流目(유목) : 마음대로 이리저리 바라보다.
   矚(촉) : 보다. 보이다.
2) 陽鳥(양조) : 봄새. '양'은 봄볕으로 봄의 의미를 나타낸다.

해설

이 시는 봄을 맞아 마음이 싱숭생숭해져 이리저리 바라보다가 봄이 온 산림의 모습을 자세히 보게 되었음을 말하였다.

3-1-2
綠荑帶長路,¹⁾	초록 띠풀 싹은 긴 길 따라 돋아 있고

丹椒重紫莖,[2]	단초나무는 자줏빛 가지 겹쳐있다.
流吹出郊外,[3]	유취 불며 교외로 나가서
共歡弄春英.[4]	함께 즐거워하며 봄꽃을 희롱한다.

주석

1) 綠荑(녹이) : 초록색 띠 풀의 어린 싹. 자목련으로 보는 설도 있다.
2) 丹椒(단초) : 단초나무. 화초花椒. 열매가 붉어서 '단초'라고 한다.
   紫莖(자경) : 자줏빛 나뭇가지. 봄에 나뭇가지에 물이 올라 자줏빛을 띠는 것을 가리킨다. 이 두 구는 서진西晉 좌사左思의 ≪촉도부蜀都賦≫의 "어떤 곳엔 초록 띠 풀 싹이 풍성하고, 어떤 곳엔 붉은 단초나무 무성하다.(或豐綠荑, 或蕃丹椒)"의 구절에서 나온 것이다.
3) 流吹(유취) : 피리나 퉁소와 같은 옛 관악기.
4) 共歡(공환) : 함께 즐거워하다. 함께 한 사람은 정인일 수도 있고 친한 동무일 수도 있다.
   春英(춘영) : 봄꽃.

해설

이 시는 풀싹과 나뭇가지가 무성해지는 봄에 교외로 나가 꽃구경하는 것을 노래하였다.

3-1-3

光風流月初,[1]	온화한 바람에 달빛이 막 흐르면서
新林錦花舒.[2]	싱그러운 숲에 비단 꽃이 펼쳐지네.
情人戲春月,	정인은 봄 달을 희롱하느라
窈窕曳羅裾.[3]	우아하게 비단 옷자락을 끄네.

주석

1) 光風(광풍) : 비가 그치고 막 햇살이 비칠 때의 온화한 바람.
   流月(유월) : 흐르는 달빛.
2) 新林(신림) : 봄이 온 뒤에 막 싹이 나고 잎이 펴지는 숲.

　　　　이 두 구는 달빛이 비치면서 숲의 나무들이 비단처럼 빛나는 것을 가리킨다.
3) 窈窕(요조) : 우아하고 그윽한 모습. 아름다운 모습.
　　曳羅裾(예나거) : 비단 옷자락을 끌다.

| 해설 |

　이 시는 달빛이 비치면서 숲이 아름답게 변화하는 가운데 정인이 달빛 산책을 즐기는 모습을 서술하였다.

3-1-4

妖冶顏蕩駘,[1]	아름답게 얼굴 우아해지고
景色復多媚.[2]	경치도 다시 많이 아름다워졌네.
溫風入南牖,[3]	따스한 바람이 남쪽 창에 불어오니
織婦懷春意.[4]	베 짜는 여인은 춘정을 품네.

| 주석 |

1) 妖冶(요야) : 아리땁다. 아름답다.
　　蕩駘(탕태) : 평온하고 우아한 모습.
2) 多媚(다미) : 많이 아름다워지다.
3) 南牖(남유) : 남쪽 창.
4) 春意(춘의) : 사랑하고 싶은 마음. 춘정春情.

| 해설 |

　이 시는 봄이 되면서 바깥경치도 좋아지고 여인이 얼굴도 우아해지는 가운데 집안에서 베 짜던 여인도 따스한 바람결에 사랑에 대한 희망을 품게 된 것을 말하였다.

3-1-5

| 碧樓冥初月,[1] | 푸른 누대는 초승달 아래 어둑하고 |

羅綺垂新風,² 　비단 옷은 막 불기 시작한 바람에 드리워졌네.
含春未及歌,³ 　춘정 머금은 채 노래까진 못하더라도
桂酒發淸容.⁴ 　계주 마시고 맑은 모습 드러내네.

주석

1) 初月(초월) : 신월新月. 매월 초에 뜨는 초승달.
2) 羅綺(나기) : 비단옷. 여인의 비단옷을 가리킨다.
   新風(신풍) : 막 불기 시작한 바람.
3) 含春(함춘) : 춘정을 품다. 춘의春意를 지니다.
4) 桂酒(계주) : 계주를 마시다. '계주'는 옥계玉桂를 담가서 만든 술로, 좋은 술을 가리킨다.

해설

이 시는 초승달이 뜨고 막 바람이 불기 시작한 누대에서 한 여인이 노래하길 주저하는 대신 술을 마시며 맑은 모습을 드러내는 것을 말하였다.

3-1-6

杜鵑竹裏鳴, 　두견새가 대숲 속에서 우는데
梅花落滿道. 　매화가 떨어져 길에 가득하네.
燕女遊春月,¹ 　연 땅의 여인 봄 달 아래 노니는데
羅裳曳芳草. 　비단 치마가 향기로운 풀에 끌리네.

주석

1) 燕女(연녀) : 연 땅의 여인. 미인을 가리킨다.

해설

이 시는 두견새 울고 매화 날리는 길에서 연 땅의 여인이 달빛산책을 하는 모습을 말하였다.

3-1-7

朱光照綠苑,[1]	붉은 햇빛이 초록 동산에 비치니
丹華粲羅星.[2]	빨간 꽃이 늘어선 별처럼 찬란하다.
那能閨中繡,[3]	어찌 규방 안에서 수놓으며
獨無懷春情.[4]	홀로 춘정이 없을 수 있겠는가.

주석

1) 朱光(주광) : 햇빛. 일광日光.
2) 羅星(나성) : 늘어선 별.
3) 那能(나능) : 어찌~할 수 있으랴. 반문反問의 어기를 나타낸다.
4) 懷春情(회춘정) : 춘정. 이성에 대한 마음을 품은 것을 가리킨다.

해설

이 시는 햇살이 환히 비치며 동산의 꽃이 아름다울 때 규방 안의 여인 또한 봄을 즐기고 싶은 심정이 간절함을 말하였다.

3-1-8

鮮雲媚朱景,[1]	가벼운 구름이 햇살 속에 아름답고
芳風散林花.[2]	향기로운 바람이 숲의 꽃을 흩트릴 때,
佳人步春苑,	아름다운 사람 봄 동산을 거니는데
繡帶飛紛葩.[3]	수놓은 띠가 무성한 꽃에 날린다.

주석

1) 鮮雲(선운) : 가벼운 구름.
2) 散林花(산임화) : 숲의 꽃을 흩트리다. 바람이 꽃 사이로 흩어지는 것으로 볼 수도 있다.
3) 紛葩(분파) : 무성한 꽃. 원래는 소리가 무성한 모양을 형용하는데, 여기서는 숲의 무성한 꽃을 가리킨다.

해설

이 시는 구름이 떠가고 바람이 불 때 아름다운 여인이 봄 동산을 거니는 모습을 그려내었다.

3-1-9

羅裳迮紅袖,[1]　　비단 치마와 통 좁은 붉은 소매
玉釵明月璫.[2]　　옥비녀와 밝은 구슬 귀고리.
冶遊步春露,[3]　　교외를 노닐면서 봄 이슬을 밟으며
豔覓同心郎.[4]　　한마음의 임을 어여쁘게도 찾는다.

주석

1) 迮紅袖(책홍수) : 통 좁은 붉은 소매. 소매통이 좁은 저고리를 가리킨다.
2) 玉釵(옥채) : 옥비녀.
　明月璫(명월당) : 밝은 구슬로 만든 귀고리.
3) 冶遊(야유) : 교외를 노닐다. '야'는 '야野'와 통한다.
4) 豔覓(염멱) : 어여쁘게도 찾다. 예쁜 자태로 임을 찾는 것을 말한다.

해설

이 시는 몸단장을 한껏 하고서 교외를 노닐며 임을 찾는 여인의 모습을 노래하였다.

3-1-10

春林花多媚,[1]　　봄 숲은 꽃에 아름다움 많은데
春鳥意多哀.　　　봄새는 마음에 슬픔이 많구나.
春風復多情,　　　봄바람은 또 정이 많은지
吹我羅裳開.[2]　　나에게 불어와 비단치마 벌어지게 한다.

주석

1) 多媚(다미) : 아름다움이 많다. 이 구는 봄 숲의 꽃이 많이 아름답다는 말이다.

2) 羅裳開(나상개) : 비단치마가 벌어지다. 봄바람에 치마가 벌어진 것을 가리킨다. 이 구는 춘정이 여인의 마음을 설레게 하는 것을 표현하였다.

|해설|

이 시는 꽃피고 새 우는 봄에 여인의 치맛자락이 봄바람에 벌어진 것을 말했는데, 이를 통해 춘정을 느끼는 여인의 심정을 표현하였다.

3-1-11

新燕弄初調,[1]　　막 날아온 제비는 첫 곡조를 지저귀고
杜鵑競晨鳴.　　두견새는 앞 다퉈 새벽에 우네.
畫眉忘注口,[2]　　눈썹만 그리고 입술연지 바르는 건 잊은 채
遊步散春情.[3]　　이리저리 거닐며 춘정을 펼쳐내네.

|주석|

1) 新燕(신연) : 봄이 되자 막 날아온 제비. 갓 태어난 새끼제비로 볼 수도 있다.
   弄初調(농초조) : 첫 곡조를 지저귀다. 제비가 지저귀기 시작한 것을 가리킨다.
2) 注口(주구) : 입술에 연지를 바르다. '주'는 바르다, 칠한다는 뜻이다.
3) 遊步(유보) : 이리저리 다니다. 마음대로 다니다.
   散(산) : 펴내다. 내보내다.

|해설|

이 시는 새 우는 봄에 마음이 조급하여 화장도 대충한 채 이리저리 다니며 봄날을 만끽하는 것을 노래하였다.

3-1-12

梅花落已盡,　　매화꽃은 이미 다 떨어졌고
柳花隨風散.[1]　　버들개지는 바람 따라 흩날린다.

歎我當春年,[2] 탄식하노니 내가 청춘이 되었는데도
無人相要喚.[3] 날 불러주는 사람이 없구나.

주석

1) 柳花(유화) : 버들개지. 버들 솜.
   이상 두 구는 매화가 지고 버들개지 날리면서 봄이 저무는 것을 뜻한다.
2) 當春年(당춘년) : 청춘의 때를 만나다. 청춘이 된 것을 가리킨다.
3) 要喚(요환) : 초청하여 부르다.

해설

이 시는 꽃이 지고 버들개지가 날리면서 봄은 저무는데, 한창 청춘인 자기를 불러주는 이가 없는 데 대한 안타까운 심정을 토로하였다.

3-1-13

昔別雁集渚,   예전 떠나실 적에 기러기가 물 섬에 모여 있었는데
今還燕巢梁.[1] 지금 돌아오시니 제비가 들보에 둥지를 틀었네.
敢辭歲月久,[2] 어찌 세월이 장구함을 마다하랴만
但使逢春陽.[3] 오직 봄날만 오게 하기를.

주석

1) 巢(소) : 둥지를 틀다.
   이상 두 구는 철새를 통해 임이 가을에 떠났다가 봄에 돌아온 것을 말하였다.
2) 敢辭(감사) : 어찌 감히 마다하겠는가. 어찌 감히 사양하겠는가.
   이 구는 세월이 길이 흘러감을 받아들일 수밖에 없는 것을 말하였다.
3) 春陽(춘양) : 봄날.

> 해설

이 시는 임이 가을에 떠났다가 봄에 다시 돌아왔기에 항상 봄날이 오기만을 바라는 여인의 심정을 노래하였다.

3-1-14

春園花就黃,[1]	봄 정원에 꽃은 바로 노랗게 피고
陽池水方淥.[2]	볕드는 연못에 물은 막 맑아졌네.
酌酒初滿杯,[3]	술을 따라 처음 술잔을 채웠고
調弦始終曲.[4]	현을 타서 이제 막 곡조를 마쳤네.

> 주석

1) 就(취) : 즉시. 바로.
2) 方(방) : 막. 이제 막.
   淥(록) : 물이 맑다.
3) 酌酒(작주) : 술을 따르다.
4) 調弦(조현) : 현악기를 연주하다. '조'는 연주한다는 뜻이다.
   終(종) : 마치다. '성成'으로 된 판본도 있다. 이 경우 '이제 막 곡조를 이루어내네.'로 풀이된다.

> 해설

이 시는 정원과 연못에 봄이 막 찾아와서 자신도 이제 술을 마시고 현을 타게 됨을 노래하였다.

3-1-15

娉婷揚袖舞,[1]	고운 자태로 소매 날리며 춤추고
阿那曲身輕.[2]	유연하게 몸을 굽힘이 경쾌한데,
照灼蘭光在,[3]	반짝이며 난등불은 켜져 있고
容冶春風生.[4]	살랑이며 봄바람은 불어온다.

주석

1) 娉婷(빙정) : 고운 자태. 자태가 아름다운 모양을 형용한다.
2) 阿那(아나) : 유연하게. 부드럽고 약한 모습을 형용한다.
3) 照灼(조작) : 반짝이다. 섬광이 사방으로 발하다.
   蘭光(난광) : 난등. 택난澤蘭 기름으로 불을 밝힌 등불.
4) 容冶(용야) : 아름답고 예쁜 모습. 여기서는 봄바람이 부는 모습을 형용한다.
   이상 두 구는 무녀가 춤추는 모습을 나타낸다. 즉 무녀의 춤이 등불 비치듯이 환하고 봄바람 불듯이 경쾌하다는 말이다.

해설

이 시는 무녀舞女가 소매를 날리거나 몸을 굽히며 춤추는 모습을 직접적으로 묘사한 후, 이러한 춤사위로 인해 등불이 비치는 듯, 봄바람이 부는 듯했다는 감상을 서술하였다.

3-1-16

阿那曜姿舞,1)	유연하게 자태 있는 춤사위 빛나고
逶迤唱新歌.2)	구성지게 새 노래를 부르네.
翠衣發華洛,3)	"푸른 풀이 아름다운 낙수에 돋아날 때
回情一見過.4)	정을 돌이켜 한번 들러주세요."

주석

1) 阿那(아나) : 유연하다. 부드럽고 약한 모습.
   姿舞(자무) : 자태가 빼어난 춤사위.
2) 逶迤(위이) : 곡절이 있고 기복이 있다. 노래 소리가 곡절 있고 기복 있는 것을 말한다.
3) 翠衣(취의) : 푸른 풀. 푸른 옷으로 볼 수도 있다.
   華洛(화낙) : 아름다운 낙수洛水. 노래를 듣는 이가 앞으로 갈 곳을 가리킨다.
4) 見過(견과) : 방문하다. 나를 찾아주다.

|해설|

이 시는 춤을 추고 노래를 부르는데 제3·4구가 그 노래가사이다. 노래를 듣는 이가 지금 낙양으로 떠날 텐데 낙양에 봄이 올 때쯤 다시 자신을 찾아달라는 내용이다. 다만 제3구의 '취의'를 푸른 옷으로 보고 '푸른 옷을 입고 꽃 핀 낙수를 출발하실 때'로 볼 수도 있는데, 이 경우 봄의 의미가 그다지 부각되지 않는다.

3-1-17

明月照桂林,	밝은 달이 계수나무 숲을 비추니
初花錦繡色.[1]	막 핀 봄꽃이 비단자수 빛이라.
誰能不相思,	누군들 그리워하지 않을 수 있으랴만
獨在機中織.[2]	홀로 베틀에서 베를 짠다.

|주석|

1) 初花(초화) : 막 핀 꽃. 봄꽃.
2) 機(기) : 베틀.

|해설|

이 시는 숲에 달빛 비치는 봄밤에 그리움에 젖은 채 홀로 베 짜는 여인의 모습을 노래하였다.

3-1-18

崎嶇與時競,[1]	기구하게 때와 다투면서
不復自顧慮.[2]	다시 스스로 돌아보고 염려하진 않지만,
春風振榮林,[3]	봄바람이 꽃핀 숲을 흔들 때면
常恐華落去.	꽃이 질까 늘 두려워한다네.

|주석|

1) 崎嶇(기구) : 오르내리다. 원래는 지세나 도로가 오르내리며 평탄치 않은 모양인데, 여기서

는 인생길이 평탄치하고 험난한 것을 가리킨다.

與時競(여시경) : 때와 다투다. 시운時運을 따르며 힘들게 살아가는 것을 말한다.
2) 顧慮(고려) : 돌아보고 염려하다.
3) 榮林(영림) : 꽃핀 숲.

해설

이 시는 험난한 인생을 살아가며 걱정하지는 않지만, 그래도 바람에 꽃이 지는 일은 늘 걱정스럽다는 것을 노래하였다. 꽃이 질까 걱정하는 마음 저편에는 자신의 청춘이 가는 데 대한 안타까움이 숨어있다고 할 수 있다.

3-1-19

思見春花月,[1]	봄의 꽃과 달을 보고 싶었는데
含笑當道路.[2]	웃음 띠면서 길가에 있네.
逢儂多欲摘,[3]	너희 만나면 많이도 따려했지만
可憐持自誤.[4]	안타깝게도 스스로 지니기는 틀렸다네.

주석

1) 花月(화월) : 꽃과 달. 아름다운 풍경을 가리킨다.
2) 當(당) : 당해있다. 당면해있다.
3) 儂(농) : 너희. '화월花月'을 가리킨다.
   摘(적) : 따다. 집어 따다. '적摘'과 같다.
   이 구는 봄꽃을 따거나 봄 달을 움켜쥐고자 시도한 적이 많았음을 의미한다.
4) 持(지) : 지니다. 소유해서 즐기는 것을 의미한다.
   誤(오) : 틀리다. 그르치다.
   이 구는 봄꽃을 따거나 봄 달을 움켜잡을 수는 있어도 이를 계속 지니면서 즐기지는 못한다는 말이다.

해설

　이 시는 아름다운 봄 풍경을 보다 많이 즐기고 또 경험하고 싶지만 결국 자기 마음속에 이를 지니지는 못함을 노래하였다. 아름다운 대상은 늘 가까이 있지만 결국 이를 소유하지 못하는 데서 오는 아쉬움과 안타까움이 느껴진다.

3-1-20

自從別歡後,[1]	임과 헤어진 후로부터
歎音不絶響.[2]	탄식하는 소리가 끊임없이 울리네.
黃蘗向春生,[3]	황벽나무는 봄에 살아나서
苦心隨日長.[4]	쓴 속이 날로 자라나네.

주석

1) 自從(자종) : ~로부터. '후後'나 '내來'와 호응한다.
2) 歎音(탄음) : 탄식하는 소리.
3) 黃蘗(황벽) : 황벽나무. 속껍질이 매우 쓰고 약재로 쓰인다.
4) 苦心(고심) : 황벽나무의 쓴 속심. 이별한 이의 쓴 마음을 비유한다.
　이 두 구는 이별로 인해 황벽처럼 쓰디쓴 고통이 커지는 것을 말하였다.

해설

　이 시는 임과의 이별로 인해 끊임없이 슬픈 음악을 연주하는데, 이와 더불어 그 고통 또한 날로 심해져 감을 말하였다.

(김수희)

3-2 하가 20수 夏歌二十首

3-2-1

高堂不作壁,	높은 당에 벽을 세우지 않아
招取四面風.¹⁾	사방의 바람을 불러들이네.
吹歡羅裳開,²⁾	임에게 불어 비단 옷 벌어지니
動儂含笑容.³⁾	나를 움직여 웃는 얼굴 짓게 하네.

주석

1) 招取(초취) : 초청하여 취하다.
   이 두 구는 바람이 잘 불도록 벽이 없는 건물을 만들었다는 것이다.
2) 歡(환) : 임. 사랑하는 남녀사이에 부르는 호칭이다.
   羅裳(나상) : 비단 옷. '상'은 하의下衣를 가리킨다. 여성의 치마로 볼 수도 있다.
3) 動(동) : 마음을 움직이게 하다. 동하게 하다.
   儂(농) : 나. 1인칭 인칭대사.

해설

이 시는 벽이 없어 바람이 잘 통하는 높은 당에서 임의 옷이 바람에 날려 벌어진 모습을 보고 여성이 웃는 일을 노래하였다. 제3구의 '나상'을 여인의 치마로 보고 여인의 치마가 바람에 벌어진 모습을 보고 남성이 웃는 것으로 볼 수도 있다.

3-2-2

反覆華簟上,¹⁾	화려한 대자리에서 뒤척이는데
屛帳了不施.²⁾	병풍과 휘장은 끝내 치지 않았네.
郎君未可前,³⁾	낭군께선 아직 앞에 오지 않고
等我整容儀.⁴⁾	내가 단장하도록 기다려주시네.

주석

1) 反覆(반복) : 엎치락뒤치락. 바로 일어나지 않는 모습을 표현하였다.
2) 了(료) : 끝내. 마침내.
   이 구는 더위 때문에 병풍과 휘장을 치지 않은 것을 말한다.
3) 整容儀(정용의) : 단장하다. '용의'는 얼굴과 겉치장이다.

해설

이 시는 더위로 늦게 일어난 기녀를 위해 단장을 마칠 때까지 기다려주는 낭군의 세심한 배려와 애정을 노래하였다.

3-2-3

開春初無歡,[1]	초봄 초기에는 임이 없었는데
秋冬更增淒.[2]	가을 겨울에 다시 쓸쓸함을 더하네.
共戱炎暑月,[3]	더운 여름에 함께 즐기면서
還覺兩情諧.[4]	그래도 두 마음 어울린다고 느꼈었는데.

주석

1) 開春(개춘) : 초봄. 봄의 시작으로 주로 정월이나 입춘을 가리킨다.
   初(초) : 초기. 처음.
2) 更(갱) : 다시.
3) 炎暑(염서) : 더운 여름.
4) 諧(해) : 어울리다. 화합하다.

해설

이 시는 여름 한 철 임과 즐겁게 지낸 일을 노래하였다. 초봄에는 정인情人이 없었지만 여름에 정인을 만나 즐겁게 지내다가 가을이 오기 전에 헤어진 것으로 추정된다.

3-2-4

春別猶春戀,[1]	봄에 헤어졌건만 여전히 봄날 그리워
夏還情更久.	여름이 돌아와도 정이 더욱 오래가네.
羅帳爲誰褰,[2]	비단휘장 누굴 위해 걷겠으며
雙枕何時有.[3]	둘이 자는 일이 언제 있겠는가.

주석

1) 春戀(춘련) : 봄이 그립다. 임과 함께했던 봄날의 추억을 그리워하다.
2) 褰(건) : 걷다. 열다. 휘장을 걷어 올리는 것이다.
3) 雙枕(쌍침) : 둘이 자다. 동침하는 것을 가리킨다.

해설

이 시는 헤어진 후에도 여전히 임을 그리워하지만, 이제 다시는 휘장을 걷고 임을 맞으며 그와 함께 잘 일이 없을 거라는 씁쓸한 심정을 노래하였다.

3-2-5

疊扇放牀上,[1]	부채 접어 침상 위에 두고
企想遠風來.[2]	먼 바람이 불어오길 바라네.
輕袖拂華妝,[3]	얇은 소매로 화려한 화장을 하고서
窈窕登高臺.[4]	우아하게 높은 누대에 오르네.

주석

1) 疊扇(첩선) : 부채를 접다.
2) 遠風(원풍) : 멀리서 불어오는 바람.
   이 구는 먼 바람을 타고서 임이 탄 배 또한 돌아오길 바라는 심정이 담겨있다.
3) 拂華妝(불화장) : 화려한 화장을 하다. '불'은 화장하는 것을 가리킨다.
4) 窈窕(요조) : 우아하고 조신한 모양. ≪시경·관저關雎≫의 "요조숙녀는 군자의 좋은 배필.

(窈窕淑女, 君子好逑)"에 대한 주에서 "요조는 그윽하고 한가한 것이다.(窈窕, 幽閒也)"라고 하였다.

> 해설

이 시는 부채질하다 그만두고 바람을 맞으러 높은 누대에 오르는 여인의 모습을 노래하였다. 바람이 불길 바라는 것을 임이 탄 배가 돌아오길 바라는 것으로 본다면, 마지막 구는 임이 탄 배가 돌아오는 모습을 바라보려는 행위로 볼 수 있다.

3-2-6

含桃已中食,[1]	앵두가 이미 먹기 알맞은 때
郞贈合歡扇.[2]	낭군께서 합환선을 주셨네.
深感同心意,	마음 함께하려는 뜻을 깊이 느껴
蘭室期相見.[3]	난실에서 만나자고 기약하였네.

> 주석

1) 含桃(함도) : 앵두. 앵도櫻桃의 별칭.
   中食(중식) : 먹기에 적합하다. '중'은 적합하다는 뜻이다.
2) 合歡扇(합환선) : 둥근 부채. 부채 윗부분에 대칭으로 그려진 꽃문양이 있어서 남녀의 합환을 상징한다.
3) 蘭室(난실) : 난향이 나는 방. 여인의 거처를 가리킨다.

> 해설

이 시는 여름에 임에게서 합환선을 받은 후 그의 마음을 받아들여 자기 방에서 만나기로 약속한 일을 노래하였다.

3-2-7

| 田蠶事已畢,[1] | 뽕을 길러 누에치는 일 이미 끝났는데 |

思婦猶苦身,[2]   그리워하는 여인은 여전히 몸이 고달프네.
當暑理絺服,[3]   더위를 맞아 갈포 옷을 만들어
持寄與行人.[4]   가져다가 길 떠난 이에게 부쳐주네.

주석

1) 田蠶(전잠) : 뽕나무를 길러 누에를 치다.
2) 苦身(고신) : 몸이 고달프다.
3) 當暑(당서) : 더위를 맞다. 무더운 때를 당하다.
   絺服(치복) : 갈포 옷. 여름옷을 가리킨다.
4) 持寄(지기) : 물건을 가져다가 사람에게 부치다.
   與(여) : 주다.

해설

이 시는 잠사蠶事를 마쳤는데도 여전히 길 떠난 이에게 여름용 갈포 옷을 만들어 부치는 여인의 고달픈 일상을 노래하였다.

3-2-8

朝登涼臺上,[1]   아침에는 양대 위에 오르고
夕宿蘭池裏.[2]   저녁에는 난지 안에서 머무네.
乘月採芙蓉,[3]   달빛을 타고 부용꽃을 따서
夜夜得蓮子.[4]   밤마다 연밥을 얻는다네.

주석

1) 涼臺(양대) : 사방을 트거나 창문을 많이 내서 시원하게 한 누대. 여기서는 남녀가 동침하는 곳을 가리킨다. '양대陽臺'와 발음이 유사하여 남녀가 동침하는 곳에 대한 쌍관어로 사용된다. 송옥宋玉의 <고당부서高唐賦序>에서 "아침에는 아침구름이 되고 저녁에는 지나는 비가 되어, 아침저녁으로 양대의 아래에 있겠습니다.(旦爲朝雲, 暮爲行雨, 朝朝暮暮, 陽臺之下)"

라고 하였다.
2) 蘭池(난지) : 진시황 때의 인공연못으로 그 북쪽에 난지궁蘭池宮이 있다. 여기서는 신선세계를 가리킨다. ≪삼진기三秦記≫에 "진시황이 위수를 끌어들여 연못을 만들었다. 동서로 2백리, 남북으로 20리가 되었고 흙을 쌓아 봉래산을 만들었으며 돌을 새겨 고래를 만든 것이 2백장 길이였다.(始皇引渭水爲池. 東西二百里, 南北二十里, 築土爲蓬萊, 刻石爲鯨, 長二百丈)"라고 하였다.
3) 乘月(승월) : 달빛을 타다. 달빛이 나는 때를 틈타다.
芙蓉(부용) : 연꽃의 다른 이름. 낭군을 가리킨다. '부용夫容'과 발음이 유사하여 낭군에 대한 쌍관어로 사용된다.
4) 蓮子(연자) : 연밥. 사랑하는 이를 가리킨다. '연자戀子'와 발음이 유사하여 사랑하는 이에 대한 쌍관어로 사용된다.

해설

이 시는 신화와 전설상의 이야기를 통해 날마다 임과 사랑을 나눈다는 내용으로, 여인이 꾸는 꿈의 내용인 듯하다.

3-2-9

暑盛靜無風,	더위가 성하여 고요하게 바람도 없더니
夏雲薄暮起.1)	여름 구름이 저물녘에 일어난다.
攜手密葉下,	빽빽한 나뭇잎 아래 손을 잡고서
浮瓜沈朱李.2)	외를 띄우고 자두를 담가놓는다.

주석

1) 薄暮(박모) : 저물녘.
2) 瓜(과) : 외.
   朱李(주리) : 자두.
   이 구는 여름을 보내는 즐거운 일을 가리킨다. 위魏 조비曹丕의 <여조가령오질서與朝歌令吳質書>에서 "맑은 샘에 단 외를 띄우고 찬 물에 자두를 담가두네(浮甘瓜於淸泉, 沈朱李於寒水)"

라고 하였다.

해설

이 시는 더운 여름날 저녁에 서로 손을 잡고 외도 띄워놓고 자두도 물에 담가 놓는 등 즐겁게 지냄을 노래하였다.

3-2-10

鬱蒸仲暑月,[1]	찌는 듯이 무더운 한창 여름날
長嘯出湖邊.	길게 휘파람 불며 호숫가로 나서네.
芙蓉始結葉,[2]	부용은 이제 막 잎이 맺혔는데
花豔未成蓮.[3]	꽃은 아름답지만 아직 연밥을 이루지 못했네.

주석

1) 鬱蒸(울증) : 성하게 덥다. 찌는 듯이 더운 것을 가리킨다.
   仲暑(중서) : 여름 석 달 중 두 번째 달. 즉 음력 5월을 가리킨다.
2) 結葉(결엽) : 잎을 맺다. 연잎은 타원형으로 말려 있다 점차 펴지며 커진다. 이 구는 연꽃이 아직 어린 것으로, 임과 이제 막 맺어진 것을 의미한다.
3) 成蓮(성련) : 연밥을 이루다. 꽃이 떨어지고 난 후에야 연밥이 생긴다. 이 구는 아직 사랑의 결실을 맺지 못한 것을 의미한다.

해설

이 시는 무더운 여름에 호숫가에 나가 부용을 보고 그 모습을 자세히 노래한 것이다. 부용이 임의 얼굴을 의미하는 쌍관어인 점을 고려하면, 막 사랑을 시작하게 되었지만 아직 결실은 맺지 못한 상태임을 노래한 것으로 볼 수 있다.

3-2-11

適見戴青幡,[1]	만났을 때 입춘의 푸른 깃발 꽂혔는데

三春已復傾.[2]	봄 석 달이 이미 다시 기울었네.
林鵲改初調,[3]	숲의 까치는 첫 곡조를 바꾸었고
林中夏蟬鳴.	숲속에서는 여름매미가 울어대네.

주석

1) 靑幡(청번) : 농사를 권하고 꽃을 보호하는 용도의 푸른 깃발. 여기서는 입춘에 임을 만났음을 의미한다. ≪후한서後漢書・예의지禮儀志≫에 "입춘 날에는 …봄 깃발을 세우고 문 밖에 진흙으로 만든 소와 농민을 놓아둠으로써 뭇 백성들에게 중시의 뜻을 보였다.(立春之日…立春幡, 施土牛耕人于門外, 以示兆民)"라고 하였다.
2) 三春(삼춘) : 봄 석 달. 음력 1월, 2월, 3월.
3) 初調(초조) : 첫 곡조. 이 구는 까치가 다 커서 그 울음소리가 바뀌었음을 가리킨다.

해설

이 시는 봄에 만나 석 달 봄이 지났음을 말하였다. 까치소리의 변화와 매미의 등장을 통해 계절이 여름으로 변화했음을 나타내었다.

3-2-12

春桃初發紅,[1]	봄 복사꽃이 이제 막 붉은빛을 띠는데
惜色恐儂摘.[2]	색을 아끼는 것은 내가 따갈까 걱정해서라.
朱夏花落去,[3]	여름 되어 꽃이 떨어지면
誰復相尋覓.[4]	누가 다시 너를 찾아와줄까.

주석

1) 發紅(발홍) : 붉은색을 띠다.
2) 惜色(석색) : 색을 아끼다.
   儂(농) : 나. 화자 자신을 가리킨다.
   이 구는 복사꽃이 연한 빛깔인 이유가 내가 따갈까 봐 걱정해서라는 말이다.

摘(적) : 따다.
3) 朱夏(주하) : 여름. 오행에서 여름은 화火이고 붉은색에 해당한다.
4) 尋覓(심멱) : 찾아오다. ≪사기·이장군열전李將軍列傳≫에 "속담에 말하길 '복숭아와 자두는 말이 없어도 그 아래 절로 길이 이루어진다.(諺曰, 桃李不言, 下自成蹊)"라고 하였다.

해설

이 시는 복사꽃이 연분홍색을 띠며 사람의 손길을 꺼리지만, 여름에 꽃이 지고나면 더 이상 찾는 이가 없어짐을 노래하였다. 꽃이 지고나면 아무도 찾지 않는 상황을 통해 청춘이 가고나면 결국 정인도 자신을 찾지 않으리라는 상황을 빗대어 표현하였다.

3-2-13

昔別春風起,	예전에 이별할 때 봄바람 불었고
今還夏雲浮.	이제야 돌아오니 여름구름 떠있네.
路遙日月促,¹⁾	길이 멀고 시간이 빨리 가서이지
非是我淹留.²⁾	내가 지체하며 머문 것이 아니라네.

주석

1) 日月(일월) : 시간. 세월.
   促(촉) : 재촉하다. 시간이 빨리 가는 것을 가리킨다.
2) 淹留(엄류) : 지체하며 늦추다.

해설

이 시는 봄에 떠났다가 여름에 돌아왔는데, 늦게 돌아오게 된 이유가 결코 자신에게 있지 않음을 핑계대고 있다.

3-2-14

青荷蓋淥水,¹⁾	초록 연잎이 맑은 물을 덮었는데

芙蓉葩紅鮮,[2] 부용은 꽃이 붉고 선명하네.
郎見欲採我,[3] 낭군은 보고서 나를 따려고 하지만
我心欲懷蓮.[4] 내 마음은 연 씨를 품고자 한다네.

주석

1) 靑荷(청하) : 초록 연잎.
   渌水(녹수) : 맑은 물.
2) 葩(파) : 꽃.
3) 採我(채아) : 나를 따다. 이 구는 임이 나와 함께 즐기려고만 하는 것을 가리킨다.
4) 懷蓮(회련) : 연의 열매를 품다. 이 구는 사랑의 결실을 맺는 것을 가리킨다. '연蓮'은 연戀과 발음이 유사하여 연정戀情, 연인戀人에 대한 쌍관어로 사용된다.

해설

이 시는 부용꽃을 빌어 임에게 꽃처럼 잠시 소유되기보다는 그 결실까지 맺기를 바라는 여인의 심정을 노래하였다.

3-2-15

四周芙蓉池,[1] 사방은 부용 꽃 핀 연못이고
朱堂敞無壁.[2] 붉은 당은 트인 채 벽이 없네.
珍簟鏤玉牀, 진귀한 대자리와 옥을 새긴 침상에서
繾綣任懷適.[3] 얽힌 채로 마음 가는대로 맡겨두네.

주석

1) 四周(사주) : 사방. 주위.
2) 敞(창) : 트이다. 열리다. 벽 없이 확 트여있는 것을 가리킨다.
3) 繾綣(견권) : 실타래가 얽어 풀어지지 않는 모습을 형용한다. 여기서는 남녀의 연정을 가리킨다.

해설

　이 시는 부용꽃 핀 연못가의 확 트인 당에서 임과 함께 누운 채 깊은 정을 나누는 것을 노래하였다.

3-2-16

赫赫盛陽月,[1]	쨍쨍 양기 왕성한 달에
無儂不握扇.[2]	부채를 잡지 않는 사람이 없네.
窈窕瑤臺女,[3]	우아한 요대의 선녀가
冶遊戲涼殿.[4]	놀러 나와 시원한 전각에서 장난치네.

주석

1) 赫赫(혁혁) : 빛나는 모양. 또는 열기가 왕성한 모양.
　　盛陽(성양) : 왕성한 양기. 여름을 가리킨다.
2) 儂(농) : 사람.
3) 瑤臺(요대) : 전설 속의 신선의 거처.
4) 冶遊(야유) : 밖으로 나와 노닐다.

해설

　이 시는 무더운 여름에 선녀같이 아름다운 여인이 시원한 전각에 놀러 나온 일을 노래하였다.

3-2-17

春傾桑葉盡,[1]	봄이 기울 때 뽕잎도 다하고
夏開蠶務畢.[2]	여름 되며 양잠 일도 끝나네.
晝夜理機縛,[3]	밤낮으로 베틀에서 흰 비단을 짜는데
知欲早成匹.[4]	비단 한 필을 일찌감치 이루고자 해서라지.

주석

1) 桑葉盡(상엽진) : 뽕잎이 다하다. 뽕잎 따기를 마친 것을 가리킨다.
2) 蠶務(잠무) : 양잠養蠶.
3) 理機縳(이기전) : 베틀에서 흰 비단을 짜다. '전'은 올이 가는 흰색 비단이다.
4) 成匹(성필) : 비단 한 필을 이루다. '필'은 '사絲'로 된 판본도 있다. '필'은 비단을 재는 단위인데, 여기서는 배필을 가리킨다. 따라서 이 구는 좋은 배필을 얻고자 하는 마음을 나타난다.

해설

이 구는 여인의 양잠과 베 짜기를 통하여 좋은 배필을 얻고자 하는 심정을 노래하였다.

3-2-18

情知三夏熬,[1]	여름 석 달 무더운 줄 분명히 알았는데
今日偏獨甚.[2]	오늘은 유난히 심하구나.
香巾拂玉席,[3]	훈향 수건으로 옥 자리를 털고
共郎登樓寢.	임과 함께 누대에 올라 잠자노라.

주석

1) 情知(정지) : 분명히 알다. 깊이 알다.
   三夏(삼하) : 여름 석 달. 여름을 가리킨다.
   熬(오) : 열기로 뜨겁다.
2) 偏獨(편독) : 유난히. '편'과 '독' 모두 '유독', '두드러지게'라는 뜻이다.
3) 香巾(향건) : 훈증燻蒸하여 향을 입힌 수건.
   拂(불) : 먼지를 털다.

해설

이 시는 유난히 더워서 임과 함께 더위를 식힐 만한 누대에 올라 시원한 옥 자리에서 잠자는 것을 노래하였다.

3-2-19

輕衣不重綵,¹⁾　　가벼운 옷은 색깔이 옅은데
飇風故不涼.²⁾　　돌개바람도 정말 시원하지 않구나.
三伏何時過,³⁾　　삼복더위는 언제나 지나가서
許儂紅粉妝.　　　나에게 붉은 분단장을 허락할까.

주석

1) 重綵(중채) : 다양한 색이 겹쳐있는 화려한 직물. 색이 옅은 것을 가리킨다.
2) 飇風(표풍) : 돌개바람. 회오리바람.
　故(고) : 정말로. 진실로.
3) 三伏(삼복) : 초복初伏, 중복中伏, 말복末伏. 음력 하지 후의 세 번째 경일庚日이 초복이고 네 번째 경일이 중복이고 입추 후의 첫 번째 경일이 말복이다. 일 년 중 가장 더운 때이다.

해설

이 시는 옷을 가볍게 입어도 덥고 바람이 불어도 덥기에 여름이 어서 지나가 자기가 곱게 화장할 날이 오길 바라는 심정을 노래하였다.

3-2-20

盛暑非遊節,¹⁾　　무더운 여름은 즐길만한 계절은 아니기에
百慮相纏綿.²⁾　　온갖 근심이 서로 얽혀있네.
泛舟芙蓉湖,　　　부용꽃 핀 호수에 배를 띄우고
散思蓮子間.³⁾　　연밥 사이에서 그리움을 흩어버리네.

주석

1) 盛暑(성서) : 무더운 여름.
2) 百慮(백려) : 온갖 근심.
　纏綿(전면) : 뒤엉켜 풀어지지 않는 모습. 근심이 한데 엉겨 풀리지 않는 것이다.

이 구는 임과 만나지 못해 근심이 풀리지 않는 것을 말한다.
3) 散思(산사) : 그리움을 흩어버리다. 그리움을 없애다.
이상 두 구는 '부용芙蓉'과 '연자蓮子'의 쌍관어를 써서 호수의 연꽃을 보면서 그리움을 달래는 것을 의미한다.

해설

이 시는 여름의 무더위로 인해 정인과 즐기지 못하는데, 이를 근심한 나머지 홀로 배를 타고 아쉬움을 달래는 심사를 노래하였다.

(김수희)

3-3 추가 18수 秋歌十八首

3-3-1

風淸覺時涼,　　바람 맑게 불어 때가 서늘해짐이 느껴지고
明月天色高.　　밝은 달 뜬 하늘빛은 높기만 하네.
佳人理寒服,[1)]　아름다운 여인이 겨울옷 만드는데
萬結砧杵勞.[2)]　다듬이질의 수고로움이 만 가지로 맺혀있구나.

주석

1) 理(리) : 만들다.
2) 砧杵(침저) : 다듬잇돌과 다듬잇방망이. 다듬이질하는 것을 가리킨다.
　　勞(로) : 수고롭다.

해설

이 시는 다가올 겨울을 대비해 임의 옷을 다듬이질하는 여인의 모습을 나타내었다.

3-3-2

淸露凝如玉,	맑은 이슬은 옥처럼 엉기고
涼風中夜發.	서늘한 바람이 한밤중에 일어나네.
情人不還臥,	사랑하는 사람은 돌아와 눕지 않으시니
冶遊步明月.[1]	밖으로 나가 밝은 달 아래를 거니네.

주석

1) 冶遊(야유) : 밖으로 나와 노닐다.

해설

이 시는 돌아오지 않는 임을 그리워하며 달빛 아래를 서성이는 여인의 모습을 나타내었다.

3-3-3

鴻雁搴南去,[1]	기러기는 남쪽으로 날아올라 떠나고
乳燕指北飛.[2]	새끼였던 제비는 북쪽 가리키며 나네.
征人難爲思,[3]	출정한 이 그리워하기 어려워서
願逐秋風歸.	가을바람 뒤쫓아 돌아가길 바라네.

주석

1) 搴(건) : 들어 올리다.
2) 乳(유) : 글자가 유실되어 ≪시기詩紀≫ 권41에 의거하여 보충하였다.
   指(지) : 향하다.
3) 爲思(위사) : 그리워하다. 그리움을 견디기 어려워한다는 뜻이다.

해설

이 시는 가족이 머물고 있는 고향을 그리워하는 출정한 병사의 심정을 나타내었다.

3-3-4

開窓秋月光,[1]	창문 열어보니 가을 달 빛나고
滅燭解羅裳.	등불 끄고 비단 치마 풀었네.
合笑帷幌裏,[2]	휘장 속에서 함께 웃으니
擧體蘭蕙香.[3]	온 몸에서 난혜 향기 풍기네.

주석

1) 秋(추) : 가을. '취取'로 되어 있는 판본도 있다.
2) 帷幌(유황) : 실내 휘장.
3) 蘭蕙(난혜) : 난초와 혜초. 모두 향기로운 풀이다.

해설

이 시는 사랑하는 임과 함께 시간을 보내는 모습을 표현하였다.

3-3-5

適憶三陽初,[1]	방금 봄이 처음 시작할 때를 생각했는데
今已九秋暮.[2]	지금 이미 가을이 저물었구나.
追逐泰始樂,[3]	처음 만나 사랑했을 때의 즐거움 좇다가
不覺華年度.[4]	꽃다운 시절 지나는 줄 알지 못했었지.

주석

1) 適(적) : 막. 방금.
   三陽(삼양) : 봄. 음력 정월을 가리키기도 한다.
2) 九秋(구추) : 가을.
3) 泰始樂(태시락) : 태시의 즐거움. ≪주역·태괘泰卦≫에 따르면 '태'는 천지가 교합하고 만물이 통하는 것이다. 여기서는 남녀가 만나 처음 사랑을 시작할 때의 즐거움을 가리킨다.
4) 華年(화년) : 청춘기.

| 해설 |

이 시는 연인과 사랑을 처음 시작할 때를 회상하며 시간이 빨리 지나감을 노래하였다.

3-3-6

飄飄初秋夕,[1]　　바람 부는 초가을 저녁
明月耀秋輝.　　　밝은 달은 가을빛으로 빛나네.
握腕同遊戲,　　　팔 잡고 함께 놀며 장난치다가
庭舍媚素歸.[2]　　정원에서 아름답고 흰 빛을 머금고 돌아오네.

| 주석 |

1) 飄飄(표표) : 바람이 부는 모습.
2) 媚素(미소) : 아름답고 희다. 달빛을 가리키는 것으로 보인다.

| 해설 |

이 시는 가을 달밤에 정원을 노닐며 함께 즐거운 시간을 보내고 돌아오는 연인의 모습을 노래하였다.

3-3-7

秋夜涼風起,　　　가을밤 서늘한 바람 불어오고
天高星月明.　　　하늘은 높고 별과 달은 밝네.
蘭房競妝飾,[1]　　규방에서 급히 치장하고
綺帳待雙情.[2]　　비단 휘장에서 둘의 사랑을 기대하네.

| 주석 |

1) 蘭房(난방) : 규방.
　　競(경) : 급히.
2) 待(대) : 기대하다.

雙情(쌍정) : 두 사람이 함께 나누는 정. 사랑을 나누려는 마음.

해설

이 시는 다급히 치장한 채 사랑하는 임을 기다리는 여인의 모습을 표현하였다.

3-3-8

涼秋開窓寢,	서늘한 가을 창문 열고 누우니
斜月垂光照.[1]	기운 달이 빛을 드리워 비추네.
中宵無人語,	한밤중에 사람 말소리 없는데
羅幌有雙笑.[2]	비단 휘장에서 두 사람의 웃음소리 나네.

주석

1) 斜月(사월) : 서쪽으로 기울어진 달.
2) 羅幌(나황) : 비단 휘장.

해설

이 시는 고요한 밤 들려오는 웃음소리를 표현하여 한밤중까지 행복한 시간을 보내는 연인의 모습을 노래하였다. 한편 다른 연인들의 웃음소리를 표현함으로써 홀로 있는 여인의 쓸쓸함을 표현한 것으로도 볼 수 있다.

3-3-9

金風扇素節,[1]	금풍이 불어오는 가을
玉露凝成霜.	옥 이슬 엉겨 서리가 되어버렸네.
登高去來雁,[2]	높은 곳에 올라 떠나는 기러기 바라보니
惆悵客心傷.[3]	서글피 나그네의 마음 아프기만 하네.

주석

1) 金風(금풍) : 가을바람.
   扇(선) : 바람이 불다. 가을을 재촉하는 것이다.
   素節(소절) : 가을.
2) 去來(거래) : 떠나다. '래'는 조사이다.
3) 惆悵(추창) : 슬퍼하는 모양.

해설

이 시는 가을날 남쪽으로 떠나는 기러기를 바라보며 고향을 그리워하는 나그네의 서글픈 마음을 나타내었다.

3-3-10

草木不常榮,[1)]   초목은 늘 무성하지 못하고
憔悴爲秋霜.[2)]   시드는 건 가을서리 때문이지.
今遇泰始世,[3)]   지금 처음 만나 사랑하는 때를 만나게 된다면
年逢九春陽.   계절은 봄의 태양을 만난 듯하리.

주석

1) 常(상) : '장長'으로 되어있는 판본도 있다.
   榮(영) : 무성하다.
2) 憔悴(초췌) : 시들다.
3) 泰始世(태시세) : 태시의 시대. ≪주역·태괘泰卦≫에 따르면 '태'는 천지가 교합하고 만물이 통하는 것이다. 여기서는 남녀가 만나 사랑을 시작할 때를 가리킨다.

해설

이 시는 만약 사랑하는 이를 만난다면 초목이 시든 가을에도 마치 봄볕을 만난 듯 따뜻하게 느껴질 것이라는 기대감을 나타내었다.

3-3-11

自從別歡來,¹⁾	임과 이별한 이래로
何日不相思.	언제 그리워하지 않았던가.
常恐秋葉零,²⁾	가을 잎 떨어지면
無復蓮條時.³⁾	다시는 연 줄기 없을까봐 늘 두렵지.

주석

1) 歡(환) : 그대.
2) 零(영) : 시들어 떨어지다.
3) 蓮條(연조) : 연 줄기.

해설

이 시는 이별한 임을 그리워하며 다시는 만나지 못할까 두려워하는 여인의 심정을 노래하였다.

3-3-12

掘作九州池,¹⁾	땅을 파서 구주의 연못을 만들었는데
盡是大宅裏.²⁾	모두 큰 저택 속에 있네.
處處種芙蓉,³⁾	곳곳에 부용을 심어놓으니
婉轉得蓮子.⁴⁾	이리저리 돌아다니며 연밥을 얻네.

주석

1) 九州(구주) : 중국을 지칭하는 일반적인 용어로 온 세상을 가리킨다.
2) 大宅(대택) : 큰 저택. 여인의 거주지를 말한다.
3) 芙蓉(부용) : 부용. 쌍관어로 '부용夫容', 즉 임의 얼굴을 뜻한다.
4) 婉轉(완전) : 전전하다.
   蓮子(연자) : 연밥. 쌍관어로 '연자憐子', 즉 임을 사랑하다는 뜻이다.

해설
이 시는 임이 어디를 가더라도 여인이 알 수 있음을 나타내었다.

3-3-13

初寒八九月,	막 추워진 8, 9월
獨纏自絡絲.[1]	홀로 실을 꼬아 스스로 감네.
寒衣尚未了,[2]	겨울옷 아직 다 만들지 못했는데
郎喚儂底爲.[3]	임이 부르시면 난 어쩌나.

주석
1) 纏(전) : 실을 꼬다. 가는 실을 꼬아 한 가닥의 실로 만든다는 뜻이다.
   絡絲(낙사) : 실을 감다.
2) 未了(미료) : 아직 다 끝내지 못하다.
3) 底(저) : 어찌. 왜.

해설
이 시는 임에게 겨울옷을 입히고 싶으나 아직 만들지 못한 여인의 초조한 마음을 그려냈다.

3-3-14

秋愛兩兩雁,	가을에는 둘씩 날아가는 기러기에 좋고
春感雙雙燕.[1]	봄에는 쌍쌍이 나는 제비에 감격하네.
蘭鷹接野雞,[2]	화려한 집의 매가 들꿩을 잡아채는데
雉落誰當見.[3]	꿩이 떨어져도 누가 마땅히 보겠는가.

주석
1) 感(감) : 감격하다.
2) 蘭鷹(난응) : 화려한 곳에 있는 매. 좋은 곳에 사는 것을 의미한다.

接(접) : 낚아채다.
野雞(야계) : 들꿩.
3) 誰(수) : 누구.

해설

이 시는 먼저 짝지어 다니는 기러기와 제비를 보며 사랑을 갈구하는 여인의 심정을 나타내었는데, 자신의 바람과는 달리 원치 않는 상대가 자신을 범하려는 상황이지만 아무도 자신을 안타까워하지 않는 처량한 신세를 노래하였다.

3-3-15

仰頭看桐樹,	고개 들어 오동나무 바라보니
桐花特可憐.	오동 꽃 특히 사랑스럽구나.
願天無霜雪,	하늘이 눈과 서리를 내리지 않게 하시어
梧子解千年.[1]	오동 열매 천년동안 열려있길 바라네.

주석

1) 梧子(오자) : 오동나무 열매. 쌍관어로 '오자吾子', 즉 우리 그대라는 뜻이다.
   解(해) : 오동나무 열매. 오동 열매가 익으면 벌려진 채 달려 있게 되는데, 이것은 마음을 준다는 의미로 해석할 수 있다.

해설

이 시는 벌어져 있는 오동나무 열매처럼 항상 자신에게 마음이 열려 있길 바라는 마음을 노래하였다.

3-3-16

白露朝夕生,[1]	흰 이슬 아침저녁으로 맺히고
秋風淒長夜.	가을바람 기나긴 밤 차갑게 불어오네.

憶郎須寒服,²⁾　임께서 겨울옷 필요할 거라는 생각에
乘月擣白素.³⁾　달빛을 틈타 흰 깁 두드리네.

|주석|

1) 白露(백로) : 흰 이슬. 가을 이슬을 말한다.
2) 須(수) : 필요하다.
3) 擣(도) : 다듬이질하다.
　白素(백소) : 흰 깁.

|해설|

이 시는 서늘해진 날씨에 임이 입을 겨울옷을 준비하며 임을 그리워하는 마음을 나타내었다.

3-3-17

秋夜入窗裏,¹⁾　가을밤이 창문으로 들어오니
羅帳起飄颺²⁾　비단 휘장이 펄럭이며 일어나네.
仰頭看明月,　고개 들어 밝은 달 바라보며
寄情千里光.　천 리 비추는 달빛에 마음을 부치네.

|주석|

1) 夜(야) : 밤. ≪옥대신영玉臺新詠≫에는 '풍風'으로 되어있다.
2) 飄颺(표양) : 바람에 펄럭이다.

|해설|

이 시는 가을바람이 들어오자 먼 타향에 있는 임을 그리워하는 마음을 나타내었다.

3-3-18

別在三陽初,¹⁾　봄이 처음 시작할 때 이별하였는데

望還九秋暮,[2] 가을 저물어갈 때에도 돌아오길 바라고 있네.
惡見東流水,[3] 동쪽으로 흘러가는 강물 보기 싫으니
終年不西顧.[4] 한 해가 다 가도록 서쪽을 돌아보지 않는구나.

주석

1) 三陽(삼양) : 봄. 음력 정월을 가리키기도 한다.
2) 九秋(구추) : 가을.
3) 東流水(동류수) : 동쪽으로 흘러가는 물. 떠나서 돌아오지 않는 임을 비유한다.
4) 終年(종년) : 한 해가 끝나다.

해설

이 시는 이별한 후 한 해가 다 가도록 돌아오지 않는 임을 기다리고 있는 여인의 안타까움을 나타내었다.

(김해민)

3-4 동가 17수 冬歌十七首

3-4-1

淵冰厚三尺,   못 얼음은 석 자나 두껍고
素雪覆千里.   흰 눈은 천 리를 덮고 있네.
我心如松柏,[1] 나의 마음은 송백 같은데
君情復何似.[2] 그대의 정은 또 어떠한가.

주석

1) 松柏(송백) : 소나무와 측백나무. 상록수로서 변함없는 지조나 마음을 의미한다.
2) 情(정) : 심정. ≪옥대신영玉臺新詠≫에는 '심심'으로 되어있다.

> 해설

　이 시는 추운 겨울 물이 얼고 눈이 덮여도 항상 푸름을 유지하는 송백에 자신의 마음을 빗댄 뒤, 임의 마음 또한 그와 같은지 반문함으로써 영원한 사랑을 바라는 심정을 노래하였다.

3-4-2

塗澁無人行,[1]	길이 험난하여 다니는 사람 없는데
冒寒往相覓.[2]	추위 무릅쓰고 그대를 찾으러 갔네.
若不信儂時,[3]	만약 나를 믿지 못할 때는
但看雪上跡.	오직 눈 위의 발자취 보세요.

> 주석

1) 塗澁(도삽) : 길이 험난하다.
2) 覓(멱) : 찾다.
3) 儂(농) : 나. 일인칭을 나타낸다.

> 해설

　이 시는 추운 날씨에 험한 길도 마다하지 않고 임을 찾아 나선 자신의 모습을 말하며 임을 향한 마음을 드러내었다.

3-4-3

寒鳥依高樹,	차가운 새는 높은 나무에 의지하고
枯林鳴悲風.	마른 숲은 슬픈 바람에 울부짖네.
爲歡憔悴盡,[1]	임 때문에 전부 초췌해졌으니
那得好顏容.	어찌 어여쁜 얼굴 가질 수 있으리.

> 주석

1) 歡(환) : 그대.

> 해설

이 시는 임 때문에 초췌해졌음을 말하며 임을 원망하는 심정을 노래하였다.

3-4-4

夜半冒霜來,[1]   한밤중 서리 무릅쓰고 찾아왔는데
見我輒怨唱.[2]   나를 보자 오히려 원망하네.
懷冰闇中倚,[3]   얼음 품은 채 어둠속에 기대고 있는데
已寒不蒙亮.[4]   이미 추워졌고 햇빛도 받지 못하는구나.

> 주석

1) 冒(모) : 무릅쓰다.
2) 怨唱(원창) : 원망하다. '원창怨悵'과 통한다.
3) 闇中(암중) : 어둠속.
4) 亮(량) : 햇빛. 임의 사랑을 뜻한다.

> 해설

이 시는 서리 무릅쓰고 찾아갔는데 임의 냉랭함에 슬퍼하는 모습을 나타내었다.

3-4-5

躡履步荒林,[1]   신발 끌고 황량한 숲을 걸으니
蕭索悲人情.[2]   쓸쓸히 사람 마음 슬프게 하네.
一唱泰始樂,[3]   한 번 처음 만나 사랑했을 때의 즐거움을 노래하자
枯草銜花生.   시든 풀이 꽃을 머금고 자라는 듯하네.

> 주석

1) 躡履(섭리) : 신발을 끌다.
2) 蕭索(소삭) : 쓸쓸하다.

3) 泰始樂(태시락) : 태시의 즐거움. ≪주역·태괘泰卦≫에 따르면 '태'는 천지가 교합하고 만물이 통하는 것이다. 여기서는 남녀가 만나 처음 사랑을 시작할 때의 즐거움을 가리킨다.

해설

이 시는 황량한 숲을 걷다가 연인과 사랑을 시작할 때를 떠올리자 시든 풀이 다시 생기가 도는 듯 마음이 따뜻해졌음을 말하였다.

3-4-6

昔別春草綠,	예전 이별할 적에 봄풀 푸르렀는데
今還墀雪盈.[1]	지금 돌아오시니 계단에 눈이 가득하네.
誰知相思老,	누가 알았으랴, 그리움에 늙어버려
玄鬢白髮生.	검은 살쩍에 흰머리 생길 줄.

주석

1) 墀(지) : 계단.

해설

이 시는 봄에 이별하여 겨울에 재회한 사실을 말하며 그동안 그리움에 흰머리가 생겼음을 노래하였다.

3-4-7

寒雲浮天凝,	차가운 구름은 하늘에 떠서 엉겨있고
積雪冰川波,	쌓인 눈은 얼어붙은 시내에 물결치고 있네.
連山結玉巖,[1]	이어진 산에는 옥 같은 산봉우리 모여 있고
修庭振瓊柯.[2]	단장한 정원에는 눈 덮인 나무가 흔들리네.

주석

1) 玉巖(옥암) : 옥 같은 산봉우리. 눈 덮인 산봉우리를 비유한다.
2) 修庭(수정) : 꾸며놓은 정원. 아름다운 정원.
   瓊柯(경가) : 옥 같은 나뭇가지. 눈에 덮인 나무를 말한다.

해설

이 시는 하늘에 엉겨 있는 차가운 구름과 얼어붙은 시내에 물결처럼 쌓여 있는 눈, 하얀 눈으로 뒤덮인 산봉우리와 눈 덮인 정원의 나무를 통해 온 세상이 흰 색으로 가득한 차가운 겨울 풍경을 나타내었다.

3-4-8

炭爐却夜寒,	화로에도 오히려 밤은 추워
重抱坐疊褥.¹⁾	거듭 껴안고 겹겹 요에 앉아 있네.
與郎對華榻,²⁾	그대와 화려한 긴 의자를 마주하고는
弦歌秉蘭燭.³⁾	난초 촛불 잡고 현 소리에 맞춰 노래 부르네.

주석

1) 疊褥(첩욕) : 여러 겹 포개어 깔아놓은 요.
2) 華榻(화탑) : 화려하게 장식한 긴 의자.
3) 弦歌(현가) : 현악기에 맞추어 부르는 노래.

해설

이 시는 화로에 불을 피워도 추운 밤, 누껍게 깔아놓은 요에 앉아 임과 함께 노래 부르는 행복한 모습을 노래하였다.

3-4-9

| 天寒歲欲暮, | 날은 차갑고 한 해 저물려고 하는데 |

朔風舞飛雪,¹⁾　　북풍에 춤추듯 눈이 날리네.
懷人重衾寢,²⁾　　임을 그리워하며 이불 겹쳐 덮으니
故有三夏熱.³⁾　　여름 같은 열기가 느껴지네.

주석

1) 朔風(삭풍) : 북풍. 북쪽에서 불어오는 찬바람.
2) 重衾(중금) : 두 겹 겹친 이불.
3) 三夏(삼하) : 여름. 음력 4월을 맹하孟夏, 음력 5월을 중하仲夏, 음력 6월을 계하季夏라고 하며 이를 합쳐 '삼하'라 한다.

해설

이 시는 눈 내리는 겨울에 임을 그리워하며 이불 덮고 누워있는 여인의 모습을 노래하였다. 여인이 두껍게 이불 덮어 따뜻한 온기를 느끼는 모습은 임과 함께 있을 적의 온기를 느끼고자 하는 것으로도 이해할 수 있다.

3-4-10

冬林葉落盡,　　겨울 숲에는 잎이 모두 떨어졌지만
逢春已復曜.　　봄을 만나면 또다시 빛나리.
葵藿生谷底,¹⁾　　아욱과 콩잎은 골짜기 밑에서 자라니
傾心不蒙照.²⁾　　마음을 기울여도 빛을 받지 못하네.

주석

1) 葵藿(규곽) : 아욱과 콩잎.
2) 傾心(경심) : 마음을 기울이다. 임을 향한 그리움을 말한다.
   蒙照(몽조) : 빛을 받다. 임의 관심과 사랑을 받는 것을 말한다.

해설

이 시는 잎은 겨울에 시들어도 봄이 되면 다시 생겨나는데, 정작 자신은 임을 그리워하고 사모하지만 사랑받지 못함을 말하였다.

3-4-11

朔風灑霰雨,[1]	북풍에 싸라기눈과 비가 뿌려지더니
綠池蓮水結.	푸른 연못의 연꽃 자라는 물에 맺혔네.
願歡攘皓腕,[2]	바라나니, 그대가 내 하얀 팔 잡아당겨
共弄初落雪.	막 떨어지는 눈을 함께 희롱하였으면.

주석

1) 朔風(삭풍) : 북풍. 겨울에 북쪽에서 불어오는 찬바람.
   灑(쇄) : 뿌리다.
   霰雨(산우) : 싸라기눈과 비.
2) 攘(양) : 잡아당기다.
   皓腕(호완) : 하얀 팔. 여인의 팔을 가리킨다.

해설

이 시는 겨울로 접어들어 눈비가 섞여 내리는 연못의 풍경을 보고 임과 함께 첫눈을 즐기고 싶은 여인의 심정을 노래하였다.

3-4-12

嚴霜白草木,[1]	된서리에 초목 히얗고
寒風晝夜起.	찬바람은 밤낮으로 부네.
感時爲歡歎,[2]	계절을 느끼며 그대 때문에 탄식하였더니
霜鬢不可視.[3]	서리 같은 귀밑머리 볼 수가 없구나.

주석

1) 嚴霜(엄상) : 엄한 서리.
2) 感時(감시) : 계절의 변화를 느끼다.
3) 霜鬢(상빈) : 서리 같은 귀밑머리. 하얗게 센 머리를 가리킨다.

해설

이 시는 서리 내리고 찬바람 부는 겨울을 느끼며 임을 그리워한 탓에 흰머리가 생겼음을 말하였다.

3-4-13

何處結同心,¹⁾	어디에 동심결을 묶어 놓았나?
西陵柏樹下.²⁾	서릉의 측백나무 아래였지.
晃蕩無四壁,³⁾	사면에 아무 것도 없는 텅 빈 곳에서
嚴霜凍殺我.	된서리가 나를 얼려 죽이네.

주석

1) 同心(동심) : 동심결同心結. 실이나 띠 따위를 풀리지 않게 묶은 매듭을 말한다. 남녀 간에 서로 정표로 주고받는 물건으로, 변함없는 사랑을 뜻한다.
2) 西陵(서릉) : 능묘명. 남조南朝시기의 명기名妓 소소소蘇小小의 무덤을 가리킨다. 남조 악부樂府 <소소소가蘇小小歌>에서 "소첩은 유벽거를 타고 낭군은 청총마를 타고 있네요. 어디에 동심결을 묶어 놓았나? 서릉의 측백나무 아래였지요(妾乘油壁車, 郎騎青驄馬. 何處結同心, 西陵松柏下)"라고 하였다.
3) 晃蕩(황탕) : 텅 빈 모양.

해설

이 시는 먼저 소소소蘇小小와 완울阮鬱이 서릉 아래에서 서로의 사랑을 맹세한 것처럼 과거에 임과 함께 변함없는 사랑을 약속했던 모습을 말하고, 지금은 아무도 없는 집에서 쓸쓸히 보내고 있는 자신의 모습을 노래하였다.

3-4-14

白雪停陰岡,[1]	산의 북쪽에는 흰 눈이 그쳤고
丹華耀陽林.[2]	산의 남쪽 숲에는 붉은 꽃이 빛나네.
何必絲與竹,[3]	현악기와 관악기가 어찌 필요하리?
山水有淸音.	산과 강물에서 맑은 소리 들리는데.

주석

1) 陰岡(음강) : 산의 북쪽.
2) 丹華(단화) : 붉은 꽃.
   陽林(양림) : 산의 남쪽에 위치하는 숲.
3) 絲竹(사죽) : 현악기와 관악기. 음악을 가리킨다.

해설

이 시는 겨울이 끝나고 봄이 오자 만물이 소생하여 악기가 필요 없을 정도로 자연의 소리가 들림을 노래하였다.

3-4-15

未嘗經辛苦,	일찍이 고생스러운 일 겪은 적 없었는데
無故强相矜.[1]	이유 없이 억지로 나를 고생시키네.
欲知千里寒,[2]	천 리 밖의 추위 알고 싶다면
但看井水氷.	오직 언 우물물만 바라보세요.

주석

1) 無故(무고) : 이유 없이.
   矜(긍) : 괴로워하다. 임과 헤어져 고생하는 마음을 가리킨다.

2) 千里寒(천리한) : 천 리 밖의 추위. 천 리 떨어져 있는 여인의 외로움을 말한다.

|해설|

이 시는 일찍이 고통을 겪어본 적이 없었던 자신이 떠나버린 임 때문에 괴로워하고 있음을 말하고 얼어붙은 우물로 자신의 외로움을 비유하고 있다.

3-4-16

果欲結金蘭,¹⁾　　정말로 금란지교를 맺고 싶으시다면
但看松柏林.²⁾　　다만 송백 숲을 보세요.
經霜不墮地,³⁾　　서리를 맞아도 땅에 떨어지지 않고
歲寒無異心.⁴⁾　　한겨울에도 다른 마음 가지지 않지요.

|주석|

1) 果(과) : 과연. 정말로.
　　金蘭(금란) : 금란지교金蘭之交. ≪역易·계사상繫辭上≫의 "두 사람이 마음을 함께하면 그 날카로움은 쇠를 자르고, 마음을 함께하는 말은 그 향기가 난초와 같다.(二人同心, 其利斷金. 同心之言, 其臭如蘭)"에서 비롯되었다.
2) 松柏(송백) : 소나무와 측백나무. 늘 푸른 상록수로서 변함없는 지조나 마음을 의미한다.
3) 不墮地(불타지) : 땅에 떨어지지 않다. 잎이 지지 않는 것을 말한다.
4) 歲寒(세한) : 추운 겨울.

|해설|

이 시는 자신과 함께하고 싶어 하는 이에게 본인은 고난에 빠져도 송백처럼 늘 변함없는 사랑을 원함을 말하였다.

3-4-17

適見三陽日,¹⁾　　방금 봄의 태양 보았는데

寒蟬已復鳴.	가을 매미 이미 다시 울부짖네.
感時爲歡歎,[2]	계절을 느끼며 임 때문에 탄식하였더니
白髮綠鬢生.	흰머리가 푸른 귀밑머리에 생겨났네.

주석

1) 適(적) : 막. 방금.
   三陽(삼양) : 봄. 음력 정월을 가리키기도 한다.
2) 感時(감시) : 계절의 변화를 느끼다.

해설

이 시는 시간이 빨리 흘러감을 말하며 또다시 다가온 겨울에도 여전히 임과 함께 있지 못하고 홀로 늙어가고 있음을 탄식하고 있다.

(김해민)

악부시집樂府詩集·청상곡사淸商曲辭 1

4. 자야사시가 7수 子夜四時歌七首

양梁 무제武帝

4-1 춘가 春歌

蘭葉始滿地,[1]	난초 잎이 막 땅에 가득하니
梅花已落枝.	매화는 이미 가지에서 떨어지네.
持此可憐意,	이 가련한 마음 가지고
摘以寄心知.[2]	꺾어 임에게 부치련다.

주석

1) 滿地(만지) : 잎이 자라나는 것을 말한다.
2) 心知(심지) : 마음을 알다. 나의 마음을 잘 아는 임을 말한다.

해설

　이 시는 난초 잎이 자라고 매화가 떨어지는 봄의 경치를 보고 임과 좋은 시절을 함께 하지 못하는 안타까운 마음을 말하였다.

4-2 하가 3수 夏歌三首

4-2-1

江南蓮花開,	강남에 연꽃이 피어나니
紅光復碧水.[1]	붉은 빛이 푸른 물을 뒤덮었네.
色同心復同,[2]	색깔이 같으니 연밥 또한 같고
藕異心無異.[3]	연뿌리 다를지언정 연밥은 다르지 않다네.

주석

1) 復(부) : 덮다. '부覆'와 통한다.
2) 復(부) : 또한.
   心(심) : 연밥. 사랑하는 마음을 가리킨다.
3) 藕(우) : 연뿌리.

해설

이 시는 여름날 푸른 연못 위에 붉은 연꽃이 만발한 경관을 묘사하며 임과 한마음이길 바라는 여인의 심정을 노래하였다.

4-2-2

閨中花如繡,[1]	규방의 꽃은 수놓은 것 같고
簾上露如珠.	주렴 위 이슬은 진주 같네.
欲知有所思,[2]	그리운 이 만나고 싶어
停織復踟躕.[3]	베 짜기 멈추고 또 배회하네.

주석

1) 閨中(규중) : 여인이 거주하는 곳.
2) 有所思(유사소) : 그리운 사람.

3) 踟躕(지주) : 배회하다.

해설

이 시는 아름다운 꽃이 피고 진주 같은 이슬이 맺힌 여름날, 밖에서 서성이며 그리운 이를 찾는 여인의 모습을 노래하였다.

4-2-3

含桃落花日,¹⁾　앵두나무에 꽃이 지는 날은
黃鳥縈飛時.²⁾　꾀꼬리가 빙빙 날아다닐 때라네.
君住馬已疲,³⁾　그대가 머무르는 것은 말이 이미 피곤해서라지만
妾去蠶已飢.　제가 떠나는 것은 누에가 이미 굶주려서랍니다.

주석

1) 含桃(함도) : 앵두의 별칭.
2) 縈飛(영비) : 공중에서 빙빙 돌다.
3) 已(이) : 이미. '욕欲'으로 되어있기도 하다.

해설

이 시는 〈맥상상陌上桑〉에서 태수가 길을 지나가다가 뽕잎 따러 나온 진나부秦羅敷의 미모에 반하여 말을 멈추고 유혹하였으나 이를 거절하고 자신에게는 훌륭한 남편이 있다며 노래했던 전고를 사용하여 자신을 유혹하는 이를 거절하는 여인의 모습을 노래하였다.

4-3 추가 2수 秋歌二首

4-3-1

繡帶合歡結,¹⁾　수놓은 띠에는 합환으로 매듭짓고

錦衣連理文,[2]	비단옷에는 연리 무늬가 있네.
懷情入夜月,	정 품고 밤 달빛 비칠 때 들어갔다가
含笑出朝雲.	웃음 머금고 아침 구름 피어날 때 나오네.

주석

1) 合歡結(합환결) : 매듭의 일종. 합환合歡은 합환수合歡樹이다. 이 나무는 기쁨을 함께한다는 뜻이 있으며, 부부의 금실을 상징한다.
2) 連理文(연리문) : 연리連理 무늬. 사이가 화목한 부부 또는 연인을 비유한다.

해설

이 시는 합환 매듭과 연리 문양으로 화목한 연인 사이를 나타내고 임과 함께 밤새도록 행복한 시간을 보내는 모습을 노래하였다.

4-3-2

當信抱梁期,[1]	마땅히 다리 끌어안았던 약속을 믿고
莫聽回風音.[2]	풍문에 들려오는 소리는 듣지 말아야 하네.
鏡上兩入髻,[3]	거울 속에 두 사람이 쪽머리 올리니
分明無兩心.[4]	두 마음 없는 게 분명하다네.

주석

1) 抱梁(포량) : 다리를 끌어안다. ≪장자莊子·도척盜跖≫에서 "미생이 여인과 다리 아래에서 만나기로 약속하였는데 여인이 오지 않았다. 물이 밀려와도 끝내 자리를 떠나지 않다가 교각을 끌어안고 죽었다(尾生與女子期於梁下, 女子不來, 水至不去, 抱梁柱而死)"라 하였다. 期(기) : 약속.
2) 回風(회풍) : 돌아오는 바람. 풍문을 가리킨다.
3) 髻(계) : 쪽머리. 거울 앞에서 두 사람이 쪽을 올린 것을 말한다.
4) 兩心(양심) : 두 마음. 다른 마음.

> 해설

이 시는 사랑의 언약을 굳게 믿으며 들려오는 풍문에 흔들리지 말아야 함을 말하고, 옛날 함께 머리 올렸던 때를 회상하며 임의 마음이 변치 않았음을 확신하고 있다.

4-4 동가 冬歌

寒閨動黻帳,[1]　　차가운 규방에 보불 수놓은 휘장 흔들리니
密筵重錦席.[2]　　농밀한 자리에 비단 방석 겹쳐져 있네.
賣眼拂長袖,[3]　　추파 던지며 긴 소매 떨치고
含笑留上客.　　웃음 머금으며 귀한 손님 머물게 하네.

> 주석

1) 黻帳(불장) : 보불 무늬를 수놓은 휘장. 보불은 '亞'자 형태로 서로 마주보며 쌍을 이루고 있는 문양이다.
2) 密筵(밀연) : 농밀한 연회자리.
3) 賣眼(매안) : 추파를 던지다.

> 해설

이 시는 쓸쓸했던 규방에 임이 찾아와 함께 즐거운 연회를 즐기게 된 상황을 말하고, 눈웃음과 춤으로 임을 유혹하고 있는 여인의 모습을 노래하고 있다.

(김해민)

5. 자야사시가 8수 子夜四時歌八首

왕금주 王金珠

5-1 춘가 3수 春歌三首

5-1-1

朱日光素水,　　붉은 해는 흰 물에 빛나고
黃華映白雪.　　노란 꽃은 흰 눈을 비추네.
折梅待佳人,　　매화 꺾어 아름다운 그대 기다리니
共迎陽春月.¹⁾　함께 봄 달을 맞이하기를.

> **주석**

1) 陽春(양춘) : 봄.

> **해설**

이 시는 겨울이 지나가고 봄이 다가왔음을 말하며 임과 함께 봄을 보내길 바라는 마음을 노래하였다.

5-1-2

階上香入懷,　　계단 위 향기가 품에 들어오고
庭中花照眼.¹⁾　정원 속 꽃은 눈이 부시구나.

春心鬱如此,²⁾　　춘심이 이처럼 성하니

情來不可限.³⁾　　정이 오는 것을 막을 수 없네.

주석

1) 照眼(조안) : 눈부시다.
2) 春心(춘심) : 봄을 만끽하고 싶은 마음.
　鬱(울) : 성하다.
　如此(여차) : 이와 같다. 앞의 두 구를 가리킨다.
3) 情來(정래) : 연애하고 싶은 마음을 말한다.
　限(한) : 막다.

해설

이 시는 봄 향기 물씬 풍기고 눈부시게 꽃이 핀 봄의 경치를 보고 춘정이 일어나는 모습을 노래하였다.

5-1-3

吹漏不可停,¹⁾　　부는 피리는 멈춰서는 안 되고

斷弦當更續.　　끊어진 현은 응당 다시 이어야 하네.

俱作雙思引,²⁾　　모두 서로 그리워하는 노래를 연주하고

共奏同心曲.　　함께 한마음의 곡을 연주하세.

주석

1) 漏(루) : 피리 구멍.
2) 引(인) : 악곡의 체재 이름.

해설

이 시는 음악 소리가 끊기지 말아야함을 말하는 동시에 함께 연주하고자 하는 마음을

노래하였다. '쌍사雙思'와 '동심同心'의 표현을 통해 남녀가 서로 그리워하고 같은 마음임을 드러내었다.

5-2 하가 2수 夏歌二首

5-2-1

玉盤貯朱李,	옥쟁반에 붉은 자두 쌓고
金杯盛白酒.	금잔에 흰 술 가득 채우네.
本欲持自親,	본래 이를 가지고 절로 친해지고자 했는데
復恐不甘口.	입에 맞지 않을까 또한 두렵네.

해설

이 시는 자두와 술을 준비하고 임과 함께하려 했지만 입에 맞지 않을까 고민하는 모습을 노래하였다.

5-2-2

垂簾倦煩熱,[1]	무더위에 싫증나 주렴 드리우고
卷幌乘淸陰.[2]	시원한 그늘 드리울 때 휘장 말아 올리네.
風吹合歡帳[3]	바람이 합환의 휘장에 불어와
直動相思琴.	곧장 상사의 금을 울리네.

주석

1) 煩熱(번열) : 무더위에 싫증나다.
2) 乘(승) : ~을 틈타다.
　　淸陰(청음) : 시원한 그늘. 막 날이 어두워져 시원해질 때를 말한다.
3) 合歡(합환) : 식물 이름. 사이가 좋음을 뜻한다.

> 해설

　이 시는 더위가 싫어 낮에는 주렴을 드리웠다가 저녁 되어 휘장을 말아 올리니 바람이 방 안으로 들어오는 모습을 노래하였는데, 합환 휘장과 상사 금에 불어오는 바람을 통해 변하지 않는 마음을 드러내었다.

5-3 추가 2수 秋歌二首

5-3-1

疊素蘭房中,[1]	난초 규방에는 포개 놓은 흰 비단 있고
勞情桂杵側.[2]	계수나무 다듬이공이 곁에서 정성을 들이네.
朱顏潤紅粉,	붉은 얼굴은 붉은 분으로 윤기 흐르고
香汗光玉色.	향긋한 땀은 옥색으로 빛나네.

> 주석

1) 疊素(첩소) : 비단을 쌓아 놓다.
2) 勞情(노정) : 정을 수고롭게 하다. 정성을 들이다.
　　桂杵(계저) : 계수나무로 만든 다듬이공이.

> 해설

　이 시는 규방에서 다듬이질하는 여인을 노래한 것으로, 곱게 단장한 볼그스름한 얼굴에 옥색 같은 땀을 흘리는 모습을 묘사하고 있다.

5-3-2

紫莖垂玉露,	자색 가지에는 옥 이슬 드리워져있고
綠葉落金櫻.[1]	푸른 잎에서 금빛 앵두 떨어지네.
著錦如言重,[2]	비단옷 입고 만약 무겁다고 말한다면

衣羅始覺輕.3)　　얇은 비단옷 입었던 것이 비로소 가볍다고 느낄 테지.

주석

1) 金櫻(금앵) : 금빛 앵두. 가을이 되어 열매가 떨어짐을 말한다.
2) 著錦(착금) : 비단옷을 입다. 가을옷을 가리킨다.
3) 衣羅(의라) : 얇은 비단옷을 입다. 여름옷을 가리킨다.

해설

이 시는 가을이 되어 때에 맞는 옷을 입어야 함을 노래하였다.

5-4 동가 冬歌

寒閨周黻帳,1)　　추운 규방에는 보불 수놓은 휘장 둘렀고
錦衣連理文.2)　　비단옷에는 연리 무늬가 있네.
懷情入夜月,　　정 품고 밤 달빛 비칠 때 들어갔다가
含笑出朝雲.　　웃음 머금고 아침 구름 피어날 때 나오네.

주석

1) 周(주) : 두루 에워싸다.
　黻帳(불장) : 보불 무늬를 수놓은 휘장. 보불은 '아亞'자 형태로 서로 마주보며 쌍을 이루고 있는 문양이다.
2) 連理文(연리문) : 연리連理 무늬. 사이가 화목한 부부 또는 연인을 비유한다.

해설

이 시는 보불 무늬와 연리 문양으로 화목한 연인 사이를 나타내고 임과 함께 밤새도록 행복한 시간을 보내는 모습을 노래하였다.

(심해빈)

6. 자야춘가 子夜春歌

당唐 왕한王翰

春氣滿林香,	봄기운이 숲 가득 향기로울 때
春遊不可忘.	봄나들이 잊을 수 없네.
落花吹欲盡,	떨어지는 꽃은 바람 불자 다하려 하고
垂柳折還长.	드리운 버드나무는 꺾어도 여전히 기네.
桑女淮南曲,[1]	뽕 따는 여인은 회수 남쪽의 노래를 부르고
金鞍塞北裝.[2]	금빛 안장에는 북쪽 변방의 행장이 있네.
行行小垂手,[3]	가고 가며 손을 살짝 드리웠는데
日暮渭川陽.[4]	위수 북쪽으로 날이 저물어 가네.

주석

1) 淮南曲(회남곡) : 회수淮水 남쪽의 노래. 이별의 장소가 아마 회남 쪽이었을 것이다.
2) 塞北裝(새북장) : 북쪽 변새로 가는 행장. 남자가 떠나는 것을 말한다.
3) 小垂手(소수수) : 약간 손을 드리운 모양.
4) 渭川(위천) : 위수渭水.

해설

이 시는 여전히 봄기운이 물씬 풍기는 늦봄에 이별하는 연인의 모습을 노래하였다.

(김해민)

7. 자야동가 2수 子夜冬歌二首

7-1 자야동가 子夜冬歌
최국보 崔國輔

寂寥抱冬心,[1]	쓸쓸히 겨울 마음 품고
裁羅又褧褧.[2]	비단 자르니 또 적막하구나.
夜久頻挑燈,[3]	밤이 길어서 자주 등불 심지 돋우는데
霜寒剪刀冷.	서리는 차갑고 가위도 차갑네.

주석

1) 冬心(동심) : 겨울처럼 쓸쓸하고 적막한 마음을 말한다.
2) 褧褧(경경) : '경경耿耿'과 통하며 외롭고 쓸쓸한 마음을 가리키는 것으로 보인다.
3) 挑燈(도등) : 등잔의 심지를 돋우어 불을 밝게 하다.

해설

이 시는 겨울밤 적막한 방에서 홀로 밤늦도록 옷을 만들고 있는 여인을 노래한 것으로, 차가운 서리와 가위를 통해 여인의 쓸쓸한 심정과 외로움을 나타내고 있다.

7-2 자야동가 子夜冬歌
설요薛耀

朔風扣羣木,¹⁾	북풍이 여러 나무를 두드리고
嚴霜凋百草.	된서리에 온갖 풀이 시들었네.
借問月中人,²⁾	달 속 인간에게 묻노니
安得長不老.	어찌하면 길이 늙지 않는지.

주석
1) 扣(구) : 두드리다.
2) 月中人(월중인) : 달 속의 신선. 불사약을 훔쳐 달아난 항아姮娥를 가리킨다.

해설
이 시는 북풍이 불고 서리에 풀이 시드는 겨울 풍경을 묘사하며 세월이 흐르는 것을 한탄하였다.

(김해민)

8. 자야사시가 6수 子夜四時歌六首

당唐 곽원진郭元振

8-1 춘가 2수 春歌二首

8-1-1

青樓含日光,[1]	푸른 빛 누각은 햇빛을 머금었고
綠池起風色.	초록 빛 연못에 바람이 일어나네.
贈子同心花,[2]	그대에게 동심화를 드리지만
殷勤此何極.[3]	깊은 마음을 이것으로 어찌 다할까?

주석

1) 青樓(청루) : 푸른색을 칠한 화려한 누각.
2) 同心花(동심화) : 한마음을 표현하는 꽃.
3) 殷勤(은근) : 감정이 깊은 모습.
   何極(하극) : 어찌 다하리.

해설

아름다운 봄 경치에 마음이 동요된 여인이 사랑하는 임에게 서로 같은 마음임을 상징하는 꽃을 드린다는 내용이다. 햇빛과 바람은 임의 사랑을 비유하고 청루와 녹지는 여인의 마음을 비유하였다.

8-1-2

陌頭楊柳枝,¹⁾	길가의 버드나무 가지는
已被春風吹.	벌써 봄바람에 나부끼는데,
妾心正斷絶,²⁾	내 마음은 정말 애가 끊어지는데
君懷那得知.	그대 마음은 어찌 알 수 있으리?

주석

1) 陌頭(맥두) : 길가. 길거리.
2) 斷絶(단절) : 애끊다.

해설

연정을 느낀 여인이 사랑하는 사람을 그리워하지만 애끊는 여인의 마음과 달리 그녀는 임의 마음이 어떤지 알 수 없다.

8-2 추가 2수 秋歌二首

8-2-1

邀歡容佇立,¹⁾	당신을 만나려고 기다리며 오래 서있었고
望美頻迴顧.²⁾	아름다운 이를 기다리며 자주 돌아보았네.
何時復採菱,³⁾	어느 때에야 다시 마름을 따면서
江中密相遇.	강 가운데에서 몰래 서로 만날까요?

주석

1) 邀歡(요환) : 당신을 만나다. '환'은 상대방 남자에 대한 호칭이다.
   佇立(저립) : 오래 서있다.
2) 望美(망미) : 아름다운 이를 기다리며 바라보다.

迴顧(회고) : 돌아보다. 그리워하다. 여기에서는 화자가 배를 타고 있기 때문에 돌아보았다.
3) 採菱(채릉) : 마름을 따다. '릉'은 연못에서 생겨나는 수초로, 여름에 꽃이 피고 가을에 열매가 여는데 그것을 먹기 위해서 딴다.

해설

가을날 마름을 따려고 배를 타고 강 가운데에 나와서 여인은 그리운 임을 기다렸다. 이제 보고 싶은 임은 만났지만 다시 헤어지면 언제 다시 만날 수 있을지 알 수 없다.

8-2-2

辟惡茱萸囊,[1]	나쁜 기운을 물리치는 수유 주머니
延年菊花酒.[2]	수명을 연장시키는 국화 술.
與子結綢繆,[3]	그대와 떨어질 수 없게 긴밀히 엮어졌으니
丹心此何有.[4]	일편단심이 여기에 뭐하려 있으리오.

주석

1) 辟惡(벽악) : 나쁜 기운을 물리치다.
   茱萸囊(수유낭) : 수유를 담은 주머니. 중국 고대에는 음력 9월 9일인 중양절重陽節에 수유열 매를 가득 담은 붉은 주머니를 차고 높은 산에 올라 국화주를 마시는 풍습이 있었다. 수유 주머니는 사기를 물리치고 국화주는 수명을 연장시킨다고 믿었다.
2) 延年(연년) : 수명을 연장시키다.
3) 綢繆(주무) : 긴밀하게 얽히다. 애정이 깊다. 여기에서는 남녀 간의 사랑을 의미한다.
4) 丹心(단심) : 일편단심. 여기에서는 거창한 사랑의 맹세를 의미한다.

해설

중양절의 풍습을 따르면 서로 사랑하는 두 사람에게는 어떤 나쁜 운이 닥치지 않을 것이며 두 사람은 장수하며 오래도록 함께 할 것이다. 그러니 더 이상 거창한 사랑의 맹세는 그들에게 필요하지 않다.

8-3 동가 2수 冬歌二首

8-3-1

北極嚴氣升,[1]   북쪽 끝에서 추운 기운이 올라오니
南至溫風謝.[2]   남쪽 끝으로 따뜻한 바람이 떠나가네.
調絲競短歌,[3]   거문고 연주하며 짧은 노래 겨루어 불렀는데
拂枕憐長夜.[4]   임의 베개를 떨고 긴 밤을 슬퍼하네.

주석

1) 北極(북극) : 북쪽 끝.
   嚴氣(엄기) : 한기寒氣. 추위.
2) 南至(남지) : 남쪽 끝.
3) 調絲(조사) : 현악기를 연주하다.
   競(경) : 겨루다. 다투다.
   短歌(단가) : 곡조의 길이가 짧은 노래. 곡조가 촉급한 노래.
4) 拂枕(불침) : 베개를 정돈하다. 여기서는 먼지 쌓인 임의 베개를 떠는 것을 가리킨다.

해설

추운 겨울 여인은 홀로 긴 밤을 지새운다. 과거에 그녀는 사랑하는 임 앞에서 거문고 연주 실력을 뽐내며 노래를 했었지만 지금은 먼지 쌓인 임의 베개를 떨고 슬퍼할 뿐이다.

8-3-2

帷橫雙翡翠,   휘장에는 비취새 한 쌍이 가로놓였고
被卷兩鴛鴦.[1]   이불에는 원앙새 두 마리가 모였네.
婉態不自得,[2]   아름다운 모습 혼자서
宛轉君王牀.[3]   군왕의 침상에서 전전반측 하는구나.

주석

1) 卷(권) : 모이다.
2) 婉態(완태) : 여인의 아름다운 자태
   自得(자득) : 혼자 지내다. '부자득不自得'은 '혼자서 잘 지내지 못한다'는 의미이다.
3) 宛轉(완전) : 전전반측하는 모습.
   君王牀(군왕상) : 군왕의 침상.

해설

휘장과 이불의 비취새와 원앙새는 암수 한 쌍이 함께 하지만 홀로 군왕을 기다리는 아름다운 여인(궁녀로 보인다)은 그저 침대 위에서 전전반측 외로워할 뿐이다.

(서용준)

9. 자야사시가 4수 子夜四時歌四首[1]

당唐 이백李白

9-1 춘가 春歌

秦地羅敷女,[2]	진 땅의 나부라는 여인이
採桑綠水邊.	녹색 물가에서 뽕잎을 따네.
素手青條上,	흰 손은 파란 가지 위에 올리고
紅妝白日鮮.[3]	붉은 옷은 밝은 햇빛에 곱구나.
蠶飢妾欲去,	누에 배고파서 저는 가려고 하니
五馬莫留連.[4]	태수께서는 머뭇거리지 마세요.

주석

1) 子夜四時歌(자야사시가) : 청淸 왕기王琦의 ≪이태백전집李太白全集≫에는 이 시의 제목이 <자야오가子夜吳歌>라고 되어있다.

2) 羅敷(나부) : 진나부秦羅敷. 조趙나라 한단邯鄲 진씨秦氏의 미녀 딸. 악부시 <맥상상陌上桑>의 여자 주인공. <맥상상>에 대한 ≪악부시집≫의 해제에서 인용한 ≪고금주古今注≫에 따르면 나부가 시집간 남편이 조왕趙王의 가령家令이 되었는데 나부가 밭두둑에서 뽕을 따는 것을 본 조왕이 그녀를 위력으로 차지하려하자 나부가 <맥상상>을 불러서 거절했다고 한다. 같은 해제에서 인용한 ≪악부해제≫는 <맥상상>의 옛 노래의 내용이 뽕을 따던 나부가 자신을 유혹하는 태수에게 남편을 자랑하며 거절을 하는 것이라고 하였다.

3) 紅妝(홍장) : 붉게 단장한 옷. 붉게 화장한 얼굴로 볼 수도 있다.

4) 五馬(오마) : 태수. 태수가 타는 수레를 다섯 마리 말이 끌기 때문이다.
留連(유련) : 아쉬워하며 떠나지 못하다. 서성이다. 머뭇거리다.

|해설|
이 시는 봄철의 이야기이다. 옛 악부시에서 전하는 나부와 태수의 이야기를 이용하여 사랑스러우면서도 재치가 넘치는 나부의 목소리를 노래하였다.

9-2 하가 夏歌

鏡湖三百里,¹⁾	경호 삼백 리에
菡萏發荷花.²⁾	연봉우리가 연꽃을 피웠네.
五月西施採,	오월에 서시가 연밥을 따니
人看隘若耶.³⁾	사람들이 보려고 약야계에 가득하네.
迴舟不待月,	달을 기다리지 말고 배를 돌려서
歸去越王家.	월왕의 궁궐로 돌아가야지.

|주석|
1) 鏡湖(경호) : 지금의 절강성浙江省 회계현會稽縣에 있는 호수.
2) 菡萏(함담) : 연꽃봉우리.
3) 隘(애) : 채우다. '일溢'과 통한다.
若耶(약야) : 지금의 절강성 회계현에 있는 시내.

|해설|
여름노래는 서시의 이야기를 노래했다. 서시는 어려서부터 가난해서 약야계에서 연밥을 땄다. 그러나 이제 아름다운 서시는 고귀해져서 월왕의 궁궐로 떠난다.

9-3 추가 秋歌

長安一片月,	장안의 한 조각 작은 달
萬戶擣衣聲.[1]	수많은 집들마다 다듬이질 소리.
秋風吹不盡,	가을바람은 그치지 않고 계속 불어오니
總是玉關情.[2]	모두가 옥문관에서 전해오는 마음이겠지.
何日平胡虜,	어느 날에야 오랑캐를 평정하시고
良人罷遠征.[3]	낭군께서 원정을 끝내시려나?

주석

1) 擣衣(도의) : 옷을 다듬이질하다.
2) 玉關情(옥관정) : 옥문관으로부터 전해오는 마음. 옥관은 옥문관玉門關으로 감숙성甘肅省 돈황燉煌 서쪽에 있는 관문이며 신강자치구新疆自治區를 거쳐 서역으로 통하는 군사적인 요지이다.
3) 良人(양인) : 고대 여인의 남편에 대한 호칭.
   遠征(원정) : 멀리 싸우러가다.

해설

가을 노래는 장안에 홀로 남은 여인이 멀리 전쟁을 하러 떠난 남편을 그리워하는 내용이다. 전체적으로 소리를 통해 여인의 외로운 마음을 환기시킨다.

9-4 동가 冬歌

明朝驛使發,[1]	내일 아침 역사가 출발한대서
一夜絮征袍.[2]	온 밤을 새워 원정 겨울 군복에 솜을 채웠네.
素手抽針冷,[3]	하얀 손은 바느질하기에도 시린데

那堪把剪刀.	가위 쥐는 건 어찌 견딜까.
裁縫寄遠道,4)	옷을 지어 먼 길에 부치려니
幾日到臨洮.5)	어느 날에나 임조에 도착할까?

주석

1) 驛使(역사) : 공문이나 서신을 전달하는 사람.
2) 絮(서) : 솜을 채우다.
   征袍(정포) : 원정을 가는 군인이 입는 군복.
3) 抽針(추침) : 바느질 하다.
4) 裁縫(재봉) : 옷을 자르고 꿰매다. 옷을 만들다.
5) 臨洮(임조) : 지금의 감숙성 임조현臨洮縣. 난주蘭州의 남쪽 관문으로 교통, 무역, 군사의 요지였다. 이 시에서는 남편이 원정간 곳을 가리킨다.

해설

겨울 노래는 멀리 군역을 간 남편에게 보내려고 겨울 솜옷을 만드는 여인의 모습을 그렸다. 역사가 내일 떠나기 때문에 그녀는 시간을 맞추기 위해 밤을 새우지만 날씨가 추워서 바느질이 몹시 힘들다. 그래도 그녀는 그저 남편이 언제 받을 수 있을지를 걱정할 뿐이다.

(서용준)

10. 자야사시가 4수 子夜四時歌四首

당唐 육구몽陸龜蒙

10-1 춘가 春歌

山連翠羽屛,[1]	산은 비취빛 병풍을 연이었고,
草接烟華席.[2]	풀은 만발한 꽃자리를 잇대었네.
望盡南飛燕,	남쪽에서 돌아오는 제비를 모두 다 바라봤지만
佳人斷信息.[3]	아름다운 분은 소식을 끊었구나.

▌주석

1) 翠羽屛(취우병) : 비취색 깃털로 장식한 병풍.
2) 烟華席(연화석) : 안개처럼 자욱하게 만발한 꽃을 그린 돗자리. 꽃돗자리.
3) 佳人(가인) : 아름다운 사람. 아내가 남편을 부를 때도 쓰였다.
   信息(신식) : 소식. '소식消息'으로 된 판본도 있다.

▌해설

계절이 바뀌어 봄이 오니 산과 들은 화려한 병풍과 돗자리를 이은 듯 아름답다. 그러나 봄을 알리는 제비가 모두 떠나 봄이 다할 때까지도 그리운 임은 소식을 전하지 않는다.

10-2 하가 夏歌

蘭眼擡露斜,[1]	난초 꽃술은 새벽이슬을 받치다 기울고
鶯脣映花老.[2]	꾀꼬리 입술은 꽃에 가려져 지쳐가네.
金龍傾漏盡,[3]	천자의 물시계에는 흐르던 물이 다 떨어졌는데
玉井敲冰早.[4]	얼음 우물에서는 일찍부터 얼음을 두드리는구나.

주석

1) 蘭眼(난안) : 난초 꽃의 꽃술.
   擡露(대로) : 이슬을 들어 올리다. 이 시에서는 꽃술이 이슬을 무게를 지탱한다는 뜻이다.
2) 鶯脣(앵순) : 꾀꼬리 부리.
   映花(영화) : 꽃 그림자에 가려지다.
3) 金龍(금룡) : 천자의 물시계. 용의 조각으로 장식하거나 용의 형태로 만든 것으로 추측된다.
4) 玉井(옥정) : 고대에 제왕이 얼음을 보관하던 곳. 삼복에 대신들에게 얼음을 내렸다. '빙정冰井'이라고도 하였다.
   敲冰(고빙) : 얼음을 두드리다. 얼음을 얻다.

해설

이 시는 아름다운 여인(궁녀)이 황제의 은총을 받은 내용이다. 난초꽃이 새벽이슬에 기울고 꾀꼬리가 꽃 속에서 울다 지치는 것은 시간이 지났음을 나타내는 동시에 남녀가 밤새 사랑을 나누었다는 것을 비유하였다.

10-3 추가 秋歌

涼漢清沈寥,[1]	서늘한 은하수는 맑은 하늘에서 깨끗한데
衰林怨風雨.	시든 숲은 비바람을 원망하네.

愁聽絡緯唱,²⁾　시름에 베짱이 우는 소리를 들으니
似與羈魂語.³⁾　나그네에게 이야기하는 것 같구나.

주석

1) 涼漢(양한) : 가을밤의 은하수. '서늘하다涼'는 '가을'의 대칭으로 자주 쓰였다.
   沆寥(항료) : 하늘이 맑고 넓은 모습. 맑고 넓은 하늘.
2) 絡緯(낙위) : 베짱이.
3) 羈魂(기혼) : 나그네의 심정. 여기서는 화자의 마음을 가리킨다.

해설

　이 시는 가을날 밤의 청량한 느낌과 쓸쓸한 느낌을 모두 노래했다. 가을밤의 베짱이 소리는 시름에 빠진 나그네를 위로해 주는 것 같다.

10-4 동가 冬歌

南光走冷圭,¹⁾　남쪽 햇빛은 차가운 눈금을 달리고
北籟號空木.²⁾　북쪽 바람은 텅 빈 숲에서 울부짖네.
年年任霜霰,³⁾　해마다 서리와 싸라기눈에게 내맡기지만
不減筼簹綠.⁴⁾　왕대의 푸름은 줄어들지 않는다네.

주석

1) 圭(규) : 눈금자. 규표圭表는 해가 남중南中할 때 기둥의 그림자를 측정해 1년의 길이를 측정하고 24기(氣)를 알기 위한 관측의기이다. 규표에서 수직으로 세운 기둥을 표表라고 하고 그 끝의 그림자가 비친 위치를 측량하는 수평의 눈금자를 규圭라고 한다.
2) 北籟(북뢰) : 북풍의 소리. 북풍.
3) 霜霰(상산) : 서리와 싸라기눈.

4) 篔簹(운당) : 왕대. 대나무의 일종이다.

|해설|

  추운 겨울의 날씨는 가혹하기만 하지만 왕대는 그 푸름을 지키면서 나약해지기를 거부한다. 겨울이 화자의 굳센 기상을 줄이지 못한다는 뜻이다.

(서용준)

11. 대자야가 2수 大子夜歌二首[1]

11-1

歌謠數百種,	노래가 수 백 가지가 있지만
子夜最可憐.[2]	〈자야〉가 가장 좋아할 만하네.
慷慨吐淸音,[3]	격정적으로 높은 소리를 토해내고
明轉出天然.[4]	밝고 곡절 있게 자연스러운 노래를 하네.

주석

1) 大子夜歌(대자야가) : 〈자야〉를 찬미하는 노래라는 뜻이다. 이 시는 《전당시》에 육구몽의 작품으로 실려 있고 육구몽의 문집인 《보리집甫裏集》에도 실려 있으나 오늘날에는 남조南朝의 민가로 보는 견해가 더 많다.
2) 可憐(가련) : 좋아할 만하다.
3) 慷慨(강개) : 감정이 격앙됨. 격정적임.
   淸音(청음) : 맑고 높은 소리.
4) 明轉(명전) : 소리가 밝고 곡절이 있음.
   天然(천연) : 자연스럽고 꾸미지 않음.

해설

〈자야가〉에 대해 간략하게 묘사하여 〈자야가〉가 좋은 노래인 까닭을 인상적으로 설명하였다.

11-2

絲竹發歌響,[1]　현악기, 죽관악기가 노래 소리를 내니
假器揚淸音.[2]　악기소리를 빌려서 청음을 드날리네.
不知歌謠妙,[3]　노래의 빼어남을 알지 못하겠으니
聲勢出口心.[4]　그 소리가 입과 가슴에서 나와서라네.

주석

1) 絲竹(사죽) : 현악기와 죽관악기. 합하여 악기의 범칭으로도 쓰인다.
   歌響(가향) : 노래에 어울리는 음악.
2) 假器(가기) : 악기소리를 빌리다. 악기 연주에 따르다.
3) 歌謠妙(가요묘) : 노래의 빼어남. 여기에서는 외형적으로 드러나는 형식적이거나 기교적인 뛰어남을 가리킨다.
4) 聲勢(성세) : 노래 소리.
   口心(구심) : 입과 가슴.

해설

연회의 음악으로 〈자야가〉가 연주되고 있지만 〈자야가〉의 참된 가치는 기교적인 것에 있지 않으니 이 노래는 사람의 진정한 마음에서 나왔다.

(서용준)

12. 자야경가 2수 子夜警歌二首[1]

12-1

鏤椀傳綠酒,[2]	조각된 사발은 녹색 좋은 술을 전하고
雕爐薰紫烟.[3]	조각된 향로는 자줏빛 연기를 피운다.
誰知苦寒調,[4]	누가 〈고한행〉의 노래를 이해하고
共作白雪弦.[5]	함께 〈백설곡〉의 곡조를 연주할까.

주석

1) 子夜警歌(자야경가) : 〈자야〉의 빼어난 노래라는 뜻이다. 이 시는 ≪전당시≫와 ≪보리집≫ 등에는 육구몽의 작품으로 실렸으나 오늘날에는 남조南朝의 민가로 보는 것이 일반적이다.
2) 鏤椀(누완) : 조각으로 장식한 주발이나 사발.
   綠酒(녹주) : 잘 익은 좋은 술.
3) 雕爐(조로) : 조각으로 장식한 향로.
   薰(훈) : 향을 내다. 연기를 피우다.
4) 苦寒(고한) : 고악부古樂府의 제목. 〈고한행苦寒行〉. 본래 위무제魏武帝 조조曹操가 겨울에 길을 나섰다가 추운 날씨와 험한 지리를 만나 쓴 작품이라고 한다. 여기에서는 시의 화자가 부르는 노래를 의미한다.
5) 白雪(백설) : 고금곡古琴曲의 제목. 〈백설곡白雪曲〉, 〈백설조白雪調〉, 〈백설조白雪操〉라고 한다. 내용과 음악이 고상하여 창화하기 어려웠다고 한다. 여기에서는 화자가 부르는 노래에 맞추어 누군가가 연주하는 음악을 의미한다.

해설

화려하고 아름다운 술자리를 묘사하면서 시의 화자는 자신을 알아주는 이가 없음을 노래와 음악에 견주어서 안타까워하였다.

12-2

恃愛如欲進,[1] 사랑에 기대어 나아가려는 듯하다가
含羞出不前.[2] 수줍어하면서 앞으로 나오질 못하네.
朱口發豔歌,[3] 붉은 입술은 사랑 노래를 부르고
玉指弄嬌弦.[4] 옥빛 손가락은 아름다운 곡조를 튕기네.

주석

1) 恃愛(시애) : 사랑의 마음을 지니다. 사랑의 마음에 의지하다.
2) 含羞(함수) : 수줍어하다. 얼굴에 부끄러운 기색을 띠다.
   出不前(출부전) : 앞으로 나오지 못하다.
3) 豔歌(염가) : 사랑 노래.
4) 弄(농) : 튕기다. 악기를 연주하다.
   嬌弦(교현) : 아름다운 곡조. 현악기로 내는 아름다운 소리를 가리킨다.

해설

이 시는 〈자야가子夜歌〉 42수의 제41수(2-41)와 동일하다. 그리고 ≪옥대신영玉臺新詠≫에는 양무제梁武帝의 〈자야가子夜歌〉 2수의 첫 수로 실려 있다. 이 시는 사랑에 빠졌지만 부끄러워 다가가지 못하는 여인의 마음을 노래하고 연주하는 가기歌妓의 모습을 묘사하였다.

(서용준)

13. 자야변가 4수 子夜變歌四首[1]

≪송서·악지≫에 이르기를, "육변의 여러 곡은 모두 일(상황)에 따라 노래를 만들었다"라고 하였다. ≪고금악록≫에 이르기를, "<자야변가>는 앞에서는 '지자'를 송성으로 하였고 뒤로는 '환오아'를 송성으로 하였다. <자야경가>는 송성이 없이 바로 변을 삼았기 때문에 '변의 처음'이라 불렀고 육변의 첫째라고 하였다."라고 하였다.

≪宋書·樂志≫曰, 六變[2]諸曲, 皆因事製歌. ≪古今樂錄≫曰, <子夜變歌>前作持子送, 後作歡娛我送. <子夜警歌>無送聲, 仍作變, 故呼爲變頭, 謂六變之首也.

> 주석

1) 子夜變歌(자야변가) : <자야가>의 변곡이란 뜻인데, 변곡의 정확한 의미에 대해서는 이설이 많다.
2) 六變(육변) : 악장이나 악곡의 여섯 변화. 여기에서는 일반적인 상황에서의 곡조의 여러 변화를 가리키는 것으로 보인다. 학자에 따라 '육변'을 <자야경가> 1수, <자야사시가> 4수, <자야변가> 1수로 보기도 한다.

13-1 자야변가 3수 子夜變歌三首

13-1-1

人傳歡負情,[1]   사람들이 전하길 그대가 마음을 저버리셨다는데
我自未常見.[2]   나 스스로는 일찍이 만나보지 못했네.

三更開門去,³⁾　　　삼 경 한밤에 문을 열고 나가보니
始知子夜變.⁴⁾　　비로소 〈자야변가〉를 알게 되었네.

주석

1) 負情(부정) : 마음을 저버리다. 배신하다.
2) 未常(미상) : ~한 적이 없다. '미상未嘗'과 같다.
   見(견) : 만나다. 여기에서는 배신한 낭군을 만난다는 뜻이다.
3) 三更(삼경) : 밤 11시에서 1시까지. 자시子時. 결국 시의 제목인 자야子夜이다. 본래 시의 제목에서 子夜는 여인의 이름이었으나 이 시에서는 제목과 시간을 같이 연상시키는 작용을 하였다.
4) 子夜變(자야변) : 〈자야변가〉. 여기에서는 〈자야변가〉라는 슬픈 노래의 슬픔의 정체성을 가리킨다. 그런데 이 구절은 다르게 해석할 수 있는 시적인 가능성을 가진다. 3구의 '삼경三更'과 호응해서 '한밤중(자야子夜)이 변했음'을 뜻할 수도 있다. 이 경우 시간이 흘렀다는 뜻이다. 또는 〈자야〉의 곡조가 변했다는 뜻일 수 있다. 이것이 의미하는 바는 여러 가지이다. 그래서 변심變心으로 이해할 수도 있다.

해설

이 3수는 육구몽의 작품이 아니라 남조의 옛 가사로 보기도 한다. 사랑하는 남자의 마음이 변했다는 것을 받아들이지 못하던 여인이 결국 그 사실을 깨닫고 슬픈 노래를 부른다는 내용이다.

13-1-2

歲月如流邁,¹⁾　　세월이 물처럼 흘러가서
春盡秋已至.　　　봄이 다하고 가을이 벌써 되었다네.
熒熒條上花,²⁾　　찬란히 빛나던 가지 위의 꽃이
零落何乃駛.³⁾　　시들어 떨어짐은 어찌 이리 빠른 건지.

주석

1) 邁(유매) : 지나가다. 흘러가다.
2) 熒熒(형형) : 빛이 나고 아름다운 모습.
3) 零落(영락) : 시들어 떨어지다.
   乃(내) : 이처럼. 이리도.
   駛(사) : 매우 빠르다.

해설

시간이 매우 빠르게 지나갔음을 표현하였다.

13-1-3

歲月如流邁,	세월은 물처럼 흘러가니
行已及素秋,¹⁾	세월이 지나가서 벌써 쓸쓸한 가을이 되었네.
蟋蟀吟堂前,²⁾	귀뚜라미가 당 앞에서 우는데
惆悵使儂愁.	서글피 나를 시름겹게 하는구나.

주석

1) 素秋(소추) : 가을. 흰 색은 오행에서 가을에 속하는데 쇠약해졌다는 느낌도 가진다.
2) 蟋蟀(실솔) : 귀뚜라미.

해설

시간이 빨리 흘러 쓸쓸한 가을이 되었다. 가을밤의 귀뚜라미 소리는 사람의 마음을 아프게 하였다.

13-2 자야변가 子夜變歌
양梁 왕금주王金珠[1]

七綵紫金柱,[2]	일곱 빛깔 화려한 자금의 기둥
九華白玉梁,[3]	아홉 겹 꽃이 새겨진 백옥의 대들보.
但歌繞不去,[4]	단가 소리는 대들보를 감돌아 없어지지 않으니
含吐有餘香.[5]	노래 할 때의 향기가 남아 있네.

주석

1) 王金珠(왕금주) : ≪옥대신영玉臺新詠≫에는 양무제梁武帝의 <자야사시가子夜四時歌‧추가秋歌>로 되어있다.

2) 七綵(칠채) : 일곱 빛깔의 무늬.
   紫金(자금) : 진귀한 광물. 보통은 자마금紫磨金 즉 최상의 황금을 가리키나, 여기에서는 보석의 이름일 수도 있다.

3) 九華(구화) : 아홉 겹의 꽃. 크고 화려한 꽃.

4) 但歌(단가) : 반주 없이 가기가 부르는 노래. 여기에서는 <자야변가>를 의미한다. <단가>는 본래 한위汉魏 시대의 무반주 가곡명이었다. ≪진서晋书‧악지하乐志下≫에 "<단가>는 4곡으로 한시대에 나왔다. 금슬의 반주가 없었고 가기가 가장 먼저 부르게 하였는데 한 사람이 부르면 세 사람이 창화하였다. 위무제가 특히 좋아하였다.(但歌, 四曲, 出自漢世. 無弦節, 作伎最先唱, 一人唱, 三人和. 魏武帝尤好之)"라고 하였다.
   繞不去(요불거) : 대들보를 감돌아 사라지지 않다. 노래가 매우 뛰어나고 그 감동이 매우 크다는 뜻이다. ≪열자列子‧탕문湯問≫에 "옛날에 한아가 동쪽으로 제나라로 갔는데 양식이 떨어졌다. 제나라 성문인 옹문을 지나자 노래를 팔아 음식을 얻었다. 이미 떠났는데도 남은 소리가 대들보를 감돌아서 사흘이 시나도록 끊이지를 않으니 주위에서는 그 사람이 떠나지 않았다고 여겼다. (昔韓娥東之齊, 匱糧. 過雍門, 鬻歌假食. 旣去而餘音繞梁欐, 三日不絶, 左右以其人弗去)"라고 하였다.

5) 含吐(함토) : 들이쉬고 내쉬는 노래 소리. 본래는 들숨과 날숨. 그래서 제4구를 "연회의 참가한 사람들의 호흡 속에 그 노래의 향기가 남아있네."로 해석하기도 한다.

餘香(여향) : 남은 향기. 또는 진한 향기.

해설
호화로운 연회의 장소에서 기녀가 아름다운 노래를 부르는 장면을 상징적으로 묘사하였다.

(서용준)

14. 상성가 9수 上聲歌九首

≪고금악록≫에 이르기를, "<상성가>란 소리를 높이려고 기러기발을 가깝게 당긴 데에서 이름을 얻었다. 하나의 금조를 사용하기도 했고 정해진 조명이 없는 금조를 사용하기도 했다. 옛 노래의 가사에서 말한 바가 슬프고 그리워하는 소리로 조화롭고 화해스러운 것에 미치지 못했다고 이른 것과 같다. 양무제가 그 때문에 가사를 고쳤지만 전아한 구절을 회복하지 못했다."라고 하였다.

≪古今樂錄≫曰, <上聲歌>者, 此因上聲促柱得名. 或用一調, 或用無調名. 如古歌辭所言, 謂哀思之音, 不及中和. 梁武因之改辭, 無復雅句.

14-1 상성가 8수 上聲歌八首
진, 송, 양의 가사 晉宋梁辭

14-1-1

儂本是蕭草,[1]	나는 원래 쑥풀이었는데
持作蘭桂名,[2]	가져다가 난초와 계화의 이름을 지어주었네.
芬芳頓交盛,[3]	향기가 갑자기 섞이면서 왕성해지니
感郞爲上聲.	낭군에게 감동하여 <상성가>를 부르네.

주석

1) 蕭草(소초) : 쑥풀. 출신이나 재산, 외모 등이 낮고 보잘 것 없음을 의미한다.

2) 蘭桂(난계) : 난초와 계화. 향이 매우 좋아 신분이 고귀하거나 외모가 고상한 한 인사를 가리킬 때 많이 쓰였다.
3) 芬芳(분방) : 향기. 여기에서는 난초와 계화의 향기.
   頓(돈) : 갑자기.

해설

신분이나 처지가 좋지 못한 여인이 낭군의 사랑을 듬뿍 받게 되었다. 그래서 그 사랑에 감동하여 〈상성가〉를 불렀다.

14-1-2

郎作上聲曲,	낭군께서 〈상성곡〉을 연주하시며
柱促使弦哀.¹⁾	기러기발 당겨서 소리를 슬프게 하시네.
譬如秋風急,	비유컨대 가을바람이 급하게 부는 것 같아
觸遇傷儂懷.²⁾	노래 소리가 와 닿아서 내 마음을 아프게 하네.

주석

1) 柱促(주촉) : 기러기발이 당겨지다. 현악기의 소리를 높게 조절하였다는 뜻이다.
2) 觸遇(촉우) : 닿다. 만나다. 여기에서는 음악 소리를 듣다.

해설

낭군이 연주하는 〈상성곡〉의 금슬 소리를 묘사하였다. 높고 슬픈 연주 소리가 가을바람처럼 급하게 들려온다.

14-1-3

初歌子夜曲,	처음에는 〈자야곡〉을 부르고
改調促鳴箏.¹⁾	곡조를 바꾸며 쟁을 촉급하게 울리네.
四座暫寂靜,	사방의 자리가 금새 조용해지며

聽我歌上聲.　　내가 부르는 〈상성곡〉을 듣네.

| 주석 |

1) 改調(개조) : 곡조를 바꾸다. 다른 노래를 부르다.

| 해설 |

주연의 무대에서 화자는 먼저 〈자야곡〉을 부르고 다음에 〈상성곡〉을 불렀다. 강렬하게 곡조가 바뀌며 사람들이 노래에 집중하였다.

14-1-4

三鼓染烏頭,¹⁾　　삼경 한밤에 염오의 언덕에서
聞鼓白門裏,²⁾　　백문 안의 북소리를 들었네.
擥裳抱履走,³⁾　　옷자락을 잡고 신발 안고 달리는데
何冥不輕紀.　　어떤 어두운 곳에서 법을 가벼이 여기지 않으리?

| 주석 |

1) 三鼓(삼고) : 삼경三更. 밤 11시~1시이다. 고대 중국에서는 낮에 종鐘으로 시간을 알리고 밤에 북으로 시간을 알렸다.
   染烏頭(염오두) : 염오의 언덕. 염오는 지명으로 보이나 정확한 장소는 모르겠다.
2) 聞鼓(문고) : 시간을 알리는 북소리를 듣다.
   白門(백문) : 성의 서남방의 문. 견해에 따라 남경南京의 남문南門의 이름이라고도 한다. 남조南朝 시기의 성도인 건업建業(지금의 남경)의 남문인 선양문宣陽門의 별칭이 백문이었다.
3) 擥(람) : 잡다. 쥐다.
   裳(상) : 하의. 남녀 모두 입었다.

| 해설 |

시의 주인공은 삼경에 성 밖 염오두에서 성안에서 들려오는 북소리를 들었다. 그는 성으로

서둘러 돌아오는데 법이 무서워서 몰래 달린다.

14-1-5

三月寒暖適,[1]	삼월 춥지도 덥지도 않고 참 좋은데
楊柳可藏雀.	버드나무는 잎이 자라서 참새를 품어주네.
未言涕交零,[2]	말도 못하고 눈물 마구 흘리는데
如何見君隔.	어쩌다 그대 만난 지 오래되었나요?

주석

1) 寒暖適(한난적) : 차가움과 따뜻함이 적당하다.
2) 涕交零(체교령) : 눈물을 마구 흘리다.

해설

3월 늦봄이 되어 날씨도 따뜻하고 풍경도 좋다. 버드나무에는 참새가 깃드는데 그리운 그대를 오랫동안 만나지 못해 눈물만 펑펑 흘린다.

14-1-6

新衫繡兩端,[1]	새 적삼의 수놓은 두 끝단을
迮著羅裙裏.[2]	비단 치마 속에 잘 여몄네.
行步動微塵,[3]	걸음걸음마다 작은 먼지를 일으키고
羅裙隨風起.	비단 치마는 바람 따라 나풀거리네.

주석

1) 新衫(신삼) : 새로 만든 적삼.
   兩端(양단) : 두 소매 끝.
2) 迮著(책착) : 눌러서 잘 두다. 여기에서는 "상의를 하의 안에 넣어 잘 여몄다"는 뜻이다.
   羅裙(나군) : 비단 치마.

3) 行步動微塵(행보동미진) : 걸음걸이가 작은 먼지 일으키다. 여인의 걸음걸이가 섬세하다는 뜻으로, 걷는 모양새의 묘사를 통해 아름답고 고상한 여인을 비유하였다. 조식曹植의 <낙신부洛神賦>에서 "물결을 넘어오는 작은 발걸음, 비난 버선에 먼지가 생겨나네.(凌波微步, 羅襪生塵)"라고 하였다.

| 해설 |

이 시는 수놓은 비단 저고리를 비단 치마에 잘 여민 아름다운 여인이 봄바람 부는 속에서 상기되어 길을 나선 것을 노래하였다.

14-1-7

裲襠與郎著,[1]	배자를 낭군에게 입으라고 드리니
反繡持貯裏.[2]	수를 뒤집어서 가져다 품안에 지니세요.
汙汙莫濺浣,[3]	더러워져도 너무 깨끗이 빨지 마시고
持許相存在.[4]	지니시고 함께 있는 것으로 여기세요.

| 주석 |

1) 裲襠(양당) : 배자褙子. 옷 위에 입는 소매가 없는 짧은 겉옷.
2) 反繡(반수) : 수놓은 곳을 거꾸로 하다. 배자의 수놓은 겉면을 안으로 뒤집어 입는다는 뜻이다.
3) 汙汙(오오) : 아주 더럽다.
   濺浣(천완) : 깨끗하게 빨다.
4) 許(허) : 허락하다. 여기서는 생각하다.

| 해설 |

여인이 길을 떠나는 남자에게 자신이 수놓은 배자를 선물하였다. 수를 안으로 해서 항상 입으면서 그녀가 그와 함께 있다고 생각해주길 당부하였다.

14-1-8

春月暔何太,¹⁾	봄날은 따뜻함이 어찌나 대단한지
生裙迮羅襪.²⁾	여름 치마에 조이는 비단 버선 신었네.
曖曖日欲冥,³⁾	어둑어둑 해가 어두워지려하는데
從儂門前過.	저를 따라 문 앞에 들르셨네요.

주석

1) 春月(춘월) : 봄철.
   暔(난) : 따뜻하다. '난暖'과 같다.
2) 生裙(생군) : 여름 치마. 삼베 등으로 만든 여름용 치마. 얇고 하늘하늘한 이미지이다.
   迮羅襪(책라말) : 조이는 비단 버선. 얇고 달라붙는 비단 버선. 날렵하고 예쁜 이미지이다.
3) 曖曖(애애) : 어두운 모습.

해설

계절은 봄이지만 날씨는 여름처럼 덥다. 계절이 앞선 옷으로 멋을 낸 여인이 마음에 들어 누군가 저물녘에 집까지 따라왔다.

14-2 상성가 上聲歌

   양梁 왕금주王金珠¹⁾

花色過桃杏,²⁾	꽃과 같은 용모가 복사꽃과 살구꽃을 넘어서고
名稱重金瓊.³⁾	명성은 금과 옥보다 무겁다네.
名歌非下里,⁴⁾	이름난 노래는 〈하리〉와 같은 속된 노래가 아니니
含笑作上聲.	미소를 머금고 〈상성〉을 연주하네.

주석

1) 王金珠(왕금주) : ≪옥대신영≫에는 양무제梁武帝의 작품으로 되어있다.
2) 花色(화색) : 꽃같은 미색. 용모가 매우 아름답다는 것을 비유하였다.
3) 名稱(명칭) : 명성.
   金瓊(금경) : 금과 옥.
4) 名歌(명가) : 대표곡. 그녀의 이름을 만든 노래.
   下里(하리) : 고대의 민간가요의 제목. 저속하고 통속적인 노래의 대명사격으로 쓰였다. '하리下里'는 '시골마을'의 뜻이다. 보통 다른 통속적인 노래인 <파인巴人>과 병칭된다.

해설

 이 시는 연회에서 <상성>을 연주하는 아름다운 여인을 찬미하였다. 그녀는 아름답고 명예로우며 수준이 높고 여유롭다.

(서용준)

15. 환문가 2수 歡聞歌二首

≪고금악록≫에 이르기를, "<환문가>는 진나라 목제의 승평 연간 초기에 노래를 마칠 때마다 '그대는 들었는가?'라고 불러서 송성으로 삼았는데, 나중에 이를 사용하여 곡명으로 만들었다. 요즘은 '사지을자'로 대신하는데 말이 점차 와전되어 달라졌다."라고 하였다.
≪古今樂錄≫曰, 歡聞歌者, 晉穆帝升平初,[1] 歌畢輒呼歡聞不, 以爲送聲, 後因此爲曲名. 今世用莎持乙子代之,[2] 語稍訛異也.[3]

주석
1) 升平(승평) : 동진東晉 목제穆帝 사마담司馬聃의 연호(357-361)이다.
2) 莎持乙子(사지을자) : 허사인 감탄사로 보인다.
3) 訛異(와이) : 잘못되어 달라지다.

15-1 환문가 歡聞歌

遙遙天無柱,[1]	아득한 하늘은 기둥이 없고
流漂萍無根.	떠다니는 부평초는 뿌리가 없네.
單身如螢火,[2]	홀로 있던 몸은 반딧불이와 같으니
持底報郎恩?[3]	무엇으로 낭군의 은혜를 갚으리오?

주석
1) 遙遙(요요) : 아주 먼 모습.

2) 單身(단신) : 홀로 지내던 나.
   螢火(형화) : 반딧불이. 작고 미미한 존재.
3) 持底(지저) : 무엇을 가지고.

> 해설

이 시는 기댈 곳 없이 홀로 지내던 여인이 자신을 보살펴 주는 임을 만나 그것에 감격하고 감사하는 내용이다.

15-2 환문가 歡聞歌
양梁 왕금주王金珠[1]

豔豔金樓女,[2]	곱디 고운 황금 누각의 여인은
心如玉池蓮.[3]	마음씨도 옥지의 연꽃과 같네.
持底報郎恩,	무엇으로 낭군의 은혜를 갚을까?
俱期遊梵天.[4]	범천에서 노닐기를 함께 약속하네.

> 주석

1) 王金珠(왕금주) : 이 시는 ≪옥대신영≫에 양무제梁武帝의 <환문가歡聞歌>로 되어있다.
2) 豔豔(염염) : 예쁘고 화려한 모양.
   金樓女(금루녀) : 황금 누대에 사는 여인. 조식曹植의 유선시 <비룡편飛龍篇>에서 "(선인이 계신 곳은) 황금 누각에 복층 다리가 있네.(金樓復道)"라고 하였다.
3) 玉池蓮(옥지연) : 옥 연못의 연꽃.
4) 梵天(범천) : 불교에서 범천(브라만과 브라마의 한역漢譯)이 다스리는 세계를 범천이라고 부른다. 불교의 33천 가운데 색계色界를 가리킨다.

> 해설

선량한 마음을 지닌 고귀한 여인이 사랑하는 임과 함께할 것을 약속하는 내용이다.

(서용준)

16. 환문변가 7수 歡聞變歌七首

≪고금악록≫에 이르기를, "<환문변가>는 진나라 목제 승평 연간에 아이들이 홀연히 길에서 노래를 했는데 '애야 들었느냐?'라고 하였고, 곡이 끝나면 번번이 말하기를, '애야 너는 들었느냐?'라고 하였다. 오래지 않아 목제가 붕어하니 저태후가 곡하면서 '애야 너는 들었느냐?'라고 하였다. 그 소리가 이미 비통하였으니 이로 인하여 이름을 지었다."라고 하였다.
≪古今樂錄≫曰, <歡聞變歌>者, 晉穆帝升平中, 童子輩忽歌於道, 曰, 阿子聞, 曲終輒云, 阿子汝聞不. 無幾而穆帝崩, 褚太后哭阿子汝聞不. 聲旣悽苦, 因以名之.

16-1 환문변가 6수 歡聞變歌六首

16-1-1

金瓦九重牆,[1]	황금 지붕과 여러 겹의 담
玉壁珊瑚柱.	옥 벽과 산호 기둥.
中夜來相尋,[2]	한밤중에 그대를 찾아 와서
喚歡聞不顧.	당신을 불렀지만 듣고도 돌아보지 않네요.

주석

1) 金瓦(금와) : 황금기와. 부잣집을 가리킨다.
   九重牆(구중장) : 여러 겹의 높은 담. 매우 큰 집을 가리킨다.
2) 中夜(중야) : 한밤중.

해설
여인이 밤에 화려한 곳에 사는 임을 찾아왔지만 그 남자는 그녀를 외면하였다.

16-1-2

歡來不徐徐,¹⁾	그대가 오는 게 느긋하지 못했으니
陽窗都銳戶.²⁾	큰 창은 모두 날카로운 문이네.
耶婆尙未眠,³⁾	아버지 어머니 아직 주무시지 않는데
肝心如推櫓.⁴⁾	내 마음은 마치 노를 젓는 것 같네.

주석
1) 徐徐(서서) : 느긋하다. 느리다.
2) 陽窗(양창) : 햇볕이 드는 큰 창.
   銳戶(예호) : 뾰족한 기물로 막은 창로 보인다.
3) 耶婆(야포) : 부모. '야'는 '야爺'의 뜻이다.
4) 肝心(간심) : 속마음. 심정.
   推櫓(추로) : 노를 젓다. 그대를 향해 간다는 뜻이다.

해설
남자는 성격이 급해서 밤에 찾아왔지만 너무 일찍 왔다. 나갈 수 있는 큰 창이 막혀서 부모님이 주무시는 걸 기다릴 수밖에 없지만 여자의 마음은 벌써 놀러갈 생각에 부풀어 있다.

16-1-3

張罾不得魚,¹⁾	어망을 펼쳤으나 고기를 잡지 못했으니
魚不櫓罾歸.²⁾	고기는 노를 저어가서 어망 친다고 오는 건 아니라네.
君非鸕鶿鳥,³⁾	그대는 가마우지도 아닌데
底爲守空池.⁴⁾	어찌하여 빈 연못을 지키는가.

주석

1) 張罾(장증) : 어망을 펼치다. '증'은 네 귀에 기둥이 있는 어망이다.
   魚(어) : 여인과 여심을 비유하였다.
2) 櫓罾(노증) : 노를 저어가서 어망을 치다.
   歸(귀) : 물고기가 어망으로 순순히 들어가다.
3) 鸕鷀(노자) : 가마우지. 물속에 들어가서 물고기를 잘 잡는다. 이 시에서는 여심을 잘 잡는 능력자를 가리킨다.
4) 底爲(저위) : 왜. 어째서.

해설

이 시에서 화자가 비웃는 남자는 여러 여자에게 수작을 거는 사람으로 보인다. 정성도 부족하고 능력도 없는 남자에게 여자는 냉정할 뿐이다.

16-1-4

刻木作班鷦,¹⁾	나무를 깎아서 얼룩무늬 새를 만들었는데
有翅不能飛.	날개가 있지만 날 수가 없네.
搖著帆檣上,²⁾	돛대 위에서 바람에 흔들리며
望見千里磯.³⁾	천 리 밖 물가를 바라본다네.

주석

1) 班鷦(반초) : 얼룩무늬 새. '반'은 '반斑'과 통해 얼룩지다는 뜻이다. '반초'를 '반구斑鳩'와 같은 종류의 새로 보기도 한다. '초'는 '뱁새'나 '황작' 등을 의미한다.
2) 搖著(요저) : 흔들리고 있다. 이 시에서는 나무새가 바람을 측량하는 깃털인 오량五兩의 역할을 대신하여 돛대 위에서 흔들린다는 뜻이다.
   帆檣(범장) : 돛대.
3) 千里磯(천리기) : 천 리 밖의 물가. 배를 타고 떠나는 이가 향하는 곳일 수도 있고 떠나온 곳일 수도 있다.

해설

배를 타고 길을 떠난 사람이 돛대에 달린 나무새를 보았다. 이 새는 그가 그리워하는 천 리 밖 물가를 그보다 잘 바라볼 수 있을 것이다.

16-1-5

鍥臂飮淸血,[1]	팔을 베어서 깨끗한 피를 마시고
牛羊持祭天.	소와 양을 가지고 하늘에 제사를 지내네.
沒命成灰土,[2]	목숨을 잃어 재와 흙이 되더라도
終不罷相憐.[3]	끝내 서로 사랑하기를 관두지 않으리.

주석

1) 鍥臂(계비) : 팔뚝을 베어서 피를 내다. 고대에는 맹세의 의식에서 변함없을 것이라는 의미로 실행하였다.
   飮淸血(음청혈) : 깨끗한 피를 마시다. 여기에서는 결혼하는 두 사람의 팔에서 떨어진 피를 서로 마신다는 뜻이다. 떨어진 피 몇 방울을 실제로 서로 마시거나 입술에 찍어 발랐다. 피가 깨끗하다는 것은 결혼하는 두 사람의 몸과 마음이 깨끗하다는 것을 비유하였다.
2) 沒命(몰명) : 생명을 마치다. 죽다.
   灰土(회토) : 재와 흙.
3) 相憐(상련) : 서로 사랑하다.

해설

남녀의 결혼 의식을 보고 노래한 내용이다. 엄숙하게 피로써 서로 맹세를 하고 소와 양으로 하늘에 제사를 지낸다. 3, 4구는 맹세의 내용이다.

16-1-6

駛風何曜曜,[1]	질풍이 참으로 빠르니
帆上牛渚磯.[2]	돛은 우저기를 향한다.

帆作繖子張,³⁾　　돛은 우산처럼 팽팽하게 펴졌고
船如侶馬馳.⁴⁾　　배는 한 쌍의 말처럼 달린다.

주석

1) 駛風(사풍) : 질풍. '사'는 '말이 빨리 달리다'의 뜻이며, 마지막 구의 '여마侶馬'와 호응을 이룬다.
   曜曜(요요) : 매우 빠른 모습.
2) 帆(범) : 돛. 배를 가리킨다.
   上(상) : 올라가다. 향하다. 출발하다.
   牛渚磯(우저기) : 지명. 지금의 안휘성安徽省 마안산시马鞍山市 서남쪽 장강長江 가에 있다. 채석기采石矶라고도 하였다. 예부터 교통의 주요 지점인 나루터였다.
3) 繖子(산자) : 우산.
   張(장) : 팽팽하게 펼치다.
4) 侶馬(여마) : 한 쌍의 말. 두 마리 말.

해설

떠나는 배를 바라보며 그 배가 질풍을 맞아서 말처럼 빨리 간다고 아쉬워하는 내용이다.

16-2 환문변가 歡聞變歌
양梁 왕금주王金珠¹⁾

南有相思木,²⁾　　남쪽에 서로 그리워하는 나무가 있어서
合影復同心.³⁾　　그림자를 합치고 또 마음을 함께 한다네.
遊女不可求,⁴⁾　　유녀를 구할 수가 없으니
誰能識得音.⁵⁾　　누가 내 마음을 알아서 내 노래를 이해할까.

주석

1) 王金珠(왕금주) : ≪옥대신영≫에는 양무제梁武帝의 <환문가歡聞歌>로 되어있다.
2) 南有(남유) : 남쪽에 ~가 있다. ≪시경詩經·주남周南·한광漢廣≫에 "남쪽에 큰 나무가 있는데 쉴 수가 없네. 한수에 놀러온 여인이 있는데 구할 수가 없네. 한수는 넓어서 헤엄칠 수 없네. 강수는 길어서 뗏목을 탈 수가 없네.(南有喬木, 不可休息. 漢有遊女, 不可求思. 漢之廣矣, 不可泳思. 江之永矣, 不可方思)"라고 한 것을 차용하였다.
   相思木(상사목) : 서로 그리워하는 나무. 상사수相思樹라고도 한다. 사랑하는 두 사람이 죽어서 따로 묻히자 그 무덤가에 따로 자란 가래나무가 가지가 서로 얽히고 뿌리가 서로 닿았다고 한다.
3) 合影(합영) : 그림자를 합치다. 양무제의 시에는 '함정숨情'으로 되어있다.
4) 遊女(유녀) : 놀러 나온 여자. 이 구절은 <한광>의 구절을 사용한 것이다.
5) 識得音(식득음) : 내 마음을 알아서 내 노래를 이해하다. 양무제의 시에는 '식공음息空陰'으로 되어있으며, 뜻은 '그늘에서 쉬다'인데 역시 <한광>의 내용을 이용한 것이다.

해설

≪시경·한광≫의 내용을 활용한 이 시는 그리운 이를 만날 수 없어서 자신의 노래도 의미가 없다고 한탄하고 있다.

(서용준)

17. 전계가 8수 前溪歌八首

≪송서·악지≫에 이르기를, "전계가는 진나라 거기장군 심완이 만든 것이다."라고 하였다. 치앙의 ≪악부해제≫에 이르기를, "전계가는 무곡이다."라고 하였다.

≪宋書·樂志≫曰, 前溪歌者, 晉車騎將軍沈玩所制. 郗昻≪樂府解題≫曰, 前溪, 舞曲也.

17-1 전계가 7수 前溪歌七首

17-1-1

憂思出門倚,   근심스런 심사로 문을 나가 기대어 있다
逢郞前溪度.   앞 시내를 건너는 그대를 만났네.
莫作流水心,[1]   강물 흐르는 듯한 마음을 가지고
引新都舍故.[2]   새 사람 들여서 옛 사람 완전히 버리지 마시길.

주석

1) 流水心(유빙심) : 한번 흘러가면 다시는 돌아오지 않는 마음.
2) 舍(사) : 버리다. '사捨'와 같다.
　　都(도) : 완전히. 강조의 의미이다.

해설

이 시는 강 건너 떠나가는 남자가 새로운 여인을 맞아서 자신을 버리지 않기를 바라는

노래이다.

17-1-2

爲家不鑿井,[1]	집에 우물을 파지 않았기 때문에
擔瓶下前溪.	물병 지고서 앞 시내로 내려가네.
開穿亂漫下,[2]	수풀을 헤치고 물결 넘실거리는 곳으로 내려가는데
但聞林鳥啼.	다만 숲 속의 새 우는 소리만 들리네.

주석

1) 鑿井(착정) : 우물을 파다.
2) 開穿(개천) : 수풀을 헤치고 나아가다. 또는 물길이 뚫리다.
   亂漫(난만) : 어지러운 물결.
   下(하) : 내려가다.

해설

혹시 사랑하는 임을 볼 수 있지 않을까라는 마음에 물을 뜨러 내려갔지만 임은 보이지 않고 새 소리만 들리는 상황을 말하고 있다.

17-1-3

前溪滄浪映,	앞 시내에는 푸른 물결 빛나고
通波澄渌清.[1]	흐르는 물에 깨끗한 물결이 맑네.
聲弦傳不絶,	현의 소리가 전하여 끊어지지 않도록
千載寄汝名,[2]	천 년 동안 너의 이름에 부쳐서
永與天地幷.	영원토록 천지와 함께 한다네.

주석

1) 通波(통파) : 흐르는 물.

澄淥(징록) : 맑은 물.
2) 汝(여) : 너. 전계를 가리킨다.

해설

　이 시는 전계가에 제목을 붙인 유래를 담고 있다. 노래 소리와 현의 소리를 계속 들을 수 있도록 전계라는 이름을 곡에 붙였다.

17-1-4

逍遙獨桑頭,	홀로 뽕밭을 거닐다가
北望東武亭.[1]	북쪽으로 동무정을 바라보네.
黃瓜被山側,[2]	오이덩굴이 산의 옆을 덮고 있으니
春風感郎情.	봄바람에 그대의 정을 느끼네.

주석

1) 東武亭(동무정) : 지명. 임이 떠나가 있는 곳을 가리킨다.
2) 黃瓜(황과) : 오이덩굴. 여인 자신을 비유한다.
　이 구는 임에 대한 그리움을 비유적으로 표현하였다.

해설

　이 시는 여인이 홀로 거닐다 임이 떠나가 있는 곳을 바라보며 임을 그리워하는 내용이다. 여인의 나이가 젊기 때문에 자신을 작은 오이덩굴에 비유하고 있으며, 덩굴이 산을 덮고 자라는 모습을 통해 날로 커져가는 임에 대한 그리움을 나타냈다.

17-1-5

逍遙獨桑頭,	홀로 뽕밭을 거니는데
東北無廣親.[1]	동북쪽에는 두루 친한 이도 없다네.
黃瓜是小草,	오이덩굴은 어린 풀이니

春風何足嘆,   봄바람을 어찌 한탄할 만 하겠는가마는,
憶汝涕交零.[2]   그대를 생각하니 눈물이 이리저리 떨어지네.

주석

1) 東北(동북) : 동북쪽. 임이 떠나가 있는 곳을 가리킨다.
   廣親(광친) : 두루 친한 사람. 소식을 전해줄 사람을 가리킨다.
2) 涕(체) : 눈물을 흘리다.
   交零(교령) : 교차하며 떨어지다. 눈물이 이리저리로 교차하며 떨어지는 것을 말한다.

해설

임이 떠나가 있는 곳에 아무런 연고가 없어 임의 소식을 들을 수 없음을 안타까워하며, 자신이 비록 어리고 연약하지만 봄이 되어 날로 커져만 가는 그리움을 어찌하지 못하고 눈물만 흘리고 있음을 말하고 있다.

17-1-6

黃葛結蒙籠,[1]   칡덩굴은 무성하게 엉켜
生在洛溪邊.[2]   낙수 가에서 자랐네.
花落逐水去,   꽃 떨어져 물 따라 떠나가니
何當順流還,[3]   흐르는 물길 따라 어찌 돌아올 수 있으리?
還亦不復鮮.[4]   돌아온들 다시 곱지는 않을 것이네.

주석

1) 蒙籠(몽롱) : 초목이 무성한 모양.
2) 洛溪(낙계) : 낙수洛水. '낙간洛澗'이라고도 하며 지금의 안휘성安徽省 회남시淮南市 동쪽을 흐르는 회하淮河의 한 지류이다.
3) 何當(하당) : 어찌 응당.
4) 鮮(선) : 곱다.

> **해설**
>
> 무성하게 얽힌 칡덩굴을 통해 임에 대한 사랑과 그리움을 나타내고, 떨어져 물을 따라 흘러가는 꽃을 바라보며 헛되이 지나가 다시는 되돌릴 수 없는 자신의 꽃다운 청춘을 아쉬워하고 있다.

17-1-7

黃葛生爛漫,[1]	칡덩굴은 어지러이 퍼져 자라나니
誰能斷葛根.	누가 칡의 뿌리를 자를 수 있으리?
寧斷嬌兒乳,[2]	차라리 예쁜 아이의 젖을 끊을지언정
不斷郞殷勤.[3]	그대를 향한 지극한 마음은 끊지 않겠네.

> **주석**
>
> 1) 爛漫(난만) : 어지럽게 퍼져있는 모양.
> 2) 寧(영) : 차라리.
> 3) 殷勤(은근) : 극진한 사랑.

> **해설**
>
> 임을 향한 자신의 사랑은 엉키어 길게 뻗어나는 칡과 같아 아무도 끊을 수 없음을 말하고, 자신의 사랑을 끊는 것은 아이의 젖을 끊는 것보다도 어려움을 말하고 있다.

17-2 전계가 前溪歌

　　　　　포명월 包明月

當曙與未曙,[1]	날이 밝을 때나 밝지 않을 때나
百鳥啼窓前,	온갖 새들은 창 앞에서 울고
獨眠抱被嘆.	홀로 자며 이불 끌어안고 탄식하네.

憶我懷中儂,[2]   내 마음속의 그대를 생각하노니
單情何時雙.   홀로 있는 정은 언제쯤 한 쌍이 되려나.

주석

1) 當(당) : ~할 때를 당하다.
2) 儂(농) : 너.

해설

낮에는 창 앞에서 우는 새들과 밤에는 홀로 이불 끌어안고 탄식하는 여인의 모습을 통해 종일토록 슬퍼하며 임과 함께 있기를 갈구하고 있는 여인의 소망을 노래하였다.

(이다연)

18. 아자가 4수 阿子歌四首

≪송서·악지≫에 이르기를, "<아자가>는 승평 초의 노래에서 '애야 너는 들었느냐?'라 노래한 것에서 기인한다. 후인들이 그 소리를 따라서 <아자>와 <환문> 두 곡을 지었다."라고 하였다. ≪악원≫에는 이르기를, "가흥 사람이 오리를 길렀는데, 오리가 이미 죽었으므로 이 노래가 생겼다."라고 하였다. 어느 것이 맞는지는 모르겠다.

≪宋書·樂志≫曰, <阿子歌>者, 亦因升平初歌云,¹⁾ 阿子汝聞不.²⁾ 後人演其聲爲<阿子>, <歡聞>二曲. ≪樂苑≫曰, 嘉興人養鴨兒, 鴨兒旣死, 因有此歌. 未知孰是.

주석

1) 升平(승평) : 동진東晉 목제穆帝 사마담司馬聃의 연호(357-361)이다.
2) 阿子汝聞不(아자여문불) : 애야 너는 들었느냐? 앞의 16. <환문변가 7수> 해제 참조.

18-1 아자가 3수 阿子歌三首

18-1-1

阿子復阿子,	애야, 애야,
念汝好顔容.	너의 좋았던 얼굴이 생각나는구나.
風流世希有,	풍류는 세상에 드물고
窈窕無人雙.[1]	정숙하고 아름다움은 짝할 사람이 없다네.

주석

1) 窈窕(요조) : 정숙하고 아름다운 모양.

해설

이 시는 진晉 목제穆帝가 죽은 후 저태후褚太后가 그의 생전의 모습을 떠올리며 애통해한 것으로, 목제가 고상한 풍류와 정숙하고 아름다운 모습을 지니고 있었음을 말하며 그의 죽음을 안타까워하고 있다.

18-1-2

春月故鴨啼,[1]	봄이 되어 옛 오리들이 우는데
獨雄顚倒落.[2]	홀로 뛰어났건만 거꾸러져 떨어졌다네.
工知悅弦死,[3]	현을 좋아하다가 죽은 것을 잘 알아
故來相尋博.[4]	일부러 와 함께 놀았던 친구를 찾네.

주석

1) 故鴨(고압) : 옛 오리. 죽은 오리의 동료들을 가리킨다.
2) 獨雄(독웅) : 홀로 뛰어나다. 죽은 오리가 무리들 가운데 가장 뛰어났음을 가리킨다.
   顚倒(전도) : 거꾸러지다. 오리가 죽은 것을 의미한다.
3) 工知(공지) : 잘 알다.
   悅(열) : 좋아하다. 기뻐하다.
4) 尋博(심박) : 박희博戱하며 놀던 친구를 찾다. '박희'는 주사위를 던져 승부를 가리는 놀이의 일종으로, '쌍륙雙六'이라고도 한다.

해설

이 시는 봄날 오리 무리를 보고 자신이 기르다 죽었던 오리를 떠올리며 슬퍼하고 있다. 오리들 또한 먼저 죽은 친구를 그리워하며 그를 애도하는 현 소리를 듣고 모여들고 있다.

18-1-3

野田草欲盡,　　들밭에 풀이 시들어 가고
東流水又暴.¹⁾　동쪽으로 흐르는 물은 또 말랐구나.
念我雙飛鳧,　　내 짝지어 날던 오리를 그리워하나니
飢渴常不飽.　　굶주리고 목마른 채 늘 배부르지 못했다네.

주석

1) 暴(폭) : 물이 마르다.

해설

밭의 풀은 시들고 강물은 말라붙은 가을풍경을 바라보며 자신이 길렀던 오리가 늘 굶주림에 고통 받았음을 미안해하고 안타까워하고 있다.

18-2 아자가 阿子歌
　　　　왕금주 王金珠

可憐雙飛鳧,　　가련하도다, 짝지어 나는 오리여
飛集野田頭.　　날아 밭머리로 모여드네.
飢食野田草,　　굶주려 들밭의 풀을 먹고
渴飮淸河流.　　목말라 맑은 강의 물을 마시네.

해설

배가 고파서 시든 풀을 뜯어 먹고 목이 말라서 강의 줄어든 물을 마시고 있는 오리들을 바라보며 그들의 고생스러운 삶을 연민하고 있다.

(이다연)

19. 정독호가 7수 丁督護歌七首

일명 <아독호>라고도 한다. ≪송서·악지≫에 이르기를, "<독호가>는 팽성 내사 서규지가 노궤에게 피살되니 송 고조가 부내직독호인 정오로 하여금 시신을 거두어 염하여 매장하게 하였다. 서규지의 부인은 고조의 큰 딸이었다. 정오를 자신의 방으로 오도록 불러 염하고 장사지낸 일에 대해 스스로 물었다. 매번 물을 때마다 번번이 탄식하며 말하기를, '정독호여!'라고 하였다. 그 소리가 애절하여 후대 사람들이 그 소리로 인하여 그 곡을 늘렸다."라고 하였다. ≪당서·악지≫에 이르기를, "<정독호>는 진송 간의 곡이다. 지금의 노래는 송 무제가 지은 것이다."라고 하였다.

一曰<阿督護>. ≪宋書·樂志≫曰, <督護歌>者, 彭城內史徐逵之爲魯軌所殺,[1] 宋高祖使府内直督護丁旿收斂殯埋之.[2] 逵之妻, 高祖長女也. 呼旿至閤下, 自問殮送之事. 每問輒歎息曰, 丁督護. 其聲哀切, 後人因其聲廣其曲焉. ≪唐書·樂志≫曰, <丁督護>, 晉宋間曲也.[3] 今歌是宋武帝所製云.

|주석|

1) 徐逵之(서규지) : 남조 송宋 고조高祖 유유劉裕의 사위.

   魯軌(노궤) : 동진東晉 옹주자사雍州刺史 노종魯宗의 아들로 경릉태수竟陵太守직에 있었다. 당시 진晉의 종실宗室이었던 사마휴지司馬休之와 연합하여 강릉江陵의 동남쪽인 파총破冢에서 유유와 전쟁을 벌였다. 유유 또한 군사들을 연합하여 자신의 사위인 서규지를 보냈지만 노궤에게 죽임을 당하였다. 이에 유유는 대노하여 강릉을 토벌하였다.

2) 宋高祖(송고조) : 유유劉裕. 동진東晉부터 남북조南北朝시기에 활동하다가 송宋을 건립하였다. 시호는 무제武帝이다.

3) 晉宋間(진송간) : 진과 송의 시기.

19-1 정독호가 5수 丁督護歌五首
　　　송宋 무제武帝

19-1-1
督護北征去,　　독호가 북쪽으로 정벌 가니
前鋒無不平.¹⁾　선봉에 서서 평정하지 못함이 없으리.
朱門垂高蓋,²⁾　붉은 문에 높은 수레 덮개를 드리우고
永世揚功名.　　영원토록 공명을 드날리리.

주석

1) 前鋒(전봉) : 선봉에 서다.
　 平(평) : 평정하다.
2) 朱門(주문) : 붉은 문. 귀족이나 부유한 가문을 가리킨다.
　 高蓋(고개) : 높은 수레의 덮개. 신분이 높은 사람을 가리킨다.

해설

이 시는 북으로 정벌 가는 정독호를 전송하며 쓴 것으로, 전편이 그를 떠나보내는 여인의 입을 통해 서술되고 있다. 제1수에서는 그가 군대의 선봉이 되어 출정하니 많은 공을 세워 훗날 큰 상을 받고 길이 공명을 떨치게 될 것임을 말하고 있다.

19-1-2
洛陽數千里,¹⁾　낙양은 수 천 리이고
孟津流無極.²⁾　맹진의 물은 끝없이 흐르네.
辛苦戎馬間,³⁾　군마 사이에서 고생하니
別易會難得.　　이별은 쉽고 만남은 어렵구나.

주석

1) 洛陽(낙양) : 정독호가 정벌 가는 곳이다.

2) 孟津(맹진) : 옛 황하 나루터의 이름. 낙양으로 들어가는 관문이다.
3) 戎馬(융마) : 군마軍馬.

해설

이 시는 정독호가 낙양까지 정벌하러 갔음을 말하고, 고단한 북정 길에 대한 안타까움과 정독호에 대한 그리움을 표현하였다.

19-1-3

督護北征去,	독호가 북쪽으로 정벌 가니
相送落星墟,[1]	낙성의 빈터에서 전송했었네.
帆檣如芒檉,[2]	돛대는 능수버들과도 같았는데
督護今何渠.[3]	독호는 지금 어떠할까?

주석

1) 落星(낙성) : 낙성산落星山. 지금의 남경시 동북쪽에 있다.
2) 帆檣(범장) : 돛과 돛대. 돛단배를 가리킨다.
   芒檉(망정) : 나무이름이다. '망'은 가시를 말하고, '정'은 능수버들인데 작고 가는 잎과 꽃을 가지고 있다. 이는 돛단배가 멀어지면서 조그맣게 보이는 모습을 말한다.
3) 何渠(하거) : 어떻게.

해설

정독호를 낙성산에서 전송했던 일과 당시의 이별의 상황을 회상하며 그리움을 표현하였다.

19-1-4

督護初征時,	독호가 처음 정벌 갈 때에
儂亦惡聞許,[1]	내가 듣고 윤허한 것을 싫어했지.
願作石尤風,[2]	원컨대 석우풍을 일으켜

四面斷行旅.[3]　　사방의 출행 길을 끊었으면.

주석

1) 惡(오) : 싫어하다, 미워하다.
2) 石尤風(석우풍) : 역풍逆風. 원元 이세진伊世珍의 《낭현기瑯嬛記》에 인용된 <강호기문江湖紀聞>에 다음과 같은 이야기가 있다. 전설속의 장사꾼인 우尤씨가 석石씨의 딸에게 장가를 들었는데, 정이 아주 돈독했다. 후에 우씨가 멀리 장사를 떠나 돌아오지 않자 석씨가 그를 그리워하다 병에 걸렸고 죽을 때가 되어서는 탄식하며 말하기를, "내가 그 사람이 떠나는 것을 막지 못한 것이 한이 되었으니 이 지경에 이르게 되었다. 이제 무릇 장사하러 멀리 떠나는 사람이 있다면, 내가 큰 바람이 되어 세상의 부인들을 위하여 그를 막을 것이다."라고 하였다. 이로 인하여 후에 역풍, 정면에서 부는 바람을 이와 같이 불렀다.
3) 行旅(행려) : 출행하다.

해설

정독호를 정벌 가도록 하게 한 상황을 원망하며 어느 곳이든 그를 떠나보내고 싶어 하지 않는 마음을 표현하였다.

19-1-5

聞歡去北征,	임이 북쪽으로 정벌 간다고 듣고는
相送直瀆浦.[1]	직독포에서 전송했었네.
只有淚可出,	다만 흘릴 눈물만 있을 뿐
無復情可吐.	토해낼 정은 더 이상 없었네.

주석

1) 直瀆浦(직독포) : 직독산直瀆山의 포구. 직독산은 지금의 남경에 있다.

해설

직독포에서 임을 전송했던 일을 회상하며, 깊은 이별의 슬픔으로 인해 가슴 속의 정을 차마 드러내지 못하고 그저 눈물만 흘렸을 뿐이었음을 말하고 있다.

19-2 정독호가 丁督護歌
왕금주 王金珠

黃河流無極,   황하는 끝없이 흐르는데
洛陽數千里.   낙양은 수 천 리이네.
轗軻戎旅間,[1]   군사들 사이에서 고생하니
何由見歡子.   어찌하면 임을 만날까?

주석

1) 轗軻(감가) : 고생하다.
　戎旅(융려) : 병사, 전쟁에 나온 군대.

해설

전쟁터인 낙양에 있는 임을 그리워하는 내용으로, 낙양으로 종군나간 이를 그리워하고 있다.

19-3 정독호가 丁督護歌
당唐 이백李白

雲陽上征去,[1]   운양에서 위로 거슬러 올라가니
兩岸饒商賈.[2]   양쪽 강 언덕에 장사꾼이 많구나.
吳牛喘月時,[3]   오 땅의 소가 달을 보며 헐떡일 때에
拖船一何苦.[4]   배를 끄니 모두 얼마나 고달픈가?

175

水濁不可飮,	물은 탁하여 마실 수 없고
壺漿半成土.[5]	물병의 물은 반이 흙이네.
一唱都護歌,[6]	한 번 〈도호가〉를 부르니
心摧淚如雨.	마음이 꺾여 눈물이 비와 같구나.
萬人鑿盤石,[7]	만인이 반석을 뚫었지만
無由達江滸.[8]	강가에 이를 방법이 없었느니,
君看石芒碭,[9]	그대 크고 많은 돌들을 보면
掩淚悲千古.	얼굴 가리고 눈물 흘리며 천고의 세월을 슬퍼하리.

주석

1) 雲陽(운양) : 지명. 지금의 강소성江蘇省 단양시丹陽市이다.
2) 饒(요) : 넉넉하다, 많다.
3) 吳牛喘月(오우천월) : 더운 여름을 가리킨다. 오 땅의 소가 더위를 무서워해서 달을 보고도 태양인 줄 의심하면서 헐떡였다고 한다.
4) 拖船(타선) : 배를 끌다. 물이 얕아 사람들이 배를 직접 끌고 가는 것을 말한다.
5) 壺漿(호장) : 병에 담은 음료.
6) 都護歌(도호가) : <독호가督護歌>. 앞의 19. <정독호가> 서문 참조.
7) 鑿盤石(착반석) : 반석을 뚫다. 돌을 뚫어 수로를 만드는 것을 가리키며, 돌을 캐어 배에 싣고 가는 것으로 보기도 한다.
8) 江滸(강호) : 강기슭. 장강 가를 말한다.
9) 芒碭(망탕) : 크고 많다. 여기서는 수로를 파느라 나온 돌들을 말한다.

해설

이 시는 수로를 파는 노역에 동원된 사람들의 고되고 힘든 삶을 묘사하며 그들에 대한 동정과 연민을 나타내고 있다.

(이다연)

20. 단선랑 10수 團扇郎十首

≪고금악록≫에 이르기를, "<단선랑가>는 진의 중서령 왕민이 흰색 둥근 부채를 들고서 형수의 여종인 사방자와 사랑을 하였는데 정이 매우 돈독하였다. 형수가 여종을 너무 심하게 매질하니, 왕동정이 듣고는 이를 제지하였다. 사방자는 본디 노래를 잘 불렀는데, 형수는 노래 한 곡을 부르게 하는 것으로 그녀를 용서해주기로 하였다. 명에 응하여 노래 부르며 말하기를, '흰 둥근 부채여, 괴로움에 한없이 눈물 흘리는 것을 그대의 눈으로 보셨지요.'라 하였다. 왕민이 듣고 다시 그녀에게 묻기를, '너의 노래는 무엇을 말하는 것이냐?'라 하였다. 사방자가 바로 노래를 고쳐서 말하기를, '흰 둥근 부채여, 초췌하여 옛 얼굴이 아니니 그대와 만나는 것이 부끄럽네.'라 하였다. 후대 사람들이 이로 인하여 그것을 노래하였다." 라고 하였다.

≪古今樂錄≫曰, <團扇郎歌>者, 晉中書令王珉,[1] 捉白團扇與嫂婢謝芳姿有愛,[2] 情好甚篤. 嫂捶撻婢過苦,[3] 王東亭聞而止之.[4] 芳姿素善歌, 嫂令歌一曲當赦之. 應聲歌曰, 白團扇, 辛苦五流連,[5] 是郎眼所見. 珉聞, 更問之, 汝歌何遺. 芳姿卽改云, 白團扇, 憔悴非昔容, 羞與郎相見. 後人因而歌之.

주석

1) 王珉(왕민) : 승상水相이었던 왕도王導의 손자이며 중령군中領軍이었던 왕흡王洽의 막내아들인 왕승미王僧彌이다. 왕민의 자字는 계염季琰이고 낭야琅琊 사람이다. 시중侍中과 중서령 지위에 여러 번 올랐다.

2) 嫂婢(수비) : 형수의 여종.

3) 捶撻(주달) : 채찍으로 때리다.

4) 王東亭(왕동정) : 왕민의 형인 왕순王珣으로, 자는 원림元琳이다. 대사마大司馬 환온桓溫의 주부主簿로 있는 중에 환온을 따라 서중랑장西中郞將이었던 원진袁眞를 토벌한 공으로 교지交趾 망해현望海縣 동정東亭에 봉해졌기 때문에 붙여진 이름이다.
5) 五(오) : 여러 번. '호互'의 잘못으로 여겨진다.
流連(유련) : 눈물이 끊임없이 흘러내리는 모양.

20-1 단선랑 6수 團扇郞六首

20-1-1

七寶畫團扇,[1]	일곱 가지 보배 그려진 둥근 부채
燦爛明月光.[2]	찬란하게 밝은 달처럼 빛나네.
餉郞却暄暑,[3]	그대에게 준다면 더위를 없애줄 것이니
相憶莫相忘.	서로 생각하면서 잊지 않기를.

주석

1) 七寶(칠보) : 일곱 가지 보배를 말한다. 달이 칠보로 이루어졌다는 전설이 있어 칠보단란七寶團圞이라는 단어는 둥근 달의 미칭으로 쓰인다.
2) 明月(명월) : 밝은 달. 둥근 부채를 비유한다.
3) 餉(향) : 주다.
却(각) : 물리치다.
暄暑(훤서) : 찌는 듯한 더위.

해설

더운 날씨에 부채가 더위를 없애주는 것처럼, 여인은 자신을 부채에 비유하여 임에게 꼭 필요한 물건이 되고자 하는 마음을 담았다. 그가 자신을 계속 생각하며 잊지 않기를 바라고 있는 것이다.

20-1-2

靑靑林中竹,	푸른 숲속 대나무는
可作白團扇.	흰 둥근 부채를 만들기 좋구나.
動搖郎玉手,	낭군의 옥 같은 손에서 움직이니
因風托方便.¹⁾	부채바람으로 인해 편리함을 기탁하네.

주석

1) 托方便(탁방편) : 편리함을 기탁하다. 바람이 쉽게 일어나는 것을 말한다.

해설

이 시는 송宋 축목祝穆의 ≪사문류취事文類聚≫에는 심약沈約의 작품으로 되어있다. 이 시는 화자가 대나무로 만들어진 부채를 가지고 임이 부채질을 했을 때, 언제든지 쉽게 부채 바람을 불게 할 수 있음을 노래하였다.

20-1-3

犢車薄不乘,¹⁾	수레를 야박하게도 타지 않고
步行耀玉顔.	걸어가는데 옥 같은 얼굴이 빛난다.
逢儂都共語,	그대를 만나기만 하면 항상 이야기하면서
起欲著夜半.²⁾	일어나 한밤중까지 붙어 있으려 하네.

주석

1) 犢車(독거) : 소가 끄는 수레. '독'은 송아지를 뜻한다.
   薄(박) : 야박하다.
2) 著(착) : 붙다. 붙어 있다.

해설

사랑하는 임이 야박하게도 수레를 타지 않고 걸어서 가니, 그의 잘생긴 얼굴이 드러나 다른 여자들이 그를 만나면 유혹하며 계속 붙어 있으려고 하는 상황을 말하고 있다.

20-1-4

團扇薄不搖,	둥근 부채를 야박하게도 부치지 않고
窈窕搖蒲葵.[1]	점잖게 포규잎으로 만든 부채를 부친다네.
相憐中道罷,[2]	서로 좋아하다 중도에 끝나니
定是阿誰非.[3]	분명 누군가는 잘못한 것이리.

주석

1) 窈窕(요조) : 점잖은 모양.
　蒲葵(포규) : 나무 이름. 잎이 커서 부채를 만드는 데 쓰였다.
2) 罷(파) : 끝내다. 여기서는 부채가 버려져 사랑이 끝나게 된 것을 말한다.
3) 阿誰(아수) : 누가.

해설

사랑하는 임이 자신을 버리고 다른 여인에게로 가버렸음을 말하며 서로 사랑하다 헤어지게 된 상황을 안타까워하고 있다.

20-1-5

御路薄不行,[1]	큰 길을 야박하게도 가지 않고
窈窕決橫塘.[2]	점잖게 횡당에서 이별했는데,
團扇鄣白日,	둥근 부채로 흰 태양을 가리면서
面作芙蓉光.[3]	얼굴에는 부용의 빛을 띄우리.

주석

1) 御路(어로) : 천자가 수레를 끌고 통행하는 큰 길.
2) 決(결) : 이별하다.

횡塘(횡당) : 옛날의 제방 이름. 건업建業(지금의 남경시南京市)의 남쪽 회수淮水(지금의 진회하秦淮河)에 축조되었다.

3) 芙蓉(부용) : 연꽃. 남자의 얼굴을 가리키는 부용夫容과 발음이 같아서 쌍관어로 사용되었다.

해설

여인에게 큰 길을 좁다고 말하면서 임은 여인과 이별을 하였다. 그러나 흰 태양 앞에서 떳떳하지 못하므로, 부채로 얼굴을 가린 채 다른 여인을 만나러 환한 얼굴로 떠나가는 모습이 나타난다.

20-1-6

白練薄不著,[1]	흰 비단을 야박하게도 입지 않고
趣欲著錦衣.[2]	취향은 비단옷을 입고자 한다네.
異色都言好,	다른 색은 모두 다 좋다고 하니
淸白爲誰施.	깨끗한 흰 색을 누구에게 주리?

주석

1) 白練(백련) : 흰 명주. 순수한 자신의 사랑을 비유한다.
2) 趣(취) : 취향.

해설

흰 명주옷은 입지 않고 화려한 비단옷만 입으려 하는 임을 원망하고 있다. 여인은 진실한 사랑보다는 겉보기에만 좋아 보이는 것을 찾는 임을 보며 안타까워하고 있다.

20-2 단선랑 團扇郞

양梁 무제武帝

手中白團扇,   손 안의 흰 둥근 부채

淨如秋團月.　　가을의 둥근 달처럼 깨끗하네.
淸風任動生,[1]　맑은 바람은 움직임 따라 생겨나고
嬌聲任意發.[2]　아리따운 노랫소리는 마음 따라 나오는구나.

주석

1) 動(동) : 부채질을 뜻한다.
2) 嬌聲(교성) : 아리따운 노랫소리를 말한다.

해설

이 시는 부채를 들고 아름다운 노래를 부르는 여인의 모습을 노래하고 있다.

20-3 단선랑 團扇郞

團扇復團扇,　　둥근 부채여, 둥근 부채여
持許自遮面.　　쥐고서 얼굴을 가리게 해 주세요.
憔悴無復理,[1]　초췌한 모습을 다시 가다듬지 않았으니
羞與郎相見.　　낭군과 만나기가 부끄럽네요.

주석

1) 理(리) : 가다듬다.

해설

이 시는 송宋 축목祝穆의 ≪사문류취事文類聚≫에는 심약沈約의 작품으로 분류되어 있다. 화장을 못 고쳐서 낭군과 만나기를 부끄러워하는 여인의 모습이 나타난다.

20-4 단선랑團扇郞
　　　당唐 장호張祜

白團扇,	흰 둥근 부채
今來此去捐,[1]	이제는 이것을 버려야하겠지.
願得入郞手,	원컨대 낭군의 손에 쥐어져
團圓郞眼前.[2]	둥글둥글 낭군의 눈앞에 있기를.

주석

1) 去捐(거연) : 없애버리다.
2) 團圓(단원) : 부채의 둥근 모습. 여인과 낭군이 함께하는 마음을 비유한다.

해설

날씨가 서늘해져 자신의 존재가 필요 없게 되었지만, 여인은 낭군이 계속 자신을 필요로 하며 함께 할 수 있기를 바라고 있다.

20-5 단선랑 團扇郞
　　　유우석劉禹錫

團扇復團扇,	둥근 부채여, 둥근 부채여
奉君淸暑殿.[1]	그대를 청서전에서 받들었네요.
秋風入庭樹,	가을바람이 정원이 나무로 불어오니
從此不相見.[2]	이때부터는 만나지 못했지요.
上有乘鸞女,[3]	부채 위에는 난새 탄 여인이 있지만
蒼蒼蟲網遍.[4]	희끗희끗 거미줄이 퍼져있네요.
明年入懷袖,[5]	내년에 품속과 소매로 들어가는 것은

別是機中練.　　베틀 안의 다른 비단이겠지요.

주석

1) 淸暑殿(청서전) : 진晉의 궁전 이름이다. '청서'는 더위를 없앤다는 뜻이므로 부채의 쓰임새와 관련지어 사용된 것이다.
2) 從此(종차) : 이때부터. 가을이 된 때를 말한다.
3) 乘鸞女(승란녀) : 난새를 탄 진왕의 딸. 부채에 그려진 그림이다. 깅엄江淹의 <의원가행擬怨歌行>에 "비단 부채는 둥근 달 같나니, 베틀에서 나온 흰 비단이구나. 진왕의 딸이 그려져 있는데, 난새 타고 안개 속으로 향하네.(紈扇如圓月, 出自機中素. 畫作秦王女, 乘鸞向煙霧)"라고 하였다.
4) 蒼蒼(창창) : 희끗희끗한 색깔.
   蟲網(충망) : 거미줄.
   遍(편) : 거미줄이 여기저기에 뒤덮여 있는 것을 말한다. 이는 거미줄이 생길 정도로 한동안 사용하지 않았음을 드러낸다.
5) 懷袖(회수) : 품속과 소매.

해설

　이 시는 가을이 되어 쓸모없어진 부채를 통해 임에게서 버림받은 자신의 처량한 신세를 말하고 있다. 또한 내년이 되어도 다시 이 부채가 쓰이는 것이 아니라 다른 비단으로 만든 새 부채가 쓰일 것임을 말하며 더욱 깊은 절망과 슬픔을 나타내고 있다.

(이다연)

21. 칠일야녀가 9수 七日夜女歌九首

21-1

三春怨離泣,[1]	봄에는 이별을 원망하며 울다가
九秋欣期歌.[2]	가을에는 만남을 기뻐하며 노래하네.
駕鸞行日時,[3]	난새 타고 정해진 날에 가니
月明濟長河.[4]	달 밝아올 때 긴 은하수를 건너네.

주석

1) 三春(삼춘) : 봄.
2) 九秋(구추) : 가을.
   欣(흔) : 기뻐하다, 즐거워하다.
   期(기) : 만남의 기약.
3) 日時(일시) : 정해진 일시. 칠석날을 가리킨다.
4) 月明(월명) : 달이 밝아 올 때. 저녁 무렵을 가리킨다.
   河(하) : 은하수.

해설

이 시는 직녀가 봄 내내 견우를 그리워만 하다 칠석이 되어 만나게 되었음을 말하고, 견우를 만나기 위해 난새를 타고 은하수를 건너가는 모습을 나타내었다.

21-2

長河起秋雲,	긴 은하수에 가을구름 일어나고
漢渚風凉發.[1]	은하수 물가에는 바람이 서늘하게 일어나네.
含欣出霄路,[2]	기쁨을 머금고 하늘 길을 나서니
可笑向明月.[3]	밝은 달을 향해 비웃을 만하네.

주석

1) 漢渚(한저) : 은하수 물가.
2) 含欣(함흔) : 웃음을 머금다.
   霄路(소로) : 구름 사이의 길, 하늘의 길.
3) 明月(명월) : 밝은 달 속에서 홀로 지내는 항아를 염두에 둔 말이다.

해설

직녀가 사랑하는 견우와 칠석날에 만나게 되어 기뻐함을 말하고, 자신들과 달리 달 속에서 늘 혼자 지내고 있는 항아의 모습을 보며 항아를 비웃는 모습을 나타내었다.

21-3

金風起漢曲,[1]	가을바람은 은하수 굽이에서 일어나고
素月明河邊.[2]	흰 달은 은하수 가에서 밝게 빛나네.
七章未成匹,[3]	일곱 무늬 비단을 한 필도 짜지 못했는데
飛燕起長川.[4]	나는 제비가 긴 하천에서 몸을 일으키네.

주석

1) 金風(금풍) : 가을바람.
   漢曲(한곡) : 은하수.
2) 河邊(하변) : 은하수.

3) 七章(칠장) : 일곱 무늬 비단. '장'은 무늬 비단이라는 의미를 가지고 있다. ≪시경詩經·소아小雅·대동大東≫에 "모퉁이의 저 직녀성은 종일토록 일곱 번 자리를 옮기는데, 비록 일곱 번 자리를 옮겨도 보답할 비단을 짜지 못하네.(跂彼織女, 終日七襄, 雖則七襄, 不成報章)"라고 하였다.
4) 燕(연) : 제비.
長川(장천) : 은하수.
이 구는 직녀가 가야할 때가 되었다는 말이다.

해설

직녀는 견우와 만나 시간을 함께 더 보내고 싶었으나, 제비가 나는 모습을 보며 가야할 때가 왔음을 느끼고는 이별을 안타까워하는 심정이 나타난다.

21-4

春離隔寒暑,[1]   봄에는 헤어져 있어 서로 안부도 묻지 못하다가
明秋暫一會.[2]   청명한 가을에나 잠시 한 번 만난다네.
兩歎別日長,   헤어져 있는 날 길다며 두 사람이 탄식하니
雙情若飢渴.   한 쌍의 정은 주리고 목마른 것 같구나.

주석

1) 隔(격) : 막히다.
   寒暑(한서) : 추위와 더위. 서로 안부를 묻는 것을 가리킨다.
2) 會(괄) : 모이다. 압운양상으로 보아 음이 '괄'이다.

해설

견우와 직녀가 봄 내내 떨어져 서로 그리워만 하다 가을이 되어야 겨우 잠시 만날 수 있지만, 만남은 짧고 이별은 오래임을 탄식하며 서로 사랑을 갈구하고 있는 모습을 나타내었다.

21-5

婉孌不終夕,[1]	애틋하게 온 밤을 다하지도 못하는데
一別周年期,[2]	한 번 헤어지면 일 년을 기다려야하네.
桑蠶不作繭,[3]	뽕나무의 누에는 고치를 만들지 않고
晝夜長懸絲.[4]	밤낮으로 길게 실만 걸어놓는구나.

주석

1) 婉孌(완련) : 애틋하다.
   終夕(종석) : 밤을 새다. 밤을 다하다.
   이 구는 견우와 직녀가 만났다가 새벽에 헤어져야 하는 것을 말한다.
2) 周年(주년) : 1년.
3) 桑蠶(상잠) : 뽕나무의 누에.
   繭(견) : 누에가 짠 고치.
4) 長懸絲(장현사) : 그리움이 길다. '사'는 그리움을 뜻하는 '사思'와 쌍관어를 이룬다.

해설

일 년에 한 번 만날 수밖에 없는 견우와 직녀의 짧은 만남을 아쉬워하며, 밤낮 없이 길게 뽑아져 나오는 누에 실을 통해 견우를 향한 직녀의 한없는 그리움을 나타내고 있다.

21-6

靈匹怨離處,[1]	신령한 짝이 이별을 원망하며 있는 곳에서
索居隔長河.[2]	은하수를 사이에 두고 쓸쓸히 지내네.
玄雲不應雷,[3]	비구름은 우레 때문이 아니라
是儂啼歎歌.	내가 울며 탄식하는 노래 때문이라네.

주석

1) 靈匹(영필) : 신령한 짝. 견우와 직녀를 가리킨다.

2) 索居(삭거) : 쓸쓸히 지내다.
3) 應(응) : 응당 ~이다.

> 해설

　직녀가 견우와 서로 떨어져 있기 때문에 슬픔에 빠져 있으며, 결국 그녀의 탄식하는 울음으로 인해 비구름이 생기게 되었음을 말하고 있다.

21-7

振玉下金階,¹⁾　옥을 울리며 금빛 계단을 내려가다가
拭眼矚星蘭.²⁾　눈을 닦고 희미해지는 별을 바라보네.
惆悵登雲軺,³⁾　슬퍼하며 구름수레에 오르면서
悲恨兩情殫.⁴⁾　두 사람의 마음이 끝나는 것을 슬퍼하네.

> 주석

1) 振玉(진옥) : 옥 장식이 흔들리는 소리.
2) 拭(식) : 닦다.
　矚(촉) : 보다.
　星蘭(성란) : 별이 희미해지다. '란'은 '란闌'과 통한다.
3) 雲軺(운초) : 구름수레.
4) 兩情殫(양정탄) : 만남의 기쁨과 사랑이 끝나는 것을 의미한다.

> 해설

　지는 별빛을 바라보며 이별의 시간이 다가온 것을 안타까워하고, 구름수레에 오르며 이제 더 이상 사랑의 마음을 함께 할 수 없게 되었음을 슬퍼하고 있다.

21-8

風驂不駕纓,[1]	바람 같은 말에 가슴걸이도 걸지 않았건만
翼人立中庭.[2]	시녀는 마당 가운데 서 있네.
簫管且停吹,[3]	통소 잠깐 부는 것을 멈추고는
展我敍離情.[4]	나를 만류하며 이별의 정을 말하네.

주석

1) 風驂(풍참) : 바람같이 빨리 달리는 말. '참'은 수레를 끄는 말을 가리킨다.
   纓(영) : 말의 가슴에 씌워놓는 가슴걸이.
2) 翼人(익인) : 보필하는 사람. 시녀.
3) 且(차) : 잠깐.
4) 展(전) : 지체시키다. 만류하다.

해설

 아쉬움에 차마 떠나지 못하고 아직 말의 가슴걸이도 걸지 않았건만 시녀는 이미 마당에서 대기하며 출발을 재촉하고 있으며, 견우는 통소 부는 것을 잠깐 멈추고 떠나는 직녀를 만류하며 이별의 정을 토로하고 있다.

21-9

紫霞烟翠蓋,[1]	아침노을이 푸른 수레를 안개처럼 싸고
斜月照綺窓.[2]	기운 달이 비단 창을 비추네.
銜悲握離袂,[3]	슬픔을 품고 이별의 소매를 붙잡으며
易爾還年容.[4]	그대에게 다시 젊어진 얼굴로 바꾼다네.

주석

1) 紫霞(자하) : 아침노을.

翠蓋(취개) : 푸른 수레. 물총새의 깃털로 수레의 덮개를 장식하였기 때문이다.
2) 斜月(사월) : 기운 달.
綺窓(기창) : 비단 창문. 여인의 방에 있는 창문을 이른다.
이상 두 구는 헤어질 때의 경물을 묘사한 것이다.
3) 銜悲(함비) : 마음에 슬픔을 품다.
離袂(이메) : 이별하는 사람의 소매.
4) 還年容(환년용) : 다시 젊어진 얼굴. 신선으로 변한 것을 가리킨다.

해설

수레에 떠오른 아침노을과 창에 비친 기운 달빛으로 이별의 시간이 다가왔음을 말하고, 이별의 슬픔을 견디며 신선이 되어 떠나가는 모습이 나타나 있다.

(이다연)

22. 장사변가 3수 長史變歌三首

≪송서·악지≫에 이르기를, "<장사변가>는 진의 사도좌장사인 왕흠이 패전에 임하여 지은 것이다."라고 하였다.
≪宋書·樂志≫曰, <長史變歌>者, 晉司徒左長史王廞臨敗所製也.[1)]

주석
1) 王廞(왕흠) : 진晉 안제安帝 융안隆安 원년(379)에 연주兗州, 청주靑州, 기주冀州, 유주幽州, 병주并州, 서주徐州의 도독都督이며 평북장군平北將軍인 왕공王恭이 왕국보王國寶를 죽이려고 하였다. 당시 왕공王恭은 사도좌장사인 왕흠을 오국내사吳國內史로 삼아 군대를 일으키도록 하였는데, 마침 왕국보가 죽자 왕흠에게 군사를 해산시키고 그 관직에서 물러날 것을 명하였다. 이에 왕흠은 대노하며 명령을 따르지 않고 오히려 왕공을 공격하였으나 사마司馬 유뢰지劉牢之에게 패배하여 도망갔다.

22-1

出儂吳昌門,[1)]	내가 우리 오나라의 창문을 나설 때
清水綠碧色.	맑은 물은 푸른빛이었네.
徘徊戎馬間,	군마 사이에서 이리저리 다니니
求罷不能得.	끝나길 원해도 그럴 수 없었네.

주석
1) 昌門(창문) : 춘추시기 오吳나라의 수도의 서쪽 문.

해설

이 시는 전쟁을 끝내고 싶지만 그럴 수 없는 상황에 놓인 화자의 슬픔이 드러난다.

22-2

口和狂風扇,¹⁾	입은 광풍이 일어나는 것을 온화하게 하고
心故淸白節.²⁾	마음은 본디 깨끗하고 흰 절개가 있구나.
朱門前世榮,³⁾	붉은 문은 선조의 영광이니
千載表忠烈.⁴⁾	천 년 동안 충성을 드러내리라.

주석

1) 扇(선) : 바람이 일다.
2) 故(고) : 본디. 옛날부터.
3) 朱門(주문) : 권세가의 집안.
   前世榮(전세영) : 앞 세대의 영광. 왕흠은 동진東晉의 개국공신인 왕도王導의 손자이다.
4) 千載(천재) : 천 년. '재'는 1년을 말한다.

해설

왕흠 자신은 나라의 혼란을 다스릴 능력과 희고 깨끗한 절개를 지니고 있으며, 전대부터 나라에 공을 세운 가문의 후손으로서 앞으로도 계속 충성을 다할 것임을 말하고 있다.

22-3

朱桂結貞根,¹⁾	주계는 곧은 뿌리를 맺고
芬芳溢帝庭.²⁾	꽃향기가 황제의 뜰에 넘치네.
陵霜不改色,³⁾	서리에 굴하지 않고 모습을 바꾸지 않으니
枝葉永流榮.⁴⁾	가지와 잎사귀가 길이 번영하리.

주석

1) 朱桂(주계) : 향목 이름. 단계丹桂라고도 한다.
   貞根(정근) : 곧은 뿌리. 자신의 절조를 비유한다.
2) 溢(일) : 흘러넘치다.
3) 陵霜(능상) : 서리를 이기다. 서리 때문에 잎이나 가지가 쉽게 상하지 않는다는 의미이다.
4) 流榮(유영) : 번영하다.

해설

주계의 곧은 뿌리와 황제의 정원에 가득한 꽃향기를 통해 왕흠 자신의 지조와 충정을 비유하고 어떠한 상황에서도 영원토록 변함이 없을 것임을 다짐하고 있다.

(이다연)

23. 황생곡 3수 黃生曲三首

23-1

黃生無誠信,¹⁾ 황생은 진심도 없이
冥强將儂期.²⁾ 마지못해 나와 약속한 게지.
通夕出門望,³⁾ 온 밤 내내 문을 나가 바라보았지만
至曉竟不來. 새벽이 되어도 끝내 오지 않네.

> **주석**

1) 黃生(황생) : 거짓말을 하는 남자. '황'은 '거짓말하다'의 뜻을 가진 '황謊'과 쌍관어를 이룬다.
   誠信(성신) : 진실함. 진실한 마음.
2) 冥强(명강) : 마지못해.
   期(기) : 만날 날을 기약하다.
3) 通夕(통석) : 온 밤. 밤 내내.

> **해설**

약속을 하고서도 밤새도록 오지 않는 남자를 기다리며 그의 약속이 마음에도 없는 것이었음을 탄식하고 있다.

23-2

崔了信桑條,¹⁾ 최씨는 뽕나무 가지를 믿어

餒去都餒還,²⁾　주린 채 떠났다가 모두 주린 채 돌아왔네.
爲歡復摧折,³⁾　임 때문에 다시 꺾이니
命生絲髮間.　운명은 실 터럭 사이에 있구나.

> 주석

1) 崔子(최자) : 최씨. 꺾는 사람. '최'는 '꺾다'는 의미의 '최摧'와 쌍관어를 이룬다.
2) 餒(뇌) : 굶주리다.
3) 摧折(최절) : 꺾다.

> 해설

바깥으로만 나도는 남자를 다시 받아주었지만 그에게 다시금 배신을 당했음을 말하며 가느다란 실 터럭 위에 있는 것처럼 언제 죽을지 모를 위태로운 자신의 운명을 탄식하고 있다.

23-3

松柏葉青蒨,¹⁾　소나무 측백나무 잎사귀는 짙푸르고
石榴花葳蕤.²⁾　석류꽃은 무성하네.
迮置前後事,³⁾　생전 사후의 일을 서둘러 처리해 버리고
歡今定憐誰.⁴⁾　임은 지금 분명 누군가를 좋아하고 있겠지.

> 주석

1) 松柏(송백) : 소나무와 측백나무. 자신의 죽음을 비유한다.
　 青蒨(청천) : 푸르고 선명하다.
2) 石榴(석류) : 석류. 많은 자녀들을 비유한다.
　 葳蕤(위유) : 무성한 모습.
3) 前後事(전후사) : 생전 사후의 일. 죽은 자신과 남아 있는 자녀들에 대한 일들을 가리킨다.

措置(책치) : 서둘러 대충 처리하다.
4) 定(정) : 틀림없이.

해설
　짙은 송백의 잎과 무성한 석류꽃으로 자신의 죽음과 남아 있는 많은 자녀들을 비유하며 자신과 아이들을 내버려 두고 다른 여자만 좋아하고 있을 남자를 생각하며 원망하고 있다.

(이다연)

24. 황혹곡 4수 黃鵠曲四首[1]

≪열녀전≫에 이르기를, "노나라 도영은 노나라 도명의 딸이다. 어려서 과부가 되어 어린 고아를 길렀는데, 친한 형제도 없이 길쌈을 생업으로 삼았다. 노나라 사람 중 어떤 이가 그 절의를 듣고 그에게 구혼했다. 도영은 그 말을 듣고는 벗어날 수 없을까 두려워 노래를 지어 개가할 뜻이 없음을 분명히 했다. 그 노래에서 이르기를, '슬프다 일찍 홀로 된 고니여, 칠년이나 짝이 없네. 고개 파묻고 혼자 자며, 무리와 함께하지 않네. 한밤중에 슬피 울며, 옛 짝을 생각하네. 하늘의 뜻으로 일찍 홀로 되니, 혼자 자며 얼마나 맘 아플지. 과부가 이를 생각하니, 몇 갈래로 눈물 흐르네. 아아 애통해라, 죽은 이를 잊지 못하리. 날며 우는 새도 오히려 그러하거늘, 하물며 훌륭한 우리 낭군에 있어서랴. 좋은 사나이 있다 한들, 끝내 다시 시집가지 않으리.'라 하였다. 노나라 사람이 듣고는 감히 다시 구혼하지 못했다." 라고 하였다. 살펴보건대 <황혹>은 본디 한나라 횡취곡의 이름이다.

≪列女傳≫曰, 魯陶嬰者, 魯陶明之女也. 少寡, 養幼孤, 無强昆弟,[2] 紡績爲産. 魯人或聞其義, 將求焉. 嬰聞之恐不得免, 乃作歌明己之不更二庭也.[3] 其歌曰, 悲夫黃鵠之早寡兮, 七年不雙. 宛頸獨宿兮,[4] 不與衆同. 夜半悲鳴兮, 想其故雄. 天命早寡兮, 獨宿何傷. 寡婦念此兮, 泣下數行. 嗚呼哀哉兮, 死者不可忘. 飛鳴尚然兮, 況於眞良.[5] 雖有賢雄兮, 終不重行. 魯人聞之, 不敢復求. 按<黃鵠>本漢橫吹曲名.

주석

1) 黃鵠(황혹) : 황혹은 고니로 오릿과의 물새이다.
2) 强(강) : '강근强近'과 같다. 비교적 친하다는 뜻이다.
3) 二庭(이정) : 둘째 집의 뜰. 다시 시집간 곳을 말한다.

4) 宛頸(완경) : 목을 구부리다. 새가 머리를 날갯죽지에 파묻고 잠드는 모습을 가리킨다.
5) 眞良(진량) : 참한 남편.

24-1

黃鵠參天飛,¹⁾	고니가 하늘 높이 날다가
半道鬱徘徊.	중간에 울적하게 배회한다.
腹中車輪轉,	맘속에 수레바퀴 도는데
君知思憶誰.²⁾	당신은 아시나요? 내가 누굴 생각하는지.

주석

1) 參天(참천) : 하늘 높이 솟음.
2) 君(군) : 그대. 이 시의 독자를 가리킨다.

해설

떠난 임을 그리워하는 노래이다. 하늘을 배회하는 고니에서 답답한 심정을 느끼면서 떠난 임에게 수레를 타고 달려가고픈 마음과 함께 자신의 뜻이 한결같음을 표현하였다.

24-2

黃鵠參天飛,	고니가 하늘 높이 날다가
半道還哀鳴.	중간에 돌아와 슬피 운다.
三年失羣侶,	삼 년을 짝 없이 지내니
生離傷人情.	생이별에 사람 마음 아프다.

해설

삼 년간 홀로 지내던 어느 날 떠난 짝을 찾아 날다가 포기하고 우는 고니의 모습에 마음 아파하는 심정을 드러내고 있다.

24-3

黃鵠參天飛,	고니가 하늘 높이 날다가
疑翮爭風回.[1]	돌개바람에 맞서 날개 퍼덕이나 보다.
高翔入玄闕,[2]	높이 날아 하늘나라로 들어가는 길
時復乘雲頹.[3]	때때로 다시 구름 타다 떨어진다.

주석

1) 風回(풍회) : 회오리바람. '회풍回風'과 같다.
2) 玄闕(현궐) : 하늘의 문. 헤어진 짝이 있는 곳을 가리킨다.
3) 頹(퇴) : 추락하다.

해설

거센 바람에도 굴하지 않고 잃어버린 짝을 찾아 더 높이 날려다가 끝내 떨어지고 마는 고니의 좌절을 그리고 있다.

24-4

黃鵠參天飛,	고니가 하늘 높이 날다가
半道還後渚.	중간에 돌아와 뒤쪽 물가에.
欲飛復不飛,	날려 해도 다시 날지 못하고
悲鳴覓羣侶.	슬피 울며 짝을 찾는다.

해설

더 이상 날지 못하고 물가에서 짝을 찾는 고니의 모습을 통해 이상이 꺾인 채 잃어버린 임을 그리는 마음을 형상화하였다.

(이욱진)

25. 벽옥가 6수 碧玉歌六首

≪악원≫에 이르기를, "<벽옥가>는 송 여남왕이 지은 것이다. 벽옥은 여남왕 첩의 이름이다. 총애가 깊어 그것을 노래한 것이다."라고 하였다.
≪樂苑≫曰, <碧玉歌>者, 宋汝南王所作也.[1] 碧玉, 汝南王妾名. 以寵愛之甚, 所以歌之.

주석

1) 宋(송) : 여남왕은 송에는 없고 진晉에 있었는데 착오가 있었던 것으로 보인다.

25-1 벽옥가 3수 碧玉歌三首

25-1-1

碧玉破瓜時,[1]	벽옥이 이팔청춘일 때
郞爲情顚倒.[2]	임은 정 때문에 넘어졌다지.
芙蓉陵霜榮,[3]	연꽃이 서리 무릅쓰고 피듯이
秋容故尙好.[4]	가을 낯도 여전히 좋구나.

주석

1) 破瓜(파과) : 과년에 이르다. '과瓜'를 파자하면 '팔팔八八'이 된다. 즉 시집갈 나이인 열여섯 살이 되었음을 뜻한다.

2) 顚倒(전도) : 자빠지다. 사랑에 빠졌다는 뜻이다.
3) 陵(릉) : 능가하다.
4) 故尙(고상) : 오히려.

|해설|

벽옥에 대한 사랑을 노래한 것이다. 제철인 여름을 지나도 아름답게 핀 연꽃을 들어 나이가 늘어도 사랑스러운 벽옥에 대한 애정을 비유하였다.

25-1-2

碧玉小家女,　　벽옥은 미천한 집안의 딸
不敢攀貴德.　　감히 고귀하고 유덕한 이를 잡고 오를 수 없었지.
感郎千金意,　　임의 천금 같은 정을 느끼고는
慚無傾城色.　　경국지색 없다며 부끄러워했지.

|해설|

집안 형편이 변변치 않았던 벽옥이 임의 사랑을 얻은 행운에 겸연쩍어하는 모습을 노래하였다.

25-1-3

碧玉小家女,　　벽옥은 미천한 집안의 딸
不敢貴德攀.　　감히 고귀하고 유덕한 이를 잡고 오를 수 없었지.
感郎意氣重,　　임의 마음이 진지함을 느끼고는
遂得結金蘭.1)　마침내 금란지교 맺었지.

|주석|

1) 金蘭(금란) : 쇠를 자를 만큼 날카롭고 난초처럼 향기로운 사랑.

> 해설

벽옥이 자신에 대한 지조가 굳은 임과 뜻이 맞아 아름다운 인연을 맺게 되었음을 노래하였다.

25-2 벽옥가 2수 碧玉歌二首

25-2-1

碧玉破瓜時,	벽옥이 이팔청춘일 때
相爲情顚倒.	서로가 정 때문에 넘어졌다지.
感郞不羞郞,	임을 느끼고 부끄럼 없이
回身就郞抱.	몸을 돌려 임의 품에 가서 안겼지.

> 해설

벽옥이 임의 정을 느끼고 스스럼없이 사랑을 받아들이는 모습을 노래하였다.

25-2-2

杏梁日始照,[1]	은행 들보에 이제 막 해가 비치도록
蕙席歡未極.[2]	혜초자리 즐거움 끝나지 않네.
碧玉奉金杯,	벽옥이 금 술잔 올리니
淥酒助花色.[3]	술기운에 꽃다운 얼굴 한층 더하네.

> 주석

1) 杏梁(행량) : 은행나무로 지은 들보. 동틀 녘에 가장 먼저 밝아진다.
2) 蕙席(혜석) : 혜초로 짠 자리. 자리가 아름답다는 뜻이다.
3) 淥酒(녹주) : 맛좋은 술.

악부시집樂府詩集・청상곡사清商曲辭 1

해설
밤새 벽옥과 함께 잘 익은 술을 마시며 누리는 사랑의 즐거움을 노래하였다.

25-3 벽옥가 碧玉歌
　　　당唐 이가李暇

碧玉上宮妓,[1]	벽옥은 상궁의 기녀
出入千花林.[2]	온갖 꽃 핀 숲을 드나들지.
珠被玳瑁床,[3]	진주 덮인 대모 침상에서
感郞情意深.	임의 깊은 정 느낀다.

주석
1) 上宮(상궁) : 미인이 사는 곳을 가리킨다.
2) 千花林(천화림) : 온갖 꽃이 핀 숲. 아름다운 궁녀가 모인 궁궐을 가리킨다.
3) 玳瑁(대모) : 바다거북. 등껍질이 노란 바탕에 갈색 구름무늬로 되어 장식품에 쓰인다.

해설
왕의 여자들이 사는 궁전은 갖가지 꽃이 가득한 숲으로 비유된다. 그 중에서도 벽옥만이 진주와 대모로 장식한 화려한 침상을 쓰니 왕의 깊은 총애를 받음을 알 수 있다.

(이욱진)

26. 도엽가 4수 桃葉歌四首

≪고금악록≫에 이르기를, "<도엽가>는 진나라 왕자경이 지은 것이다. 도엽은 왕자경의 첩 이름으로, 두터운 총애로 인해 노래한 것이다."라고 하였다. ≪수서·오행지≫에 이르기를, "진나라 때 강남에서 왕헌지의 <도엽> 시를 한창 불렀는데, '도엽아 도엽아, 강 건널 때 노가 필요 없다. 그저 건너기만 하면 괴로움 없으리니, 내가 직접 너를 맞이하리.'라 하였다. 수나라 진왕 양광이 진을 정벌할 때 도엽산 기슭에 군영을 두었다. 한금호가 장강을 건너자 진나라의 대장 임만노는 신정에 이르러 북군에 대한 내응을 이끌었다."라고 하였다. 자경은 왕헌지의 자이다.

≪古今樂錄≫曰, <桃葉歌>者, 晉王子敬之所作也. 桃葉, 子敬妾名, 緣於篤愛, 所以歌之. ≪隋書·五行志≫曰, 陳時江南盛歌王獻之<桃葉>詩云, 桃葉復桃葉, 渡江不用楫. 但渡無所苦, 我自迎接汝. 後隋晉王廣伐陳, 置將¹⁾桃葉山²⁾下. 及韓擒虎³⁾渡江, 大將任蠻奴⁴⁾至新亭⁵⁾, 以導北軍之應. 子敬, 獻之字也.

주석

1) 將(장) : 사고전서본에는 '영營'으로 되어 있다.
2) 桃葉山(도엽산) : 강소성 남경시 장강 북안의 포구구浦口區에 있는 산. 진왕산晉王山 또는 보탑산寶塔山이라고도 한다.
3) 韓擒虎(한금호) : 수나라의 장군. 자는 자통子通. 개황開皇 8년(588) 진陳 정벌군의 선봉으로 500명의 정예부대를 이끌고 장강을 밤에 건너 신림新林으로 진군한 뒤 주작문朱雀門을 통해 진의 도성을 점령하고 후주後主 진숙보陳叔寶를 사로잡았다. 전공으로 인해 상주국上柱國 및 대장군大將軍에 임명되었다. 사고전서본에는 '한금韓擒'으로 되어 있다.
4) 任蠻奴(임만노) : 임충任忠. 자는 봉성奉誠. 아명은 만노蠻奴. 진나라의 장군. 진 후주 때 영군

장군領軍과 시중侍中 및 오흥내사吳興內史를 역임했다. 수나라 군대가 장강을 건너 쳐들어오자 입조하여 궁성을 지키며 지구전을 펼 것을 주장했으나 받아들여지지 않았다. 명령에 따라 출전했다가 패한 뒤 신림으로 진군한 한금호에게 투항하고 수나라 군대를 도성으로 인도했다. 뒤에 수나라에서 개부의동삼사開府儀同三司를 지냈다.

5) 新亭(신정) : 지금의 남경시 우화대구雨花臺區에 있는 육조시기의 군사 요충지. 사고전서본에는 '신림新林'으로 되어 있다.

26-1 도엽가 3수 桃葉歌三首

26-1-1

桃葉映紅花,	도엽에 붉은 꽃 비칠 때
無風自婀娜.¹⁾	바람이 없으니 절로 예쁘구나.
春花映何限,	봄꽃이 비치는 게 어찌 끝이 있으리오만
感郞獨采我.	임이 유독 날 따는 걸 느낀다.

주석

1) 婀娜(아나) : 가볍고 부드러우며 아름다운 모습.

해설

도엽이 왕헌지의 사랑을 독점한 것을 노래한 것이다. 붉은 꽃은 다른 여자들을 가리킨다. 바람이 없다는 말은 아무런 방해 없이 아름다움을 뽐내는 것을 뜻한다. 마지막에 왕헌지가 찾는 것은 결국 도엽임을 나타낸다.

26-1-2

| 桃葉復桃葉, | 도엽아 도엽아 |
| 桃樹連桃根.¹⁾ | 복사나무이니 도근으로 이어지는 법. |

| 相憐兩樂事, [2] | 둘이 즐기던 일을 그리워하니 |
| 獨使我殷勤. [3] | 유독 내 마음 간절해진다. |

주석

1) 桃根(도근) : 도엽의 누이동생.
2) 兩(량) : 두 사람. 왕헌지와 도엽을 가리킨다.
3) 殷勤(은근) : 상대방에 대한 애정이 깊고 애틋한 모습. ≪예문류취藝文類聚≫에는 '전면纏綿'으로 되어있는데, 얽어맨 모습이라는 뜻이다.

해설

이 시는 ≪옥대신영≫ 권10에 왕헌지의 작품으로 실려 있다. 잎이 뿌리와 이어지듯이 도엽이 누이 도근이 그리워 떠난 뒤 왕헌지가 도엽을 그리워한 내용으로 보인다. 도엽이 도근을 향해 가는 것을 보고 사랑하는 도엽에 대해 더욱 강렬해진 마음을 읊었다.

26-1-3

桃葉復桃葉,	도엽아 도엽아
渡江不用楫.	강 건널 때 노가 필요 없다.
但渡無所苦,	그저 건너기만 하면 괴로움 없으리니
我自來迎接. [1]	내가 직접 너를 맞이하리.

주석

1) 來迎接(내영접) : 맞이하러 오다. ≪옥대신영≫에는 '접영여迎接汝', ≪예문류취≫에는 '영접여接迎汝'로 되어 있고 뜻은 차이가 없다.

해설

이 시는 ≪옥대신영≫ 권10에 왕헌지의 작품으로 실려 있다. 왕헌지가 도엽이 얼른 돌아오기를 바라며 친히 맞으러 나오겠다고 약속히고 있다.

26-2 도엽가 桃葉歌

桃葉復桃葉,   도엽아 도엽아
渡江不待櫓,[1]   강 건널 때 노는 필요 없다만
風波了無常,[2]   풍파가 전혀 일정하지 않으니
沒命江南渡.[3]   강남으로 물 건너다 빠져 죽을라.

주석

1) 櫓(로) : 배를 움직이는 노.
2) 了(료) : 완전히, 전혀. 부정어 앞에 쓰인다.
3) 沒命(몰명) : 목숨을 잃다.

해설

이 시는 도엽을 걱정하는 내용으로, 장강을 건너다 풍랑을 만나 물에 빠질까 염려하며 도엽이 무사하기를 바라는 마음을 노래하였다.

(이욱진)

27. 장락가 8수 長樂佳八首

27-1 장락가 7수 長樂佳七首

27-1-1

小庭春映日,　　작은 뜰에 비치는 봄볕
四角佩琳琅.¹⁾　네모진 옥 장식 찼다.
玉枕龍鬚席,²⁾　옥 베개 용수초 자리 있는데
郞瞑首何當.³⁾　임은 잘 때 머리를 어디 두실까.

|주석|

1) 琳琅(임랑) : 아름다운 옥.
2) 玉枕(옥침) : 옥으로 만든 베개.
　龍鬚席(용수석) : 용수초로 짠 깔개. '옥침'과 '용수석'은 모두 귀족이 쓰던 것이다.
3) 瞑(면) : 잠자다.

|해설|

　이 시는 여자가 임과 함께 하기를 바라는 노래이다. 뜰에서 봄볕을 쬐며 패옥을 차고 화려한 침구를 마련해둔 채 임이 들어와 자리를 함께 하기를 기대하고 있다.

27-1-2

雎鳩不集林,¹⁾　저구가 숲의 나무에 앉지 않는 것은

體潔好清流,　　몸이 깨끗하고 맑은 물 좋아하기 때문이지.
貞節曜奇世,　　정절이 기이한 세상에 빛나니
長樂戲汀洲.[2]　길이 즐기며 모래섬에서 노네.

주석

1) 雎鳩(저구) : 새의 이름. 물가에 살며 암수가 화목하다. ≪시경·관저關雎≫에 "관관 우는 저구 황하 모래섬에 있나. 요조숙녀는 군자의 짝이다.(關關雎鳩, 在河之洲. 窈窕淑女, 君子好逑)"라고 하였다.
2) 汀洲(정주) : 물속의 작은 모래섬.

해설

이 시는 암수가 사이좋게 지내는 저구를 들어 남녀도 길이 사랑을 나누기를 바라는 내용이다.

27-1-3

鴛鴦翻碧樹,[1]　　원앙이 푸른 나무에 날아왔다가
皆以戲蘭渚.[2]　　함께 물가에서 논다.
寢食不相離,　　　잘 때도 먹을 때도 떨어지지 않으며
長莫過時許.[3]　　길이 좋은 시절 놓치지 말기를.

주석

1) 翻(번) : 날갯짓하다.
2) 皆(개) : 함께. '해偕'와 통한다.
　　蘭渚(난저) : 물가의 미칭.
3) 過時(과시) : 제때를 지나쳐 버리다.
　　許(허) : 어기조사.

해설
암수가 늘 함께하며 화목한 원앙새처럼 남녀가 오래도록 사랑을 나누기를 바라는 내용이다.

27-1-4

欲知長樂佳.	길이 즐기는 것이 좋다는 것을 알고 싶은가.
仲陵羅淑女,[1]	언덕에서 요조숙녀를 만나
媚蘭雙情諧.[2]	향기로운 택란 옆에서 둘의 마음 어울리네.

주석

1) 仲陵(중릉) : 언덕 가운데. ≪고시기古詩紀≫ 권51에는 '중릉中陵'으로 되어 있다. ≪시경·청청자아菁菁者莪≫에 "무성한 재쑥이 저 언덕에 있네. 군자를 만나니 즐겁고도 위의가 있네.(菁菁者莪, 在彼中陵. 旣見君子, 樂且有儀)"라고 하였다.
   羅(라) : 만나다.
2) 媚(미) : 예쁘다. 좋다.
   蘭(란) : 택란澤蘭. 쉽싸리. ≪주역·계사상繫辭上≫에 "같은 마음으로 하는 말은 향기가 택란 같다.(同心之言, 其臭如蘭)"라고 하였다.
   諧(해) : 조화롭다.

해설
사랑하는 사람과 길이 즐기는 비결은 저 언덕에서 무성한 재쑥처럼 요조숙녀와 함께하고 두 사람이 향기로운 택란처럼 한 마음으로 지내는 것임을 설파한 것이다.

27-1-5

欲知長樂佳.	길이 즐기는 것이 좋다는 것을 알고 싶은가.
中陵羅雎鳩,	언덕에서 저구를 만나니
美死兩心齊.[1]	예뻐 죽을 만큼 둘의 마음 똑같네.

주석

1) 死(사) : 정도가 심함을 나타내는 말.

해설

　사랑하는 사람과 길이 즐기는 비결은 화목함이 지극한 저구처럼 두 사람의 마음을 일치시키는 것임을 말한 것이다.

27-1-6

比翼交頸遊,[1]	비익은 목을 맞대고 노닐며
千載不相離.	천 년토록 떨어지지 않는다.
偕情欣歡,[2]	마음을 함께하여 기뻐하니
念長樂佳.	길이 즐기는 것이 좋음을 생각한다.

주석

1) 比翼(비익) : 전설상의 새. 눈 하나에 날개 하나만 있어서 한 쌍이 되어야만 날 수 있다.
2) 欣歡(흔환) : 기뻐하다.

해설

　오래도록 붙어 다니는 비익조처럼 기쁜 마음으로 함께 길이 즐기며 사랑을 나누기를 바라는 내용이다.

27-1-7

欲知長樂佳.	길이 즐기는 것이 좋다는 것을 알고 싶은가.
仲陵羅背林,	언덕에서 만나 숲을 등지고
前溪長相隨.	앞의 개울물에서 길이 서로를 따라다니네.

> **해설**

사랑하는 사람과 길이 즐기는 비결이 한 마음으로 함께하는 것임을 노래한 것이다.

27-2 장락가 長樂佳

紅羅複斗帳,[1]	붉은 비단으로 된 두 겹의 휘장
四角垂朱璫.[2]	네모진 빨간 귀걸이 늘어뜨렸지.
玉枕龍鬚席,[3]	옥 베개 용수초 자리 있는데
郎眠何處牀.	임은 어느 침상에서 주무실까.

> **주석**

1) 斗帳(두장) : 말(술그릇)을 엎은 모양의 작은 휘장.
2) 朱璫(주당) : 붉은 빛의 귀걸이.
3) 龍鬚席(용수석) : 용수초로 짠 깔개.

> **해설**

침상을 화려하게 장식하고 귀걸이까지 달아 한껏 멋을 낸 여자가 임과 자리를 함께 하기를 기대하는 노래이다.

(이욱진)

28. 환호곡 3수 歡好曲三首

28-1

淑女總角時,¹⁾　　숙녀는 머리 묶던 시절에
喚作小姑子.²⁾　　작은 아씨라 불렀지.
容豔初春花,　　　얼굴 예쁜 게 초봄 꽃이니
人見誰不愛.　　　보는 사람 누군들 아끼지 않았을까?

|주석|

1) 總角(총각) : 남녀가 어릴 때 양쪽의 머리카락을 뿔 모양으로 틀어 올린 것.
2) 小姑子(소고자) : 소녀.

|해설|

정숙한 여자가 모두에게 사랑받던 어린 시절을 노래하였다.

28-2

窈窕上頭歡,¹⁾　　요조숙녀 머리 땋으며 좋아할 적엔
那得及破瓜.²⁾　　언제쯤 이팔청춘 되려나 싶었네.
但看脫葉蓮,³⁾　　꽃잎 떨어진 연만 보게 되니
何如芙蓉花.　　　이 연꽃을 어찌해야 할까.

|주석|

1) 上頭(상두) : 머리를 위로 올려 땋는 것. 총각總角을 가리킨다.

2) 破瓜(파과) : '瓜' 자를 쪼개어 보면 '팔팔八八'이 된다. 16세의 젊은 나이를 가리킨다.
3) 脫葉蓮(탈엽련) : 꽃잎이 떨어진 연. 사랑을 이루지 못한 숙녀를 가리킨다.

해설

어릴 때 성년이 되기만을 기다렸지만, 정작 성년이 되어서는 사랑을 이루지 못한 채 꽃잎이 진 연처럼 한창 아름답던 시절이 지나가버린 숙녀를 안타까워하는 노래이다.

28-3

逶迤總角年,[1]	우아하던 어린 시절
華豔星間月.	아리따운 별 사이의 달.
遙見情傾廷,[2]	멀리서 정을 쏟던 곳 보니
不覺喉中噦[3]	나도 모르게 목이 잠긴다.

주석

1) 逶迤(위이) : 아름다운 모습.
2) 廷(정) : 뜰. 장소. ≪고시기≫ 권51과 ≪고시경古詩境≫ 권11에는 '처處', ≪고악원古樂苑≫ 권24에는 '정庭'으로 되어 있으며 뜻은 같다.
3) 噦(얼) : 말을 하려다 못함.

해설

어린 시절에는 별 속에서 홀로 돋보이던 달처럼 미모를 뽐냈지만 이제는 당시 온 마음으로 사랑에 빠져있던 추억을 떠올리며 눈물을 삼키는 여자의 노래이다. 제3자가 실연한 여자를 관찰하는 시점으로 볼 수도 있다.

(이욱진)

29. 오농가 14수 懊儂歌十四首

≪고금악록≫에 이르기를, "<오농가>에서 진나라 석숭과 녹주가 지은 것은 오직 '비단과 삼베에 서툴러 꿰매기 어려우니' 한 곡일 뿐이고 뒤의 곡은 모두 융안 초 민간에서 부른 노래이다. 송나라 소제 때 다시 새로운 노래 36곡을 지었는데 제나라 태조 때는 이것을 <중조곡>이라고 하였고, 양나라 천감 11년(512)에 무제가 법운에게 칙명을 내려 <상사곡>으로 바꾸었다."라고 하였다. ≪송서·오행지≫에 이르기를, "진나라 안제 융안 연간에 사람들이 홀연 <오뇌가>를 지었는데, 그 곡 중에 '풀은 가져다 묶을 수 있고, 여자는 가져다 안을 수 있네.'라는 말이 있었다. 환현이 이미 천자의 자리를 찬탈하자 의군이 삼월 이일에 도성을 평정하였는데, 환현의 궁녀와 역당 집안의 자녀와 시첩들은 모두 군대의 포상이 되었다. 동쪽으로는 구월에 이르기까지 북쪽으로는 회수와 사수에 이르기까지 사람들이 모두 획득한 것이 있었다. 시기는 풀을 묶을 때이고 사건은 여자를 안는 일이니, 믿을 만하다."라고 하였다.

≪古今樂錄≫曰, <懊儂歌>者, 晉石崇綠珠所作,[1] 唯絲布澀難縫一曲而已. 後皆隆安初民間訛謠之曲.[2] 宋少帝更制新歌三十六曲. 齊太祖常謂之<中朝曲>, 梁天監十一年, 武帝敕法雲改爲<相思曲>.[3] ≪宋書·五行志≫曰, 晉安帝隆安中, 民忽作<懊惱歌>, 其曲中有草生可攬結, 女兒可攬抱之言. 桓玄旣篡居天位,[4] 義旗以三月二日掃定京師, 玄之宮女及逆黨之家子女妓妾悉爲軍賞.[5] 東及甌越,[6] 北流淮泗,[7] 人皆有所獲焉. 時則草可結, 事則女可抱, 信矣.

주석

1) 石崇(석숭) : 서진 시기의 문학가(249~300)로 자가 계륜季倫이다. 형주자사荊州刺史, 위위衛

尉 등을 역임하며 부를 축적했다. 금곡金谷의 원림에서 반악潘岳, 좌사左思 등과 함께 시를 지었다. 석숭은 조왕趙王 사마윤司馬倫이 애첩인 녹주를 달라는 요구를 거절했다가 잡혀서 처형당하고 녹주는 자살했다고 한다.

2) 隆安(융안) : 동진東晉 안제安帝의 연호(397∼401)이다.

   訛謠(와요) : 민간 가요.

3) 法雲(법운) : 남조 양나라의 승려(467∼529)이다. 의흥義興(지금의 강소성 의흥시宜興市) 출신으로 승민僧旻, 지장智藏과 함께 양의 삼대 법사로 불린다. 주옹周顒, 왕융王融 등의 문사들과 교유하였고 칙령으로 광택사光宅寺를 맡았고 대승정大僧正에 임명되었다. ≪법화경法華經≫에 정통하였으며, 음악에도 조예가 깊었던 것으로 보인다. ≪악부시집≫ 권48에 양무제의 요구에 따라 삼주가三洲歌의 개편에 간여한 정황도 기록되어 있다.

4) 桓玄(환현) : 동진의 정치가(369∼404)로 자는 경도敬道이다. 대사마大司馬 환온桓溫의 아들로 남군공南郡公의 작위를 물려받았다. 은중감殷仲堪, 사마도자司馬道子 등의 경쟁자를 제거하고 상국相國, 대장군大將軍에 오르고 초왕楚王에 봉해졌다. 403년 안제로부터 제위를 물려받아 환초桓楚를 세웠으나 유유劉裕의 공격을 받아 쫓기다가 피살되었다.

5) 妓妾(기첩) : 귀인의 시중을 드는 여자.

6) 甌越(구월) : 백월百越의 일파로 지금의 절강성 전당강錢塘江, 구강甌江 유역 일대에 살던 부족을 이른다.

7) 淮泗(회사) : 회하淮河의 하류인 사수泗水 유역 일대.

29-1

絲布澀難縫,[1]	비단과 삼베에 서툴러 꿰매기 어려우니
今儂十指穿.	지금 나는 열 손가락이 찔렸네.
黃牛細犢車,[2]	누렁소 끄는 예쁜 수레 타고
遊戲出孟津.[3]	맹진으로 놀러 나가네.

주석

1) 絲布(사포) : 비단과 삼베.

澀(삽) : 서툴다. 녹주의 바느질 솜씨가 능숙하지 않음을 말한다.
2) 細(세) : 정교하고 세밀하다. 수레 장식이 화려하고 아름다운 것을 가리킨다.
犢車(독거) : 소가 끄는 수레. 원래 한나라 때 가난한 제후가 타던 것이지만 뒤에는 귀인이 타는 수레라는 뜻으로 바뀌었다.
3) 孟津(맹진) : 옛 황하의 나루터. 주周 무왕武王이 상商 주왕紂王을 치기 위해 제후들과 이곳에 모여 맹세하고 함께 황하를 건넜다고 한다.

| 해설 |

녹주가 석숭을 위해 익숙지 않은 바느질로 사랑을 표시하자 석숭이 녹주를 수레에 태우고 함께 물가로 놀러나가는 사랑 노래이다.

29-2

江中白布帆,	장강에는 흰 돛단배,
烏布禮中帷.	예에 맞는 검은 장막.
撢如陌上鼓,[1)]	밭두둑 위의 북을 찾노라니
許是儂歡歸.	어쩌면 우리 임이 돌아오시려나.

| 주석 |

1) 撢(탐): 찾다. '탐探'과 같다.

| 해설 |

뱃길에 나선 임이 돌아오기를 바라는 내용의 노래로 보이는데 자세한 내용을 알 수 없다.

29-3

| 江陵去揚州,[1)] | 강릉에서 양주까지 |
| 三千三百里. | 삼천 삼백 리. |

已行一千三,　　벌써 천 삼백 리 갔지만
所有二千在.　　이천 리가 남았네.

주석

1) 江陵(강릉) : 장강 중류의 도시. 지금의 호북성 형주시荊州市에 속해 있다.

해설

강릉에서 양주로 오는 임의 여정을 손꼽아 기다리는 여자의 노래이다.

29-4

寡婦哭城頹,[1]　　과부가 통곡하여 성이 무너지니
此情非虛假.[2]　　이 마음은 거짓이 아니라네.
相樂不相得,　　임과 즐기기를 얻지 못하니
抱恨黃泉下.　　죽어서도 한을 품으리.

주석

1) 寡婦哭城頹(과부곡성퇴) : 전설에 따르면 춘추시대 제나라의 기량杞梁이 거나라와의 싸움에서 전사했는데 아내가 시신을 맞아 슬피 곡을 했다. 주변 사람들이 눈물을 금치 못했으며 열흘 만에 성이 무너져 내렸다고 한다. 후에 이 이야기를 바탕으로 <기량처杞梁妻> 등의 노래가 만들어졌다.
2) 虛假(허가) : 진실이 아닌 것.

해설

기량의 아내 이야기를 바탕으로 남편 잃은 슬픔이 저승까지 이어진다고 노래하였다.

29-5

內心百際起,[1]	속에서는 온갖 생각이 일어나는데
外形空殷勤.[2]	겉모습은 정중한 척하네.
旣就頹城感,	이미 성을 무너뜨리는 감정에 나아갔는데
敢言浮花言.[3]	감히 부화한 말을 하랴.

주석

1) 百際(백제) : 백 가지 일. 생각이 많음을 과장한 말이다.
2) 殷勤(은근) : 예의를 갖춘 모습.
3) 浮花(부화) : 물에 떠다니는 꽃. 쉽게 사라지고 말 표면적인 아름다움을 비유한다.

해설

전쟁에서 남편을 잃은 아내가 슬픔과 걱정에 휩싸여 도저히 평정을 유지하지 못하는 심정을 노래하였다.

29-6

我與歡相憐,[1]	나는 임과 함께 서로 사랑했는데
約誓底言者.[2]	약속과 맹세는 무엇을 말한 건가요.
常歡負情人,	늘 좋아하다가 사랑하는 사람 등지다니
郞今果成詐.	임은 이제 끝내 거짓말쟁이 되었네요.

주석

1) 憐(련) : 사랑하다.
2) 底(저) : 어찌.

해설
서로 사랑하다가 남자가 세상을 등져 홀로 남은 여자의 노래이다.

29-7

我有一所歡,	나는 좋아하는 이 하나 있는데
安在深閤裏.[1]	어찌 깊은 방 안에만 있을까.
桐樹不結花,	오동나무에 꽃이 달리지 않으니
何由得梧子.[2]	어떻게 오동나무 열매를 얻나요.

주석
1) 閤(합) : 규방. 여자의 거처.
2) 梧子(오자) : 오동나무 열매. 오자吾子와 통하여 사랑하는 임을 뜻한다.

해설
사랑하는 사람이 있어도 규방에 갇혀 만나지 못하는 자신의 신세를 원망하는 노래이다. 상대방과 만나 사랑을 이루는 것을 오동나무 꽃이 피고 열매가 맺히는 것에 비유하였다.

29-8

長檣鐵鹿子,[1]	긴 돛대의 쇠 도르래
布帆阿那起.[2]	돛이 천천히 일어나네.
詫儂安在間,[3]	그대에게 알리니 편안히 세시기를
一去三千里.	한 번 떠나면 삼천 리이니.

주석
1) 鐵鹿子(철록자) : 돛을 올리거나 내릴 때 쓰는 활차.

2) 布帆(포범) : 무명으로 만든 돛.
   阿那(아나) : 느릿느릿한 모습.
3) 詑(차) : 알리다.

> 해설

배를 타고 멀리 떠나는 임이 무사히 다녀오기를 비는 노래이다.

29-9

暫薄牛渚磯,¹⁾	잠시 우저기에 정박할 때
歡不下廷板.²⁾	임은 갑판에서 내려오지 않으시겠지.
水深沾儂衣,	물이 깊어 그대 옷을 적시면
白黑何在浣.³⁾	얼룩을 어디서 빨아드릴지.

> 주석

1) 薄(박) : 배를 대고 묵다. '박泊'과 같다.
   牛渚磯(우저기) : 우저산牛渚山이 장강과 맞닿아 있는 일대의 물가. 채석기采石磯라고도 하며 지금의 안휘성 마안산시馬鞍山市에 있다.
2) 廷板(정판) : 배의 갑판. 정판艇板과 같다.
3) 白黑(백흑) : 흰 색과 검은 색. 강물에 빠져 더럽혀진 옷을 가리킨다.

> 해설

배를 타고 떠난 임이 자신에 대한 사랑을 잊지 않기를 바라는 여자의 노래이다. 임이 강물에 빠진다든지 옷 빠는 것을 염려한다든지 하는 표현에 임이 다른 여자의 유혹을 받지 않았으면 하는 마음이 담겨있다.

29-10

愛子好情懷,	그대를 사랑하는 좋은 마음으로
傾家料理亂,[1]	가산을 기울여 어려운 일 챙겨줬지.
攬裳未結帶,[2]	치맛자락 손에 쥐고 띠도 못 맨 것은
落托行人斷.[3]	적막해져 나그네 소식 끊겼기 때문.

주석

1) 傾家(경가) : 집안의 재산을 다 쓰다.
   料理(요리) : 처리하다, 돌보다.
   亂(란) : 어지러움. 임의 곤궁한 형편을 가리킨다.
2) 攬(람) : 움켜쥐다.
3) 落托(낙탁) : 쓸쓸하다.

해설

임과 사랑에 빠졌다가 버림받은 여자의 노래이다. 여자는 사랑하는 임에게 전 재산을 바쳤지만 떠난 임에게 버림받았다. 옷차림에 예의를 갖추지 않는 것은 적막 속에 홀로 남겨진 신세가 되었기 때문이다.

29-11

月落天欲曙,[1]	달 지고 날 밝으려 하니
能得幾時眠.	언제나 잘 수 있을지.
淒淒下牀去,	처량하게 침상에서 내려오니
儂病不能言.	내 병은 말할 수 없네.

주석

1) 曙(서) : 동틀 녘.

해설
임을 그리며 밤새 잠 못 이루는 사람의 근심을 노래한 것이다.

29-12
髮亂誰料理,	머리카락 헝클어지면 누가 다듬어줄까
託儂言相思.	그대에게 기대어 그리움을 말해봅니다.
還君華豔去,[1]	임에게 머리장식 돌려줄 테니
催送實情來.[2]	진짜 마음을 어서 보내주세요.

주석
1) 華豔(화염) : 아리따움. 임이 주었던 머리장식을 가리킨다.
2) 實情(실정) : 진실한 마음.

해설
그리운 임이 얼른 돌아와 자신을 다시 사랑해주기를 비는 여자의 노래이다.

29-13
山頭草,	산꼭대기의 풀처럼
歡少.	임은 어려.
四面風,	사방의 바람아
趨使儂顚倒.	쫓아가 그대를 거꾸러뜨리길.

주석
1) 山頭草(산두초) : 산꼭대기의 풀. 산 정상의 식물은 키가 작다.

해설

자신을 버리고 떠나간 임을 원망하는 노래이다. 상대방을 어린아이로 폄하하고 바람에 날려 고꾸라지기를 비는 모습에 서러움이 담겨 있다.

29-14

懊惱奈何許.[1]　　이 괴로움을 어쩌나.
夜聞家中論,　　밤에 집안의 논의를 들어보니
不得儂與汝.　　나는 당신과 함께할 수 없네요.

주석

1) 懊惱(오뇌) : 괴로움.
　 許(허) : 감탄을 나타내는 조사.

해설

집안의 반대로 사랑을 이어갈 수 없는 여자의 괴로움을 노래한 것이다.

(이욱진)

30. 오뇌곡 懊惱曲[1)]

당唐 온정균溫庭筠

藕絲作線難勝針,[2)]	연뿌리로 실을 만드니 바늘을 이기기 어렵고
蕊粉染黃那得深.[3)]	꽃가루로 노랗게 칠하니 어찌 진할 수 있겠는가?
玉白蘭芳不相顧,[4)]	흰 옥과 향기로운 난초는 돌아보지 않으면서
倡樓一笑輕千金.[5)]	기루의 웃음 한 번에는 천금을 가벼이 여기는구나.
莫言自古皆如此,	자고로 모두 이와 같다고 말하지 말라
健劍刺鐘鉛繞指.[6)]	굳센 검은 종을 자르고 납은 손가락을 감을 수 있는 법.
三秋庭綠盡迎霜,[7)]	가을에 정원의 녹음은 모두 서리를 받지만
惟有荷花守紅死.[8)]	오직 연꽃만은 붉음을 지키며 죽어가지.
西江小吏朱斑輪,[9)]	서강의 낮은 관리는 붉게 칠한 수레를 타고서
柳縷吐牙香玉春,[10)]	버드나무 가지가 싹을 토해내는 향기롭고 옥 같은 봄에,
兩股金釵已相許,[11)]	양 갈래 금비녀로 이미 서로 허여하고는
不令獨作空城塵.[12)]	홀로 빈 성의 먼지가 되게는 하지 않았지.
悠悠楚水流如馬,[13)]	아득히 초 땅의 물은 말 달리듯 흘러가는데
恨紫愁紅滿平野,[14)]	한과 근심이 울긋불긋 너른 들에 가득하기에,
野土千年怨不平,[15)]	들판의 흙은 천년동안 원한이 가라앉지 않으니
至今燒作鴛鴦瓦.[16)]	지금까지 구워서 원앙 기와를 만드는구나.

주석

1) 懊惱曲(오뇌곡) : 여인이 사랑에 실패한 뒤 번민을 그린 노래로 앞에 있는 오농곡懊儂曲과 같은 종류의 노래로 보인다.

2) 藕絲(우사) : 연근을 갈았을 때 나오는 실 같은 즙을 가리킨다. '우사偶思'와 음이 같아서 임에 대한 그리움을 표현하는 것으로 사용된다.

  難勝針(난승침) : 바늘을 이기기 어렵다. 실이 잘 끊어진다는 뜻이다. '침'은 중국어로 '진眞'과 발음이 같아서 '진실 되다'는 의미를 표현한다.

3) 蕊粉(예분) : 꽃가루.

  染黃(염황) : 노랗게 칠하다.

  那得深(나득심) : 어찌 짙을 수 있겠는가?

  이상 두 구는 연뿌리로 만든 실이 잘 끊어지고 꽃가루 분칠이 쉽사리 지워진다는 뜻으로, 남녀의 사랑이 쉽게 변한다는 것을 비유적으로 표현하였다.

4) 玉白蘭芳(옥백난방) : 옥의 깨끗함과 난초의 향기. 여인의 고결한 성품과 아름다운 자태를 비유한다.

5) 倡樓(창루) : 기루. '청루靑樓'로 된 판본도 있으며 뜻은 같다.

  輕千金(경천금) : 천금을 가볍게 여기다.

  이상 두 구는 남자가 본처의 아름다움은 돌아보지 않고 기루 여인의 웃음에는 돈을 아끼지 않는다는 뜻으로, 역시 사랑이 쉽게 변하는 것을 표현하였다.

6) 健劍(건검) : 굳센 검. 예리한 검.

  刺鐘(불종) : 종을 치다. 여기서는 종을 칼로 자르는 것이다. ≪설원說苑·잡언雜言≫에 "간장검과 막야검은 종을 쳐 잘라도 소리가 나지 않고, 물건을 시험 삼아 잘라도 잘리는 것을 느낄 수 없다.(干將鏌鋣, 拂鍾不錚, 試物不知)"라고 하였다.

  鉛繞指(연요지) : 납이 손가락을 감는다. 납은 무르기 때문에 선을 만들면 손가락을 감을 수 있다. 유곤劉琨의 <노심에게 거듭 주나重贈盧諶>에서 "어씨하여 백번 단련한 강한 칠이 변해서 손가락을 휘감는 부드러운 것이 되었는가?(何意百鍊剛, 化爲繞指柔)"라고 하였다. 이 구는 굳센 검은 종을 자를 정도로 강하고 납은 손가락에 감을 정도로 무르다는 뜻으로, 사물은 본래 가지고 있는 성질이 다르며 이는 변하지 않음을 말한다. 이를 통해 지고지순한 사랑과 쉽사리 변하는 사랑을 각각 비유하였다.

7) 三秋(삼추) : 가을 석 달.
8) 守紅死(수홍사) : 붉음을 지키며 죽어간다.
   이상 두 구는 가을이 되면 초목의 녹음은 모두 서리에 의해 시들지만 오직 연꽃만은 붉음을 유지하고 있다는 뜻으로, 연꽃처럼 변하지 않는 절개를 가진 존재가 있음을 말하였다.
9) 西江(서강) : 강 이름. 대체로 장강 중하류를 일컫는다. '여강廬江'으로 된 판본도 있는데, 지금의 안휘성 중부의 합비시合肥市 부근이다.
   小吏(소리) : 낮은 관리. 여기서는 한나라 말기 건안建安 연간(196~220)에 여강부廬江府의 관원인 초중경焦仲卿을 가리킨다. 그의 부인 유난지劉蘭芝가 시어머니로부터 버림을 받은 뒤에도 재가하지 않겠다고 맹세하였지만 친정에서 재가를 독촉하자 물에 빠져 죽었으며, 이 소식을 들은 초중경도 나무에 목을 매달아 죽었다. 이러한 이야기가 고시인 <공작이 동남쪽에서 날아오다孔雀東南飛>에 보인다.
   朱斑輪(주반륜) : 붉게 칠한 수레바퀴. 초중경이 탄 수레를 가리킨다.
10) 柳縷吐牙(유루토아) : 실 같이 가느다란 버드나무 가지에서 싹이 나오다.
    香玉春(향옥춘) : 아름다운 꽃이 핀 봄. '향옥'은 향기 나는 옥인데, 아름다운 꽃을 비유한다.
11) 兩股金釵(양고금차) : 양 갈래 금비녀. 여자가 머리에 장식하는 비녀로 두 사람이 언약한 것을 비유한다.
12) 空城塵(공성진) : 빈 성의 먼지. 죽어서 진토가 되는 것을 말한다.
    이상 네 구는 초중경과 유난지가 사랑으로 끝까지 함께 하기로 맹세했다는 뜻이다.
13) 悠悠(유유) : 아득한 모습.
    楚水(초수) : 초 땅의 물. 여강부는 초 땅이다.
14) 恨紫愁紅(한자수홍) : 한은 자줏빛이고 근심은 붉다. 한과 근심을 봄날의 꽃에 비유한 것으로 보인다.
15) 野土(야토) : 들판의 흙. 여기서는 초중경과 유난지가 죽어 진토가 된 것이다.
    千年(천년) : 오랜 기간을 가리킨다. 여기서는 초중경과 유난지가 죽은 이후로 지금까지의 세월을 가리킨다.
    怨不平(원불평) : 원망이 사라지지 않다. 또는 불평을 원망하다.
16) 燒(소) : 굽다. 여기서는 흙을 구워서 기와를 만드는 것이다.
    鴛鴦瓦(원앙와) : 쌍을 이루는 기와.

이상 네 구는 초중경과 유난지가 죽은 지 오래되어 그들의 몸은 비록 진토가 되었는데 그 원망을 달래기 위해 사람들이 원앙와를 만들어준다는 뜻이다.

|해설|

　　이 시는 남녀 간의 사랑에 대한 번뇌를 읊은 것으로, 모든 사랑은 쉽사리 변하는 것이라지만 초중경과 유난지의 사랑처럼 영원히 사라지지 않는 사랑도 있다고 말하였다. 1~4구에서는 남녀 간의 사랑을 연뿌리로 만든 실과 화장 분에 비유하여 진정성이 없으며 깊지 않아, 흰 옥과 향기로운 난초와 같은 여인이 있더라도 이를 버리고 창기에게 모든 것을 바치는 세태를 표현하였다. 5~8구에서는 이러한 통설에 반론을 가한 것인데, 금속에도 쇠와 납이 있고 식물에도 일반 초목과 연꽃이 있듯이 만물은 각기 본성을 가지고 있으며 이는 변치 않는다고 하였다. 이를 통해 사람마다 본성에 따라 사랑이 쉽게 변하는 경우도 있지만 변하지 않는 경우도 있음을 밝혔다. 9~12구에서는 변하지 않는 사랑의 예로 초중경과 유난지가 죽어서도 홀로 있게 하지는 않겠다고 맹세한 것을 들었다. 13~16구에서는 초중경과 유난지가 죽어서도 사랑을 이루기 위해 진토가 된 몸으로 원앙 기와를 만들고 있다고 하였다. 이 내용은 작자가 자신의 상상력을 발휘한 부분으로 두 사람의 사랑이 영원하다는 것을 말하였다. 이 시는 영원한 사랑에 대한 믿음과 칭송을 말하고 있지만, 그 이면에는 이러한 사랑을 갈구하지만 얻지 못하는 번뇌가 깔려 있다고 할 수 있다.

(임도현)

31. 화산기 25수 華山畿二十五首[1]

≪고금악록≫에 이르기를, "<화산기>는 남조 송나라 소제 때 <오뇌>의 한 곡으로 또한 변곡이다. 소제 때, 남서의 한 남자가 화산의 들을 따라 운양으로 갔다. 객사에서 십팔구 세의 여자를 보았는데, 그녀를 좋아하였지만 방도가 없어서 마침내 가슴의 통증을 느꼈다. 어머니가 그 이유를 묻자 자초지종을 어머니에게 알려주었다. 어머니가 아들을 위해 화산 으로 찾아가서는 그녀를 만나 아들이 병에 걸린 연유에 대해 모두 말하였다. 그녀는 덧치마 를 벗어 주고는 어머니로 하여금 몰래 아들의 자리 밑에 놓고 누이도록 하였다. 그렇게 하고나니 며칠 후에 과연 차도가 있었다. 어느 날 갑자기 아들이 자리를 들었다가 덧치마를 보고는 껴안고서 이에 그것을 삼키고는 죽었다. 숨이 막 끊어지려고 할 때 어머니에게 말하기를, '장사 지낼 때 수레에 태워서 화산을 지나가게 해주십시오.'라 하였다. 어머니는 그의 뜻에 따랐다. 그녀의 문 앞에 도달했을 때 상여 수레를 끌던 소는 앞으로 가려고 하지 않았고 채찍질을 해도 움직이지 않았다. 그녀가 '우선 잠깐만 기다려 주십시오.'라고 말하고는 화장을 하고 목욕을 하고 나왔다. 노래하며 말하기를, '화산의 들에서, 그대가 이미 나 때문에 죽었으니 난 홀로 살아서 누구에게 베풀까? 그대가 만일 나를 사랑하신다면 관을 나에게 열어주세요.'라 하였다. 관이 그 소리에 응해 열렸으며 그녀는 뛰어서 관속에 들어갔다. 집안사람들이 관을 두드렸지만 어찌할 수 없어 이에 합장하고 '신녀총'이라 불렀다."라고 하였다.

≪古今樂錄≫曰, <華山畿>者, 宋少帝時<懊惱>一曲, 亦變曲也. 少帝時, 南徐一士子,[2] 從華山畿往雲陽.[3] 見客舍有女子年十八九, 悅之無因,[4] 遂感心疾. 母問其故, 具以啟 母.[5] 母爲至華山尋訪, 見女具說聞感之因.[6] 脫蔽膝令母密置其席下臥之.[7] 當已,[8] 少 日果差.[9] 忽擧席見蔽膝而抱持, 遂呑食而死.[10] 氣欲絕, 謂母曰, 葬時車載, 從華山度.

母從其意. 比至女門,[11] 牛不肯前, 打拍不動.[12] 女曰, 且待須臾.[13] 妝點沐浴,[14] 既而出. 歌曰, 華山畿, 君旣爲儂死,[15] 獨活爲誰施. 歡若見憐時,[16] 棺木爲儂開. 棺應聲開, 女透入棺.[17] 家人叩打, 無如之何.[18] 乃合葬, 呼曰神女塚.

주석

1) 華山畿(화산기) : 화산 주위의 평지. 여기서 '화산'은 지금의 강소성에 있는 화산을 가리킨다. 이것은 오성가곡의 하나로 대체로 이루어지지 않은 사랑 이야기를 노래하였다.

2) 南徐(남서) : 지명. 지금의 강소성 진강시鎭江市이다.

　士子(사자) : 남자.

3) 雲陽(운양) : 지명. 지금의 강소성 단양시丹陽市이다.

4) 悅(열) : 좋아하다.

　無因(무인) : 방도가 없다.

5) 啓(계) : 알게 하다.

6) 聞感(문감) : 그리워하는 병에 걸렸다는 말이다.

7) 蔽膝(폐슬) : 무릎가리개. 하의 위에 덧대어 입는 것이다.

　密(밀) : 몰래.

8) 當已(당이) : 마치고 나니.

9) 少日(소일) : 며칠.

　果(과) : 과연.

　差(차) : 차도가 있다.

10) 吞食(탄식) : 통째로 삼키다. 덧치마를 삼킨 것이다.

11) 比至(비지) : 이르다. 도착하다.

12) 打拍(타박) : 치다. 채찍으로 소를 때리는 것이다.

13) 須臾(수유) : 잠깐.

14) 妝點(장점) : 화장을 하다.

15) 儂(농) : 나.

16) 歡(환) : 그대. 남녀 사이에 상대방을 부르는 호칭이다.

　見憐(견련) : 나를 사랑하다.

17) 透(투) : 뛰다.
18) 無如之何(무여지하) : 어찌할 도리가 없다.

31-1

華山畿,　　　화산의 들에서
君既爲儂死,　그대가 이미 나 때문에 죽었으니
獨生爲誰施.¹⁾　난 홀로 살아서 누구에게 베풀까?
歡若見憐時,　그대가 만일 나를 사랑하신다면
棺木爲儂開.　관을 나에게 열어주세요.

| 주석

1) 生(생) : 살다. '活活'로 된 판본도 있으며 뜻은 같다.

| 해설

이 시는 여인이 자신을 그리워하며 죽은 남자를 생각하며 관을 열어달라고 부탁하는 내용이다. 이에 관한 이야기는 〈화산기〉 해제에 자세히 설명되어 있다.

31-2

聞歡大養蠶,　　그대가 크게 양잠을 한다고 들었는데
定得幾許絲.¹⁾　분명 실을 얼마쯤 얻었겠지.
所得何足言,　　얻은 건 뭐 말할 만하겠냐만
奈何黑瘦爲.²⁾　까맣게 타고 야윈 건 어찌할까?

| 주석

1) 定(정) : 마땅히.

幾許(기허) : 다소. 약간.
2) 奈何(내하) : 어찌 하겠는가?
黑瘦(흑수) : 까맣게 타고 야위다.

해설

이 시는 누에를 크게 치면서 고생하여 까맣게 그을리고 야위어진 상대방을 걱정하는 내용이다. 실을 의미하는 '사絲'는 그리움을 의미하는 '사思'와 발음이 같아서 중층의 의미를 가지고 있다. 여기서도 실제로는 누에를 쳐서라기보다는 상대방을 많이 그리워하여 얼굴이 까맣게 변하고 몸이 축난 것이다.

31-3

夜相思.   밤에 그리워하네.
投壺不停箭,¹⁾   투호를 하는데 화살 멈추질 못하고서
憶歡作嬌時.   그대가 애교 떨던 때를 생각하네.

주석

1) 投壺(투호) : 항아리에 화살을 던져 많이 넣는 사람이 이기는 놀이이다.

해설

이 시는 밤에 투호를 하며 상대방과 같이 지낼 때를 그리워하는 내용이다. 투호를 하며 계속 화살을 던진다는 것은 물시계의 화살이 계속 움직이는 것을 비유적으로 표현한 것이기도 한데, 이는 밤에 계속 상대방을 그리워하는 것을 뜻한다.

31-4

開門枕水渚.¹⁾   문을 열면 물가가 가깝네.

233

三刀治一魚,[2]　　세 개의 칼날로 물고기 한 마리를 잡는데
歷亂傷殺汝.[3]　　어지럽게 너를 무척이나 아프게 하네.

주석

1) 枕水渚(침수저) : 물가에서 가깝다.
2) 三刀(삼도) : 세 개의 칼날. 주의 장관인 자사刺史를 뜻한다. 진晉나라 왕준王濬이 현령으로 있을 때 꿈에 대들보에 칼이 세 자루 걸려 있다가 갑자기 한 자루가 더해지는 것을 보았다. 주부主簿 이의李毅가 축하를 드리며 말하기를, "도刀자가 세 개이면 주州가 되고 거기에 더해졌으니 이는 익주益州를 뜻합니다. 아마 곧 익주자사가 되실 겁니다."라고 하였다. 얼마 후에 익주자사 황보안皇甫晏이 도적 장홍張弘에게 죽자 과연 왕준은 익주자사로 옮겨갔다. 여기서는 포악한 행동으로 여인을 희롱하는 이를 비유한다.
　治一魚(치일어) : 물고기 한 마리를 잡다.
3) 歷亂(역란) : 어지럽다.
　殺(살) : 정도가 매우 심함을 뜻한다.
　汝(여) : 너. 물고기를 가리키는 것으로 보인다.

해설

이 시는 자사가 물가에서 물고기를 잡으려고 어지럽게 군다는 내용이다. 대체로 남자가 여인을 희롱하자 그 여인이 혼란스러워 마음 아파하는 것을 말하는 것으로 보인다.

31-5

未敢便相許.[1]　　감히 곧장 허락하지 못하겠네.
夜聞儂家論,[2]　　밤에 우리 집안사람들 논의를 들어보니
不持儂與汝.[3]　　내가 그대와 함께 할 수 없을 것 같아서라지.

주석

1) 相許(상허) : 허락하다. 평생 함께 하기로 하는 것을 말한다.
2) 儂(농) : 나.
3) 不持(부지) : 지속하지 못하다.

해설

이 시는 집안사람들이 반대하는 것을 듣고는 함께 할 수 없음을 안타까워하여 임에게 자신을 허락하지 못한다는 내용이다.

31-6

懊惱不堪止.¹⁾   근심을 그칠 수 없구나.
上床解要繩,²⁾   침상에 올라 허리끈을 풀고는
自經屏風裏.³⁾   스스로 병풍 속에서 목을 매네.

주석

1) 懊惱(오뇌) : 번뇌. 고민.
   不堪(불감) : 할 수 없다.
2) 要繩(요승) : 허리끈. '요'는 '요腰'의 옛글자이다.
3) 經(경) : 목을 매다.

해설

이 시는 근심에 빠져 있다가 결국 자신의 방에서 목을 매어 자살을 한다는 내용이다. 사랑이 이루어지지 않았기 때문일 것이다.

31-7

啼著曙.¹⁾   울다가 날이 새네.

淚落枕將浮,   눈물이 흘러 베개는 뜨려하며
身沈被流去.²⁾ 몸은 가라앉고 이불은 떠내려가네.

주석

1) 著(저) : 동사 뒤에 사용하여 지속의 상태를 의미한다.
   曙(서) : 날이 새다.
2) 被(피) : 이불

해설

이 시는 임을 그리워하며 밤새 울어 눈물이 많이 났다는 내용으로, 베개가 뜨고 이불이 흘러가며 몸은 그 속에 잠겨 버린다고 하여 그 상황을 과장하여 표현하였다.

31-8

將懊惱.¹⁾   내 번뇌를 가져다가,
石闕晝夜題,²⁾   석궐에 밤낮으로 적었더니
碑淚常不燥.³⁾   비석의 눈물이 항상 마르질 않는구나.

주석

1) 將(장) : ~로써. 가지고서.
   懊惱(오뇌) : 괴로움. 번민.
2) 石闕(석궐) : 돌로 만든 궐문. 궁묘나 묘당 앞에 세운 것으로 그 사람의 행적에 관해 적어 놓는다.
3) 碑淚(비루) : 비석의 눈물. 비석은 석궐에 있다. '비'는 '비悲'와 발음이 같아서 뜻이 통하니 '슬픔의 눈물'이라는 뜻이기도 하다.
   燥(조) : 마르다.

해설

이 시는 죽은 임을 그리워하며 항상 슬퍼하는 모습을 표현하였다.

31-9

別後常相思,　　헤어진 후에 늘 그리워,
頓書千丈闕,[1)]　문득 천 장 석궐에 쓰는데
題碑無罷時.[2)]　비석에 쓰는 일은 그칠 때가 없구나.

주석

1) 闕(궐) : 석궐石闕. 돌로 만든 궐문. 궁묘나 묘당 앞에 세운 것으로 그 사람의 행적에 관해 적어 놓는다.
2) 題碑(제비) : 비석에 쓰다. 비석은 석궐에 있다. '비'는 '비悲'와 발음이 같아서 뜻이 통하니 '슬픔을 쓰다'는 뜻이기도 하다.

해설

이 시는 이별한 뒤 임을 그리워하며 슬픔을 적지만 끝이 없다는 내용이다.

31-10

奈何許,[1)]　　　어찌 할까나?
所歡不在間,　　좋아하는 이가 이 사이에 없으니
嬌笑向誰緒.[2)]　어여쁜 미소는 누구에게 띨까?

주석

1) 許(허) : 문장 끝에서 감탄의 어기를 나타낸다.
2) 緒(서) : 펴다.

해설

이 시는 좋아하는 이가 없어졌기에 어여쁜 웃음을 띨 이유가 없다고 하였다.

31-11

隔津歎,	나루터를 사이에 두고 탄식하네.
牽牛語織女,	견우가 직녀에게 말하는데
離淚溢河漢.¹⁾	이별의 눈물로 은하수가 넘치네.

주석

1) 溢(일) : 넘치다.
　河漢(하한) : 은하수.

해설

이 시는 은하수를 사이에 두고 견우와 직녀가 슬퍼하며 눈물을 흘리는 모습을 표현하였다.

31-12

啼相憶,	울며 서로 그리워하는데,
淚如漏刻水,¹⁾	눈물이 물시계의 물과 같아
晝夜流不息.	밤낮으로 그치지 않고 흐르는구나.

주석

1) 漏刻水(누각수) : 물시계의 물.

해설

이 시는 서로 그리워하며 흐르는 눈물이 물시계의 물처럼 끊임 없이 흐른다고 하였다.

31-13

著處多遇羅,[1] 닿는 곳마다 대부분 근심을 만나는구나.
的的往年少,[2] 분명코 예년에는 어렸으니
豔情何能多. 사랑하는 마음은 어찌 많을 수 있었겠는가?

주석

1) 著處(착처) : 닿는 곳. 곳곳마다.
   遇羅(우라) : 근심을 만나다. 근심하게 되다. '라'는 '리欏'와 통해 근심의 뜻이다.
2) 的的(적적) : 분명한 모습.

해설

이 시는 어릴 적에 사랑할 때는 항상 그 마음이 적다고 여겼는데 지금 보니 곳곳에서 그 흔적을 느낄 수 있어 항상 슬퍼한다고 하였다.

31-14

無故相然我,[1] 이유도 없이 나와 서로 잘 맞았지.
路絶行人斷,[2] 길이 막히고 멀리 소식 전해줄 이 끊어져도
夜夜故望汝.[3] 밤마다 여전히 그대를 기다리네.

주석

1) 無故(무고) : 이유가 없다. 연고가 없다.
   然(연) : 어울리다.
2) 路絶(노절) : 길이 막히다.
   行人(행인) : 멀리 가는 사람. 소식을 전해 줄 심부름꾼을 말한다.
3) 故(고) : 여전히

해설

이 시는 예전에는 절로 의기투합하여 잘 지냈지만 지금은 소식이 끊어졌으며 그래도 밤마다 기다리고 있다는 내용이다.

31-15

一坐復一起.	한번 앉았다가 또 한 번 일어나네.
黃昏人定後,¹⁾	해 지고 사람들이 조용해진 뒤에도
許時不來已.²⁾	오랜 시간을 오지 않는구나.

주석

1) 人定(인정) : 밤이 깊어 사람 소리가 조용해지다.
2) 許時(허시) : 얼마나 오랫동안.
   已(이) : 문장 끝에서 확정의 어기를 나타낸다.

해설

이 시는 밤에 돌아오지 않는 임을 간절히 기다리는 모습을 표현하였다.

31-16

摩可儂,¹⁾	스치는 사람이 아마도 그대이리.
巷巷相羅截,²⁾	골목마다 찾고 기다려도
終當不置汝.³⁾	끝내 그대를 만나지 못하네.

주석

1) 摩(마) : 옷깃이 스치는 것을 말한다.
2) 羅截(나절) : 찾고 기다리다.

3) 置(치) : 두다. 찾아 만난다는 말이다.

해설

이 시는 길에서 스쳐 지나간 듯한 임을 아무리 찾아도 만나지 못하는 상황을 표현하였다.

31-17

不能久長離.　　오랜 헤어짐을 견딜 수 없네.
中夜憶歡時,[1]　한밤중에 당신을 생각하며
抱被空中啼.[2]　이불을 껴안고 허공에 우네.

주석

1) 歡(환) : 임. 상대방에 대한 애칭이다.
2) 空中(공중) : 허공. 또는 빈방. 허무함.

해설

이 시는 오래도록 헤어진 임을 그리워하며 밤에 홀로 우는 모습을 표현하였다.

31-18

腹中如湯灌,[1]　뱃속이 끓는 물을 들이붓는 것 같아
肝腸寸寸斷.　　간장은 조각조각 끊어지네.
教儂底聊賴.[2]　저더러 무엇에 애오라지 의지하라 하는가?

주석

1) 湯灌(탕관) : 끓는 물을 들이붓다.
2) 教(교) : ~하게 하다.

底(저) : 무엇에.

|해설|

이 시는 임을 그리워하는 마음으로 애가 끊어지는데 의지할 데라곤 없어 괴로워하는 모습을 표현하였다.

31-19

相送勞勞渚.¹⁾　　노로정의 물가에서 송별하네.
長江不應滿,²⁾　　장강의 물은 일찍이 가득차지 않았는데
是儂淚成許.³⁾　　이에 내가 눈물로 그렇게 하였구나.

|주석|

1) 勞勞渚(노로저) : 노로정勞勞亭이 있는 물가. 노로정은 지금의 강소성 남경南京에 있었으며 이별의 장소였다.
2) 不應(불응) : 일찍이 ~하지 않다.
3) 許(허) : 문장 끝에 사용되어 감탄의 어기를 나타낸다.

|해설|

이 시는 노로정의 물가에서 이별하는 슬픔을 그렸는데, 이별의 눈물로 장강이 넘친다고 하여 그 슬픔을 과장하여 표현하였다.

31-20

奈何許,　　　　어찌하리오.
天下人何限,¹⁾　천하에 사람이 무궁무진한데
慊慊只爲汝.²⁾　불만스러운 것은 오직 그대 때문이구나.

|주석|

1) 人何限(인하한) : 사람에 어찌 한도가 있겠는가? 사람이 많다는 뜻이다.
2) 慊慊(겸겸) : 불만스러운 모습.

|해설|

이 시는 천하에 사람은 많지만 내 임이 없어 안타까워하는 마음을 표현하였다.

31-21

郎情難可道.[1]	남자의 마음은 말하기가 어렵네.
歡行豆挾心,[2]	임이 떠나면서 홍두를 가슴에 품고는
見荻多欲繞.[3]	물억새를 보면 무척이나 맴돌려고만 하지.

|주석|

1) 道(도) : 말하다.
2) 豆(두) : 홍두. 애정의 상징이다.
3) 荻(적) : 물억새.

|해설|

이 시는 사랑의 마음을 말하지 못하고 서성이는 모습을 표현하였다.

31-22

松上蘿.[1]	소나무 위의 여라.
願君如行雲,[2]	바라건대 그대가 떠가는 구름이어서
時時見經過.	때때로 지나가는 걸 볼 수 있으면.

주석

1) 蘿(여) : 여라. 소나무의 기생식물이다. 대체로 소나무와 함께 엉겨 있기 때문에 병칭하여 남녀가 같이 지내는 것을 비유한다.
2) 行雲(행운) : 하늘을 떠가는 구름.

해설

이 시는 임과 같이 지내지 못해 안타까워하며 잠시라도 보고 싶어 하는 마음을 표현하였다.

31-23

夜相思.	밤에 그리워하네.
風吹窓簾動,¹⁾	바람이 불어 창의 주렴이 흔들리는데
言是所歡來.²⁾	바로 좋아하는 이가 오는 것이리라.

주석

1) 窓簾(창렴) : 창의 주렴.
2) 言(언) : 문장 앞에 쓰인 발어사로 뜻은 없다.

해설

이 시는 밤에 임을 그리워하고 있는데 바람에 주렴이 흔들리는 것을 보고 임이 오는 것이라 생각하는 내용을 적었다.

31-24

長鳴鷄.	길게 우는 닭.
誰知儂念汝,	누가 알리오, 내가 그대를 생각하며
獨向空中啼.¹⁾	홀로 하늘을 향해 울고 있는 줄.

주석

1) 向空中啼(향공중제) : 허공을 향해 울다. 또는 빈 방에서 울다.

해설

이 시는 상대방을 그리워하며 날이 새도록 홀로 우는 모습을 표현하였다.

31-25

腹中如亂絲.	뱃속이 엉킨 실과 같네.
憒憒適得去,¹⁾	심란함을 이제 막 없애버렸는데
愁毒已復來.²⁾	지독한 근심이 이미 다시 와버렸네.

주석

1) 憒憒(궤궤) : 어지러운 모습. 근심스러운 모습.
   適(적) : 막. 방금.
2) 愁毒(수독) : 지독한 근심. 또는 근심과 원한.

해설

이 시는 임에 대한 근심으로 심사가 어지러운데 아무리해도 없앨 수가 없는 상황을 표현하였다.

(임도현)

32. 독곡가 94수 讀曲歌九十四首[1]

≪송서·악지≫에 이르기를, "<독곡가>는 민간에서 팽성왕 유의강을 위해 지은 것이다. 그 노래에서 '죽을죄는 유 영군장군인데 잘못해서 유씨 넷째를 죽였구나.'라고 하였으니, 바로 이것이다."라고 하였다. ≪고금악록≫에 이르기를, "<독곡가>는 원가 17년(440) 원후가 죽었을 때 모든 관리들이 감히 노래를 하지 못했는데, 간혹 술자리 연회가 열리면 그저 몰래 곡조를 읽으며 조그맣게 읊조릴 뿐이어서 이렇게 이름 붙여졌다."라고 하였다. 살펴보건대, 유의강이 지방으로 쫓겨 간 것도 또한 원가 17년이었다. 남제 때 주석선이 오성 <독곡>을 잘 노래했다. 무제가 종산으로 나가 노닐다가 하미인의 묘에 행차하였다. 주석선이 노래하기를, "좋아했을 때를 한 번 생각해보니 산에 오르느라 여린 풀이 망가졌지. 산신이 나의 뜻에 감동하여 반석에 날카로운 칼끝을 움직이셨네."라고 하였다. 무제가 안색이 좋지 않아지더니 말하기를, "천한 놈이 불손하게 나를 놀리는구나."라고 하였다. 당시 주자상이 또한 노래를 잘 했는데 다시 한 곡을 지어 부르기를, "따사롭던 태양이 지려고 하는데 말이 서서 머뭇거리는 것을 보네. 태양은 그래도 아직 있을 만하니 원컨대 또 잠시 멈추어 주시길."라고 하였다. 이에 모두 후한 하사품을 받았다.

≪宋書樂志≫曰, <讀曲歌>者, 民間爲彭城王義康所作也.[2] 其歌云, 死罪劉領軍,[3] 誤殺劉第四,[4] 是也. ≪古今樂錄≫曰, <讀曲歌>者, 元嘉十七年袁后崩,[5] 百官不敢作聲歌, 或因酒宴, 止竊聲讀曲細吟而已, 以此爲名. 按義康被徙,[6] 亦是十七年. 南齊時, 朱碩仙善歌吳聲<讀曲>.[7] 武帝出遊鍾山,[8] 幸何美人墓.[9] 碩仙歌曰, 一憶所歡時, 緣山破芿荏.[10] 山神感儂意, 盤石銳鋒動. 帝神色不悅, 曰, 小人不遜, 弄我. 時朱子尙亦善歌,[11] 復爲一曲云, 暖暖日欲冥, 觀騎立蜘躕.[12] 太陽猶尙可, 且願停須臾.[13] 於是俱蒙厚賚.[14]

주석

1) 讀曲歌(독곡가) : 남조 송 원제元帝 원가元嘉 연간에 시작되었으며, 육조 민가 중에 가장 유행했던 악부로 대체로 음악 반주 없이 한 명이 부른 독창곡이다. 남녀의 증답이나 송성送聲의 형식을 취하지는 않았다.
2) 彭城王義康(팽성왕의강) : 송 무제 유유劉裕의 넷째 아들인 유의강으로 팽성왕에 봉해졌다. 문제가 병이 많아서 조정의 일을 그가 혼자 처리했는데 군신의 예의를 어겨 폄적 당했으며 원가 28년(452) 북위의 반란 때 반역을 도모한다고 의심받아 죽임을 당했다.
3) 劉領軍(유령군) : 영군장군領軍將軍 유심劉湛으로 유의강이 관군장군冠軍將軍 및 예주자사豫州刺史일 때 장사長史가 되었다. 이후 유의강이 조정에서 권력을 장악했을 때 유심의 무리들이 유의강을 황제로 추대하려는 모의를 하였고, 그 죄로 원가 17년에 죽임을 당하였다.
4) 劉第四(유제사) : 유씨의 넷째 아들. 유의강을 가리킨다.
5) 袁后(원후) : 송 문제 유의륭劉義隆의 황후인 원제규袁齊嬀.
6) 被徙(피사) : 지방으로 좌천되는 것을 뜻한다. 원가 17년 유의강 무리의 반역 모의가 드러난 뒤 유의강은 강주江州로 옮겨갔다.
7) 朱碩仙(주석선) : 당시의 궁중 가수로 보이는데 생평에 대해 자세히 알려져 있지 않다.
8) 武帝(무제) : 남조 제나라의 두 번째 황제인 소색蕭賾.
9) 何美人(하미인) : '미인'은 한나라 때 비빈妃嬪의 칭호였는데 봉록이 이천석二千石에 해당하였고 두 번째 작위인 상조上造보다 아래였다. 후한 광무제光武帝 때는 작위와 봉록은 없었으며 세시에 생활용품을 하사했을 뿐이었다. '하'씨에 대해서는 무제의 비빈 중 한 명인 하충화何充華인 것으로 보인다.
10) 芿荏(잉임) : 여린 풀.
11) 朱子尚(주자상) : 당시의 궁중 가수로 보이는데 생평에 대해 자세히 알려져 있지 않다.
12) 蜘蹰(지주) : 머뭇거리는 모습.
13) 須臾(수유) : 잠시.
14) 賚(뢰) : 하사품.

32-1 독곡가 89수 讀曲歌八十九首

32-1-1

花釵芙蓉髻,[1]	꽃 비녀에 부용 쪽머리
雙鬢如浮雲.[2]	양쪽 귀밑머리가 뜬 구름 같네.
春風不知著,[3]	봄바람이 있을 곳을 모르고는
好來動羅裙.[4]	잘도 와서 비단 치마를 펄럭이네.

주석

1) 花釵(화차) : 꽃 비녀.
   髻(계) : 머리카락을 위로 묶어 올린 것.
2) 雙鬢(쌍빈) : 양쪽 귀밑머리.
   浮雲(부운) : 뜬 구름. 머리칼이 풍성한 것을 비유한다.
3) 著(착) : 귀착하다. 안착하다.
4) 羅裙(나군) : 비단치마.

해설

이 시는 곱게 단장한 여인에게 봄바람이 불어와 치마를 펄럭인다는 내용이다. 이를 통해 봄바람이 괜히 춘심을 동하게 하는 것을 표현하였다.

32-1-2

念子情難有.	그대를 생각하면 정감이 생기기 어렵구나.
已惡動羅裙,	이미 비단치마 펄럭이는 걸 싫어했는데
聽儂入懷不.[1]	그대가 마음속에 들어오게 내버려두겠는가?

주석

1) 聽(청) : 내버려두다.

해설

이 시는 봄바람이 여인의 치마를 펄럭이며 춘심을 동하게 하는 것을 싫어한다는 내용이다. 하지만 이면에는 자기 뜻대로 사랑이 이루어지지 않는 상황을 안타까워하는 마음이 있는 것으로 보인다.

32-1-3

紅藍與芙蓉,[1]	잇꽃과 부용같으니
我色與歡敵.	내 모습은 임과 견줄 만하지.
莫案石榴花,[2]	석류꽃을 만지면서
歷亂聽儂摘.[3]	어지럽게 그대가 따도록 내버려두지 말아야지.

주석

1) 紅藍(홍람) : 잇꽃. 국화과의 풀로 노랗거나 붉은 꽃이 피며 연지의 원료로도 쓰인다.
2) 案(안) : 만지다.
   石榴花(석류화) : 아름다운 여인을 비유한다.
3) 歷亂(역란) : 어지러운 모습.
   摘(적) : 따다.

해설

이 시는 여인이 임과 어울리는 짝이지만 그 임이 다른 여인을 함부로 희롱하는 것을 허락하지 않겠다는 내용이다.

32-1-4

千葉紅芙蓉,[1]	천 개의 꽃잎이 있는 붉은 부용
照灼綠水邊.[2]	푸른 물가에서 반짝이네.
餘花任郞摘,[3]	다른 꽃은 낭군이 따도록 내버려두지만
愼莫罷儂蓮.[4]	삼가 그대 연꽃은 버리지 마시길.

주석

1) 千葉(천엽) : 천 개의 꽃잎. 천 개의 꽃잎이 있는 연꽃은 전설 상의 존재로 매우 아름답다고 한다.
2) 照灼(조작) : 사방으로 빛나다.
3) 任(임) : 내버려두다.
4) 罷(파) : 내버리다. 제거하다.

해설

이 시는 화려하게 핀 부용을 함부로 대하여 버리지 말라는 내용이다.

32-1-5

思歡久.	임을 그리워한 지 오래되었네.
不愛獨枝蓮,¹⁾	외가지 연꽃은 아깝지 않지만
只惜同心藕.²⁾	다만 동심의 연뿌리를 안타까워하네.

주석

1) 獨枝蓮(독지우) : 홀로 있는 연꽃. '연'은 그리워하다는 뜻인 '련憐'과 발음이 같아 의미가 통한다.
2) 同心藕(동심우) : 마음을 같이하는 연뿌리. '우'는 연뿌리인데 짝을 뜻할 '우偶'와 발음이 같아 의미가 통한다.

해설

이 시는 홀로 핀 연꽃보다는 마음을 같이하는 연뿌리를 아낀다고 하였는데, 혼자 있는 건 아무래도 괜찮지만 같이 지내지 못하는 것은 안타깝다는 말이다.

32-1-6

打壞木棲床,¹⁾	긴 나무의자를 때려 부수니

誰能坐相思.	누가 앉아 그리워할 수 있을까?
三更書石闕,²⁾	삼경에 석궐에 글을 쓰는데
憶子夜啼碑.³⁾	그대를 그리워하며 밤에 비석에서 우네.

주석

1) 打壞(타괴) : 때려 부수다.
   木棲床(목서상) : 나무로 만든 좌상. 좌상은 앉거나 누울 수 있는 긴 의자이다.
2) 三更(삼경) : 한밤중.
   石闕(석궐) : 돌로 만든 궐문. 궁묘나 묘당 앞에 세운 것으로 그 사람의 행적에 관해 적어 놓는다.
3) 碑(비) : 비석. 궐문에 있다. '비悲'와 발음이 같아서 의미가 통한다.

해설

이 시는 임을 그리워하며 밤새 슬퍼하는 모습을 표현하였다.

32-1-7

奈何不可言.	말할 수 없음을 어찌하리오.
朝看莫牛跡,¹⁾	아침에 저녁 소의 자취를 보니
知是宿蹄痕.²⁾	지난밤의 발굽 흔적임을 알겠구나.

주석

1) 莫牛跡(모우적) : 저녁 소의 자취. 지난 밤 소가 머물렀던 자취. '소'는 견우를 연상시켜서 남자를 비유한다.
2) 宿蹄痕(숙제흔) : 지난밤 머물며 생긴 발굽의 흔적.

해설

이 시는 지난밤 묵었던 소의 발굽 흔적을 아침에 다시 본다는 내용인데, 지난밤에 생긴 일을 누구에게도 말하지 못하는 마음을 표현하였다.

32-1-8

婆拖何處歸,[1]	홀가분히 어디로 돌아갔는가?
道逢播掯郎.[2]	길에서 나쁜 사내를 만났지.
口朱脫去盡,[3]	입술의 붉은 빛은 다 지워지고
花釵復低昂.[4]	꽃 비녀는 또 아래위로 어지럽네.

주석

1) 婆拖(사타) : 자태가 가볍고 느긋한 모습.
2) 播掯(파낙) : 뜻을 자세히 알 수 없지만 행실이 안 좋다는 뜻으로 추정된다.
3) 口朱(구주) : 입술에 칠한 붉은 색 화장.
4) 花釵(화차) : 꽃 비녀.
　低昂(저앙) : 아래로 처지기도 하고 위로 솟구치기도 하다. 비녀가 이리저리 어지럽게 꽂힌 모습이다.

해설

이 시는 여인이 행실이 안 좋은 남자를 만나 사랑을 나눈 뒤의 모습을 표현하였다.

32-1-9

所歡子.	좋아하는 그대여.
蓮從胸上度,[1]	연이 가슴 위로 자라나
刺憶庭欲死.[2]	추억을 찌르니 정말로 죽을 것 같네.

주석

1) 蓮(련) : 연. 그리워하다는 뜻인 '련憐'과 발음이 같아 의미가 통한다.
　度(도) : 자라다.

2) 刺憶(자억) : 추억을 찌르다. 옛 일을 생각나게 하여 괴롭다는 뜻이다. '억'은 '억臆'과 통해 '가슴을 찌른다'라고 풀이할 수도 있다.

庭(정) : 매우.

해설

이 시는 연이 가슴까지 자라나 그리움을 상기시키니 슬퍼서 죽을 것 같다는 내용으로, 임을 그리워하는 마음이 심함을 표현하였다.

32-1-10

攬裳踱.[1]   치마를 움켜쥐고 맨발로 걸어가네.
跣把絲織履.[2]   벗은 발에 비단 신발을 쥐었는데
故交白足露.[3]   일부러 흰 발을 드러낸 채 교차시키네.

주석

1) 攬(람) : 움켜쥐다.

   踱(탁) : 맨발로 걷다. 또는 천천히 걷다.

2) 跣(선) : 맨발.

   絲織履(사직리) : 비단으로 만든 신발.

3) 故(고) : 짐짓. 일부러.

   交(교) : 교차시키다. 여기서는 걷는다는 뜻이다.

   露(로) : 드러나다. 노출되다.

해설

이 시는 여인이 신발을 쥐고 맨발로 걸어가는 모습을 표현하였다.

32-1-11

上知所.[1]   하늘은 그 이유를 알까?

所歡不見憐,　　좋아하는 이가 날 사랑하지 않는데
憎狀從前度.[2]　미워하는 모습이 이전부터 커져 온 것을.

주석

1) 上(상) : 하늘.
   所(소) : 이유
2) 憎狀(증상) : 미워하는 모습.
   度(도) : 자라나다.

해설

이 시는 임이 자신을 좋아해주지 않는데 미워하는 마음이 예전부터 점점 커졌지만 그 이유를 모르겠다고 하였다.

32-1-12

思難忍.　　　　그리움은 참기 어렵구나.
絡甖語酒壺,[1]　실로 얽은 항아리가 술병에게 말하기를
倒寫儂頓盡.[2]　"거꾸로 쏟으면 너는 금새 다 비겠지."

주석

1) 絡甖(낙앵) : 실로 얽은 항아리. 실을 뜻하는 '사絲'는 그리움을 뜻하는 '사思'와 발음이 같아서 비유적으로 많이 사용되는데 실로 엮었다는 것은 그리움이 엉겨 있는 것을 비유하는 것으로 보인다.
2) 倒寫(도사) : 거꾸로 하여 쏟아버리다.
   頓盡(돈진) : 순식간에 다 사라지다. 안에 담긴 술이 금새 다 사라진다는 말이다.

해설

이 시는 실로 얽은 항아리가 술병에게 말을 하는 상황을 적은 것이다. 술병을 거꾸로

쏟으면 금새 안의 것이 다 사라지고 말지만 실로 얽은 항아리는 그렇지 않다고 하여 그리움이 없어지지 않는 상황을 말하였다. 술병을 언급한 것은 임에 대한 그리움의 번민을 술을 통해 없애려고 하는 마음이 반영된 것으로 보인다.

32-1-13

上樹摘桐花,[1]	나무에 올라 오동 꽃을 땄는데
何悟枝枯燥.[2]	어찌 알았으랴? 가지가 시든 뒤,
迢迢空中落,[3]	아득히 높은 하늘에서 떨어져
遂爲梧子道.[4]	마침내 오동 열매 깔린 길이 될 줄을.

주석

1) 桐花(동화) : 오동나무 꽃. '동'은 남자를 뜻하는 '동童'과 발음이 같아서 의미가 통한다.
2) 枯燥(고조) : 나무나 잎이 마르다. 가을이 되는 것을 뜻한다.
3) 迢迢(초초) : 높은 모습.
4) 梧子道(오자도) : 오동 열매가 깔린 길. '오자'는 나의 임을 뜻하는 '오자吾子'와 발음이 같아서 의미가 통한다.

해설

이 시는 봄에 오동나무 꽃을 땄는데 가을에 오동열매가 길에 가득 떨어지게 될 줄은 미처 몰랐다는 내용인데, 여인이 남자를 만났다가 결국 인연이 맺어지게 되었다는 뜻이다.

32-1-14

桐花特可憐.	오동 꽃이 특히 사랑스럽구나.
願天無霜雪,	원컨대 하늘에 서리와 눈이 없어서
梧子解千年.[1]	오동 열매가 천년토록 맺혀 갈라졌으면.

주석

1) 解(해) : 오동 열매의 겉껍데기가 터져 갈라지는 것을 말한다.

해설

이 시는 오동나무의 꽃이 펴서 천년토록 무성하게 열매가 맺히기를 바란다는 내용으로, 바로 앞의 시와 유사한 의미이다.

32-1-15

柳樹得春風,	버드나무가 봄바람을 만나니
一低復一昂.	한 번 내려왔다가 다시 한 번 올라가는구나.
誰能空相憶,	누가 공연히 그리워할 수 있으리오
獨眠度三陽.[1]	홀로 자면서 봄날을 보내는데.

주석

1) 三陽(삼양) : 원래는 음력 정월을 의미하는데 대체로 봄날을 가리킨다.

해설

이 시는 버들에 봄바람이 불어 휘날리는 모습을 표현한 뒤 임을 그리워하며 하릴없이 봄날을 보내는 모습을 그렸다.

32-1-16

折楊柳.	버들을 꺾는다.
百鳥園林啼,	온갖 새가 원림에서 지저귀는데
道歡不離口.[1]	즐거움을 말하면서 입에서 떠나질 않는구나.

주석

1) 道歡(도환) : 즐거움을 말하다. 즐겁게 지저귀는 것을 말한다.

不離口(불리구) : 입에서 떠나지 않다. 계속 말한다는 뜻이다.

해설

이 시는 봄에 온갖 새들이 즐겁게 지저귀고 있는 모습을 묘사하였는데, 이를 통해 임과 이별한 뒤 그리워하는 마음을 대비하여 암시하였다. 이와 달리 '환歡'이 임을 뜻하는 것으로 보면 임을 떠나보내고서 계속 그리워하며 입에 되뇌는 장면을 묘사한 것으로 볼 수도 있다.

32-1-17

縠衫兩袖裂,[1]	주름 잡힌 얇은 옷에 양 소매는 터졌고
花釵鬢邊低,[2]	꽃 비녀는 귀밑머리 가에 처져 있네.
何處分別歸,	헤어진 뒤 돌아가는 곳은 어디인가?
西上古餘啼.[3]	서쪽으로 떠나가니 예로부터 눈물이 많았지.

주석

1) 縠衫(곡삼) : 주름 잡힌 얇은 옷. 고급스런 옷이다.
2) 花釵(화차) : 꽃 비녀.
3) 西上(서상) : 서쪽으로 떠나다.
   古(고) : 예로부터.

해설

이 시는 서쪽으로 떠나가는 임과 헤어진 여인의 슬픔을 그렸다. 옷소매가 터지고 비녀가 처진 것을 통해 이별의 상심을 비유적으로 표현하였다.

32-1-18

所歡子.	좋아하는 그대여.
不與他人別,	딴 사람과 헤어져서가 아니라
啼是憶郞耳.[1]	우는 것은 낭군을 그리워해서라네.

주석

1) 耳(이) : 한정 또는 단정의 어기를 나타낸다.

해설

이 시는 여인이 우는 것은 오직 임과 헤어졌기 때문이라는 내용이다.

32-1-19

披被樹明燈,[1]	이불을 걷고 밝은 등을 세워둔 채
獨思誰能忍.	홀로 그리워하니 누가 참을 수 있으리오.
欲知長寒夜,	알고 싶구나, 길고 차가운 밤에
蘭燈傾壺盡.[2]	쉽싸리 등불 아래 술병을 다 기울이는지.

주석

1) 披被(피피) : 이불을 걷다. 또는 이불을 뒤집어쓰다.
2) 蘭燈(난등) : 쉽싸리 기름을 태우는 등. 고급 등불이다.

해설

이 시는 겨울 밤 임을 그리워하며 지새우는 장면을 그렸는데, 근심을 해소하기 위해 술을 마실 것이라고 하였다.

32-1-20

坐起歎汝好.[1]	앉았다 일어났다 그대의 기호를 탄식하네.
願他甘叢香,[2]	바라건대 다른 이가 모여 있는 향을 좋아하여
傾筐入懷抱.[3]	광주리를 가득 채워 품에 넣어 안아주었으면.

주석

1) 歎汝好(탄여호) : 그대의 기호를 탄식하다. 임이 여러 여인을 좋아하는 것을 탄식한다는

말이다.
2) 他(타) : 임이 아닌 다른 이를 가리킨다.
甘叢香(감총향) : 모여 있는 향을 좋아하다. 임의 주위에 있는 다양한 여인을 좋아한다는 뜻으로 보인다.
3) 傾筐(경광) : 광주리를 기울게 하다. 풀이나 꽃을 가득 담는 것인데, 빠짐없이 모두 취한다는 뜻이다.

해설

이 시는 임이 여러 여인을 좋아하는 상황을 탄식하다가, 그 여인들을 다른 이가 다 데려가기를 바라는 마음을 표현하였다.

32-1-21

逋髮不可料,¹⁾	헝클어진 머리칼을 정리할 수 없으니
憔悴爲誰睹.²⁾	초췌한 모습을 누가 봐주리오.
欲知相憶時,	그리워하는 때를 알고 싶다면
但看裙帶緩幾許.³⁾	그저 치마끈이 얼마나 느슨한지 보면 되리라.

주석

1) 逋髮(포발) : 어지러운 머리카락.
   料(료) : 정리하다.
2) 憔悴(초췌) : 초췌한 모습.
   睹(도) : 보다.
3) 裙帶(군대) : 치마끈.
   緩(완) : 느슨하다.
   幾許(기허) : 얼마나.

해설

이 시는 여인이 임과 이별한 뒤 단장할 마음도 없이 초췌한 모습을 하고 있음을 표현한 뒤, 치마끈이 느슨할 정도로 살이 빠진 것을 보면 임을 그리워하는 때를 알 수 있을 것이라고 하였다.

32-1-22

憶歡不能食. 그대 그리워 밥을 먹을 수 없구나.
徘徊三路間,[1] 삼거리 길 사이에서 서성이며
因風覓消息. 바람결에 소식을 찾아보네.

주석

1) 三路(삼로) : 삼거리 길. 임을 소식을 들을만한 번화한 곳이나 임과 헤어진 갈림길을 뜻하는 것으로 보인다.

해설

이 시는 멀리 떠나간 이를 그리워하며 길에 나가 소식을 기다린다는 내용이다.

32-1-23

朝日光景開,[1] 아침 태양에 경치가 펼쳐지니
從君良燕遊.[2] 낭군 따라 진정 즐겁게 노닐 것이리라.
願如卜者策,[3] 원컨대 점치는 이의 산가지 점과 같아서
長與千歲龜.[4] 오래도록 천년 거북이 점과 같이 하기를.

주석

1) 光景(광경) : 풍광. 경물.
2) 良(량) : 진실로.
   燕遊(연유) : 즐겁게 노닐다.
3) 卜者(복자) : 점치는 사람.
   策(책) : 산가지. 또는 시초. 모두 점치는 도구이다.

4) 千歲龜(천세귀) : 천년을 산 거북이. 예로부터 거북이 배 껍질로 점을 쳤는데 오래된 것일수록 영험하다고 여겼다.

|해설|

이 시는 아침부터 임과 즐겁게 노닐 것이라는 점괘가 나왔는데, 이것이 오래도록 영험함을 가지기를 바라는 마음을 표현하였다.

32-1-24

所歡子.　　　좋아하는 그대여.
問春花可憐,　봄꽃이 예쁘냐고 물으니
摘插裲襠裏.[1)]　꺾어 조끼 안에 꽂았네.

|주석|

1) 裲襠(양당) : 소매가 없는 상의. '량'은 '량兩'과 발음이 같아서 '양당'은 연인사이를 가리키는 말로 사용되고, 실제로 사랑의 증표로 연인들이 주고 받기도 하였다.

|해설|

이 시는 예쁜 봄꽃을 꺾어서 조끼 안에 꽂았던 상황을 그렸는데, 이를 통해 임이 자신을 사랑해 주었던 예전의 일을 회상하였다.

32-1-25

芳萱初生時,[1)]　향기로운 원추리가 처음 났을 때
知是無憂草.　　근심을 없애주는 풀인 줄 알았지.
雙眉畫未成,[2)]　두 눈썹에 화장이 되지 않는데
那能就郎抱.[3)]　어찌하면 낭군에게 가서 안길 수 있을까?

|주석|

1) 芳萱(방훤) : 향기로운 원추리. 원추리는 주로 여인의 정원에 심어져 있는데, 근심을 잊게

해주는 풀로 알려져 있어 망우초忘憂草라고도 한다.
2) 畫未成(화미성) : 눈썹 화장이 제대로 되지 않는다는 뜻이다.
3) 那(나) : 어찌.

해설

　이 시는 망우초로도 임과 만날 수 없는 근심을 해소할 수 없어서 화장도 제대로 하지 못한 채 근심하고 있는 상황을 표현하였다.

32-1-26

百花鮮.	온갖 꽃이 아름답네.
誰能懷春日,[1]	누가 춘정을 품은 날
獨入羅帳眠.[2]	홀로 비단 휘장으로 들어가 잘 수 있을까?

주석

1) 懷春(회춘) : 여인이 춘정을 품다. 이성을 그리워하는 것이다.
2) 羅帳(나장) : 비단 휘장.

해설

　이 시는 온갖 꽃이 핀 봄날 임을 만나고자 하지만 이루지 못하고 홀로 휘장 안에서 잠을 잔다는 내용이다.

32-1-27

聞歡得新儂,[1]	임이 새로운 이를 얻었다는 소식을 들으니
四支㒵如垂.[2]	사지가 괴로워 축 처진 듯하네.
鳥散放行路井中,[3]	새가 이리저리 마음대로 가다가 우물 안으로 들어갔으니
百翅不能飛.[4]	수백 번 날갯짓해도 날 수 없네.

주석

1) 新儂(신농) : 새로운 정인情人.
2) 懊(오) : 괴롭다.
3) 放行(방행) : 마음대로 날다.
   路(로) : 가다.
4) 翅(시) : 날개를 퍼덕이다.

해설

이 시는 임에게 다른 사람이 생겨 괴로워하는 여인을 그렸는데, 우물에 빠져 헤어나지 못하는 새로 비유하였다.

32-1-28

憐歡敢喚名,¹⁾	임을 좋아하지만 어찌 감히 이름을 부를까?
念歡不呼字.	임을 생각하지만 이름을 부르지 못하네.
連喚歡復歡,	임이여 또 임이여 연이어 부르는데
兩誓不相棄.	서로 버리지 말자고 둘이 맹세했지.

주석

1) 敢(감) : 어찌 감히 하겠는가?

해설

이 시는 임을 좋아하고 그리워하지만 감히 대놓고 그 이름을 부르지 못하고 그저 '임'이라고 만 부르는데, 서로 버리지 말자는 맹세를 저버린 것을 원망하는 마음을 표현하였다.

32-1-29

| 奈何許.¹⁾ | 어찌할 것인가? |
| 石闕生口中,²⁾ | 석궐이 입 안에서 생기니 |

銜碑不得語.³⁾　　　비석을 머금고 말을 할 수 없구나.

|주석|

1) 柰何(내하) : 어찌할까?
   許(허) : 감탄의 어기를 나타낸다.
2) 石闕(석궐) : 돌로 만든 궐문. 궁묘나 묘당 앞에 세운 것으로 그 사람의 행적에 관해 적어 놓는다.
3) 銜碑(함비) : 비석을 머금다. 비석은 석궐에 있다. '비'는 슬프다는 뜻의 '비悲'와 발음이 같아서 의미가 통한다.
   이상 두 구는 임의 석궐이 자신의 입에 생겼기에 말을 하지 못한다는 말로, '함비'라는 어휘를 사용하기 위한 수사적인 표현인 것으로 보인다. 이와 달리 석궐에 새겨진 생전의 행적을 입으로 뇌까리다보니 애달픈 마음에 말을 할 수 없다는 뜻으로 볼 수도 있다.

|해설|

이 시는 임이 죽어 슬퍼하는 모습을 표현하였다.

32-1-30

白門前,¹⁾　　　　　　백문 앞에
烏帽白帽來.²⁾　　　　검은 모자와 흰 모자가 왔는데,
白帽郎是儂,　　　　　흰 모자의 사내는 임이지만
良不知烏帽郎是誰.　　검은 모자의 사내는 누구인지 정말 모르겠네.

|주석|

1) 白門(백문) : 서남쪽의 성문. 또는 남조 송나라 건강建康(지금의 강소성 남경시)의 선양문宣陽門을 가리킨다.
2) 烏帽(오모) : 검은 모자. 검은 모자를 쓴 사람. 저승사자를 가리킨다.

| 해설 |

이 시는 저승사자가 죽은 임과 함께 있는 환상이 보이는 장면을 묘사하였다.

32-1-31

初陽正二月,¹⁾   동지 지나 정월과 이월
草木鬱靑靑.   초목이 푸릇푸릇 울창하네.
躡履步前園,²⁾   신발을 끌고서 앞 정원을 걷노라니
時物感人情.³⁾   시절의 만물에 정감을 느끼네.

| 주석 |

1) 初陽(초양) : 동지가 지나면 양이 처음 생기는데 동지 이후부터 입춘까지의 기간을 가리킨다. 초봄을 뜻한다.
   正二月(정이월) : 음력 정월과 이월. 봄을 가리킨다.
2) 躡履(섭리) : 신발을 끌다.
3) 時物(시물) : 시절에 따라 변화하는 만물. 여기서는 봄 경물을 가리킨다.

| 해설 |

이 시는 봄날 푸른 초목을 즐기기 위해 정원을 걷다보니 춘정을 느낀다는 내용이다.

32-1-32

靑幡起御路,¹⁾   푸른 깃발이 천자의 길에 세워지고
綠柳蔭馳道.²⁾   푸른 버들이 임금의 길에 그늘졌네.
歡贈玉樹箏,³⁾   임은 옥 나무로 만든 쟁을 수었기에
儂送千金寶.⁴⁾   나는 천금의 보물을 보내리.

| 주석 |

1) 靑幡(청번) : 푸른 깃발. 입춘이 되어 농사를 권면하기 위해 세운 깃발이다.

御路(어로) : 천자가 다니는 길.
2) 廕(음) : 그늘이 지다. 나무가 무성한 것을 뜻한다.
   馳道(치도) : 군왕의 수레가 빨리 달리는 길. 거마가 빨리 달리는 큰 길을 뜻한다.
3) 玉樹箏(옥수쟁) : 옥 나무로 만든 쟁. 좋은 쟁을 뜻한다.
4) 千金寶(천금보) : 천금의 가치가 있는 보물. 대체로 고귀한 신분의 사람을 비유하는데 여기서는 남자에 대한 여인의 호감을 가리키는 것으로 보인다.

| 해설 |

이 시는 봄이 되어 생기가 가득한 수도의 정경을 묘사하고, 임이 좋은 쟁을 보내오니 자신은 천금의 보물을 보내어 이에 보답하겠다는 말을 통해 남녀 간에 정감이 생기는 것을 표현하였다.

32-1-33

桃花落已盡,	복숭아꽃이 이미 다 떨어졌지만
愁思猶未央.[1)]	근심과 그리움은 아직 끝나지 않았네.
春風難期信,[2)]	봄바람은 믿음을 기약하기 어려우니
讬情明月光.[3)]	심정을 밝은 달빛에 맡기네.

| 주석 |

1) 未央(미앙) : 다하지 않다.
2) 春風(춘풍) : 봄바람. 봄이 되어 생기는 충동적인 정감을 비유한다.
   期信(기신) : 믿음을 기약하다. 또는 서신을 기약하다.
3) 明月光(명월광) : 밝은 달빛. 영원히 변치 않는 정감을 비유한다.

| 해설 |

이 시는 복숭아꽃이 떨어지고 봄이 다 지나가지만 임으로부터 소식이 오지 않아 근심에 찬 이가 더 이상 봄바람에 기대하지 않고 항상 모든 곳을 비추는 밝은 달에 정감을 부친다는 내용을 적었다.

32-1-34

計約黃昏後,	황혼 후에 만나기를 약속했는데
人斷猶未來.[1]	인적이 끊어져도 아직 오지 않네.
聞歡開方局,[2]	듣자니 임이 수작을 부려서
已復將誰期.[3]	벌써 다시 누군가와 기약했다하네.

주석

1) 人斷(인단) : 인적이 끊어지다. 밤이 깊어진 것이다.
2) 方局(방국) : 수작. 술수.
3) 將(장) : ~와.

해설

이 시는 해질녘에 임과 만나기로 했지만 밤 깊도록 오지 않는데, 임이 다른 이에게 수작 걸어 떠나갔음을 알고는 가슴 아파한다는 내용이다.

32-1-35

自從別郎後,	낭군과 헤어진 후로
臥宿頭不擧.	누워 지내며 머리조차 들지 못했네.
飛龍落藥店,[1]	날아가던 용이 약방에 떨어졌으니
骨出只爲汝.[2]	뼈가 드러난 것은 오직 그대 때문이지.

주석

1) 落藥店(낙약점) : 약방에 떨어지다.
   이 구는 날던 용이 약해져서 약방에 떨어져 약재가 된다는 말로, 여인이 임과 헤어진 뒤 건강이 위태로워졌음을 비유적으로 표현한 것이다.
2) 骨出(골출) : 뼈가 드러나다. 수척해지는 것을 뜻한다.

| 해설 |

이 시는 낭군과 헤어진 뒤 드러누워 쇠약해지는 여인의 모습을 표현하였다.

32-1-36

日光沒已盡,	햇빛이 이미 다 사라지고
宿鳥縱橫飛.[1]	둥지 찾는 새가 이리저리 나네.
徙倚望行雲,[2]	지나가는 구름을 서성이며 바라보고
躞蹀待郞歸.[3]	낭군 돌아오길 종종거리며 기다리네.

| 주석 |

1) 宿鳥(숙조) : 둥지로 돌아와서 쉬는 새. 여기서는 둥지로 돌아가는 새를 가리킨다.
2) 徙倚(사의) : 서성거리는 모습.
3) 躞蹀(섭접) : 종종거리는 모습. 마음을 졸이는 모습이다.

| 해설 |

이 시는 해가 진 뒤 애타는 마음으로 낭군이 돌아오기를 기다리는 여인의 모습을 그렸다. 해가 진 뒤 새도 둥지로 돌아오는데 낭군은 때가 되어도 돌아오지 않아 여인을 애타게 한다.

32-1-37

百度不一回,[1]	백 번을 지나가도 한 번도 돌아보지 않고
千書信不歸.	천 번 써도 편지가 돌아오지 않네.
春風吹楊柳,	봄바람이 버들에 부는데
華豔空徘徊.[2]	아름다운 여인이 공연히 서성이네.

| 주석 |

1) 度(도) : 지나가다.
2) 華豔(화염) : 아름답다. 아름다운 여인을 가리킨다.

해설

이 시는 아무리 찾아가고 연락해도 임이 관심을 가져주지 않기에 근심 속에 서성이는 여인의 모습을 표현하였다.

32-1-38

音信闊弦朔,[1]	소식이 띄엄띄엄 오기에
方悟千里遙.[2]	비로소 천 리 멀어진 줄 깨달았네.
朝霜語白日,	아침 서리가 흰 태양에게 말하길
知我爲歡消.[3]	"내가 임 때문에 사라지는 줄을 알겠네."

주석

1) 音信(음신) : 소식.
   闊(활) : 소원하다. 드물다.
   弦朔(현삭) : '현'은 상현과 하현으로 음력 7, 8일과 22, 23일이고 '삭'은 초하루이다. 서로 멀리 떨어져 있는 것을 뜻하며, 여기서는 소식이 드문드문하다는 말이다.
2) 千里遙(천리요) : 천 리 멀리 떨어지다. 두 사람의 마음이 아주 멀어졌다는 말이다.
3) 歡(환) : 임. 여기서는 태양을 가리킨다.

해설

이 시는 임에게서 소식이 드물어 마음이 이미 멀어졌음을 알게 되었다고 말한 뒤, 이는 마치 아침서리와 흰 태양이 서로 만나지 못하는 것과 같다고 하여 같이 지내지 못하고 상심하는 마음을 표현하였다.

32-1-39

合冥過藩來,[1]	어두워졌을 때 울타리를 넘어왔다가
向曉開門去.[2]	새벽이 될 때 문을 열고 떠났네.
歡取身上好,[3]	임이 자신의 몸에 좋은 것만 취하고

不爲儂作慮.⁴⁾　　나를 위해 염려하지는 않는구나.

주석

1) 合冥(합명) : 어두울 때.
   過藩(과번) : 울타리를 넘다. 몰래 들어가는 것이다.
2) 開門去(개문거) : 문을 열고 떠나다. 올 때처럼 몰래 가는 것이 아니라 다른 사람이 눈치 챌 수 있도록 경솔하게 떠나는 모습이다.
3) 身上(신상) : 자기 자신.
4) 儂(농) : 나.

해설

이 시는 임이 밤에 몰래 왔다가 새벽에 문을 열고 나가는데, 남자가 자신의 즐거움만 취할 뿐 여인의 처지에 대해서는 배려하지 않는 상황을 원망하는 마음을 표현하였다.

32-1-40

五鼓起開門,¹⁾　　오경에 일어나 문을 여니
正見歡子度.²⁾　　마침 임이 오는 것이 보이네.
何處宿行還,　　　어디서 자고 돌아오기에
衣被有霜露.³⁾　　옷에 서리와 이슬이 있는가?

주석

1) 五鼓(오고) : 오경五更. 새벽 세 시부터 다섯 시 사이.
2) 歡子(환자) : 임.
   度(도) : 건너오다. 찾아오다.
3) 衣被(의피) : 옷.

해설

이 시는 임이 밖에서 자고 새벽에 오는 상황을 묘사하였다.

32-1-41

本自無此意,[1]	본래는 이런 의도가 없었을 텐데
誰交郞擧前.[2]	누가 낭군을 내 앞에서 이리 행동하게 했는가?
視儂轉邁邁,[3]	나 보기를 점점 무시하더니
不復來時言.[4]	처음 올 때의 말을 지키지 않네.

주석

1) 本自(본자) : 본래.
   此意(차의) : 이런 의도. 남자가 여인을 멀리하려는 생각을 가리킨다.
2) 交(교) : 하게 하다.
   擧(거) : 행동하다.
3) 轉(전) : 점점.
   邁邁(매매) : 경시하다. 얕보다.
4) 復來時言(복래시언) : 올 때의 말을 실천하다. 처음 만났을 때 사랑의 말을 지킨다는 뜻이다.

해설

이 시는 낭군이 처음과는 달리 여인을 점점 무시하게 된 상황을 말하였는데, 그 원인에 대해 낭군이 본래 그런 뜻을 가진 게 아니라 누군가가 그렇게 하도록 했다고 하였다. 하지만 이는 여인의 자기 위안이고 남자에 대한 헛된 미련일 뿐이다.

32-1-42

自我別歡後,	내가 임과 헤어진 뒤로
歎音不絶響,	탄식 소리가 끊이질 않네.
茱萸持捻泥,[1]	수유를 가져다가 진흙과 빚어서
龕有殺子像.[2]	감실에 그대 죽이는 모습을 두었네.

주석

1) 茱萸(수유) : 산수유. 노란 꽃이 피고 붉은 열매를 맺는다. 중양절에 붉은 수유 열매를 주머니에 넣고 차면 액운을 물리친다고 한다.
   捻泥(염니) : 진흙을 빚다.
2) 龕(감) : 감실. 사당 안에 신주를 모셔 놓는 곳.

해설

이 시는 임과 헤어진 뒤로 탄식하면서 저주하는 모습을 표현하였다.

32-1-43

家貧近店肆,[1]	집이 가난하여 시장 근처에 사는데
出入引長事.[2]	드나들며 잘 하는 일을 맡네.
郎君不浮華,[3]	낭군은 사치스럽지 않으니
誰能呈實意.[4]	누가 진실한 뜻을 줄 수 있겠는가?

주석

1) 店肆(점사) : 상점. 시장을 가리킨다.
2) 引長事(인장사) : 잘 하는 일을 맡아 처리하다.
3) 浮華(부화) : 겉만 화려하게 꾸미고 실속은 없는 것.
4) 呈(정) : 주다. 보이다.
   實意(실의) : 진실한 마음. 좋아한다는 진정.

해설

이 시는 가난하지만 시장에서 열심히 일하고 있는 낭군에게 좋아한다는 진심을 전하고자 하지만 검소하기에 어떤 선물을 해야 할지 몰라하는 상황을 표현하였다.

32-1-44

念日行不遇,[1]   날짜를 꼭 기억했다가 갔지만 만나지 못했는데

道逢播捔郎,[2]	길에서 나쁜 남자를 만났네.
查滅衣服壞,[3]	집어 뜯어서 옷이 망가지고
白肉亦黯瘡.[4]	흰 속살은 검게 멍들었네.

주석

1) 念日(염일) : 날짜를 잊지 않고 기억하다.
2) 播捔(파낙) : 뜻을 자세히 알 수 없지만 행실이 안 좋다는 뜻으로 추정된다.
3) 查滅(자멸) : 손톱으로 잡아 뜯어서 망가뜨리는 것으로 보인다.
    壞(괴) : 망가지다.
4) 白肉(백육) : 흰 살.
    黯瘡(암창) : 시커멓게 상처가 생기다.

해설

이 시는 길 가다가 행실이 나쁜 남자를 만나 봉변을 당한 모습을 표현하였다.

32-1-45

歔欷暗中啼,[1]	흑흑 남 몰래 우는데
斜日照帳裏.	해가 기울어 휘장 안을 비추네.
無油何所苦,	기름이 없어도 무엇이 고생스럽겠는가?
但使天明爾.[2]	그저 하늘이 밝히도록 할 뿐이지.

주석

1) 歔欷(허희) : 슬피 우는 소리.
    暗中(암중) : 남 몰래.
2) 爾(이) : 할 따름이다.

> **해설**

　이 시는 휘장 안에서 하루 종일 울고 밤에도 불을 켜지 않고 지내는 모습을 표현하였다.

(임도현)

32-1-46

黃絲呢素琴,[1]	누런 실이 소박한 거문고에 토해지니
泛彈弦不斷,[2]	내키는 대로 튕겨도 현이 끊어지지 않는다네.
百弄任郎作,[3]	온갖 소리를 임이 연주하는 대로 맡기지만
唯莫廣陵散.[4]	다만 〈광릉산〉 곡조는 하지 말아주세요.

> **주석**

1) 黃絲(황사) : 누런 실. 누에 실을 가리킨다.
   呢(이) : 토하다. 누에가 실을 토하는 것을 말한다.
   素琴(소금) : 장식이 없는 소박한 거문고.
2) 泛彈(범탄) : 마음 내키는 대로 튕기다.
3) 百弄(백농) : 각양각색으로 연주하다.
   任(임) : 맡기다.
4) 廣陵散(광릉산) : 금곡琴曲 이름. 삼국시기三國時期 위魏의 혜강嵇康이 이 곡을 잘 탔는데 사람들에게 전수하지 않았다. 후에 혜강이 형장에서 죽음을 앞두고 마지막으로 연주하며 이 곡이 전해지지 않게 되었음을 안타까워하였는데, 이후로 일이 완성되지 않거나 전통이 끊어져 이어지지 않는 것을 비유한다.

> **해설**

　임에 대한 그리움을 거문고의 현에 비유하여 자신의 그리움은 결코 끊어지지 않을 것임을 말하고, 〈광릉산〉 곡조를 연주하지는 말라는 말로써 임과의 관계가 끊어지지 않고 계속 이어지기를 바라고 있다.

32-1-47

思歡不得來,	임을 그리워하지만 오게 할 수 없으니
抱被空中語.[1]	이불 껴안고 허공에 이야기하네.
月沒星不亮,	달은 지고 별도 밝지 않으니
持底明儂緒.[2]	무엇을 가지고 나의 그리움을 밝힐까?

주석

1) 空中語(공중어) : 허공에 대고 이야기하다.
2) 持底(지저) : 무엇을 가져다가. '底'는 '何'와 같다.
   緖(서) : 끊어지지 않고 이어지는 그리움.

해설

임을 그리워하지만 만날 수 없는 상황을 슬퍼하며 임과 만날 희망조차 사라져버린 암울한 현실을 안타까워하고 있다.

32-1-48

詐我不出門,	나를 속이고 문밖을 나오지 않더니
冥就他儂宿.[1]	어두워지니 다른 사람 집으로 가서 잔다네.
鹿轉方相頭,[2]	사슴이 방상의 머리로 바뀌었으니
丁倒欺人目.[3]	뒤바뀌어 사람의 눈을 속였구나.

주석

1) 他儂(타농) : 다른 사람.
2) 鹿(록) : 사슴. 사내의 선한 겉모습을 비유한다.
   方相(방상) : 전설상 역귀나 산천의 요괴를 쫓아낸다고 하는 신령. 황금으로 된 네 개의 눈과 사람의 몸에 짐승의 다리를 하고 있으며 곰의 가죽을 쓰고 창과 방패를 들고 있다고 한다. 여기에서는 사내의 추악한 모습을 비유한다.
3) 丁倒(정도) : 전도되다. 뒤바뀌다. '정'은 '전顚'과 통용된다.

| 해설 |

　자신을 속이고 몰래 다른 사람과 만나 사랑하고 있는 임을 원망하며 겉과 속이 다른 임의 이중적 모습을 나무라고 있다.

32-1-49

歡但且還去,[1]	임은 다만 장차 돌아가려고만 하고
遺信相參伺.[2]	사람 보내어 나를 엿보기만 하네.
契兒向高店,[3]	아이 시켜 높은 상점으로 향하게 하니
須臾儂自來.	순식간에 그대 스스로 오는구려.

| 주석 |

1) 且(차) : 장차.
2) 遺信(유신) : 사람을 보내다.
　參伺(참사) : 엿보다. 여자의 상태나 상황을 엿보는 것을 의미한다.
3) 契兒(계아) : 아이와 약속하다. 아이를 시켜 임과 연락하는 것을 말한다.
　高店(고점) : 높고 커다란 상점. 임이 머물고 있는 곳을 가리킨다.

| 해설 |

　사랑에 소극적인 남자와 적극적인 여자가 대비되고 있다. 눈치만 보며 사랑에 소극적인 임을 원망하며 스스로 먼저 연락을 취하여 임과의 만남을 성사시키고 있다.

32-1-50

| 欲行一過心,[1] | 한결같이 마음 알아주는 사이를 원했건만 |
| 誰我道相憐. | 누가 나에게 사랑을 말해줄까? |

| 摘菊持飲酒, | 국화 따서 가지고 와 술 마시니 |
| 浮華著口邊.²⁾ | 술에 띄운 꽃잎이 입가에 붙네. |

주석

1) 過心(과심) : 마음을 알다. 서로 마음이 통하는 것을 가리킨다.
2) 浮華(부화) : 떠다니는 꽃잎. 술잔 속에 띄운 꽃잎을 가리킨다.

해설

사랑을 갈구하지만 이루지 못하고 있는 현실을 안타까워하며 홀로 술 마시며 스스로를 위안하고 있다.

32-1-51

語我不遊行,	내게는 놀러가지 않는다고 말하고는
常常走巷路.	늘 마을 골목길로 달아나 버리네.
敗橋語方相,¹⁾	다리 부셔버리고 방상 같은 임에게 말하니
欺儂那得度.²⁾	"나를 속이고 어찌 건너갈 수 있으리?"

주석

1) 方相(방상) : 전설상 역귀나 산천의 요괴를 쫓아낸다고 하는 신령. 앞의 32-1-48 주2) 참조. 여기서는 임을 가리킨다.
2) 那得(나득) : 어찌 ~할 수 있으리?

해설

자신과 약속하고서도 유흥을 끊지 못하고 있는 임을 원망하며, 마침내 마을로 향하는 다리를 끊어버리고는 임을 추악한 방상에 비유하며 신의를 저버린 행동을 나무라고 있다.

32-1-52

闊面行負情,[1]	너그러운 얼굴로 행동은 사랑을 저버리고
詐我言端的.[2]	나를 속이면서 말은 진실하게 하네.
畵背作天圖,[3]	등에다 천문도를 그렸으니
子將負星曆.[4]	그대는 약속한 날짜도 저버리겠구려.

주석

1) 闊面(활면) : 너그러운 얼굴. 관대하고 온화한 얼굴 모습을 가리킨다.
2) 端的(단적) : 확실하다, 진실하다.
3) 背(배) : 등. 여기서는 '배신하다'는 뜻의 쌍관어로 사용하였다.
　天圖(천도) : 천문도天文圖. 일월성신 등의 분포와 운행을 그림으로 그린 것.
4) 星曆(성력) : 역법曆法. 반드시 준수하여야 할 이치를 가리키는 것으로, 여기서는 임과 만나기로 한 날짜를 의미한다.

해설

아무런 부끄러움이나 죄의식 없이 거짓된 말과 행동을 일삼고 있는 임을 원망하며 임과 만나기로 한 기약 또한 믿을 수 없음을 말하고 있다.

(주기평)

32-1-53

君行負憐事,[1]	그대가 종사하느라 사랑의 일을 저버리면
那得厚相於.[2]	어찌 도탑게 서로 친근할 수 있으랴.
麻紙語三葛,[3]	삼베 종이가 제갈 삼형제에게 말하길
我薄汝粗疏.	"나도 박하지만 너도 거칠고 성기구나."

주석

1) 行(행) : 종사하다.

負(부) : 저버리다.

憐事(연사) : 사랑의 일. 연정戀情을 가리킨다.
2) 那得(나득) : 어찌~할 수 있으랴.

相於(상어) : 서로 친하고 가까이 하다.
3) 三葛(삼갈) : 남양南阳 출신의 제갈 삼형제. 즉 제갈량诸葛亮과 그의 형 제갈근诸葛瑾, 당제堂弟 제갈탄诸葛诞. 여기서는 그들처럼 재능이 뛰어난 자신의 애정 상대를 가리킨다.

| 해설 |

이 시는 일을 핑계 삼아 자신을 등진 정인에게 그 박정함을 탓하고 있다. 종이가 얇고 갈포가 거칠고 성긴 것에 착안하여 정인의 박정함을 탓할 뿐만 아니라 자신도 앞으로 박하게 굴 것임을 암시하였다. '삼갈'은 재주가 뛰어났던 제갈 삼형제와 거칠고 성긴 갈포葛布를 동시에 가리키는 말로서, 자신의 정인이 재주는 뛰어나지만 애정에는 박한 것을 비유하였다.

32-1-54

黃天不滅解,[1]　　하늘은 없어지거나 풀어지지 않는지
甲夜曙星出,[2]　　초저녁에 샛별이 나왔네.
漏刻無心腸,[3]　　물시계는 마음이 없으니
復令五更畢.[4]　　다시 오경의 밤을 다하게 하리라.

| 주석 |

1) 黃天(황천) : 하느님. 하늘과 하늘의 신을 가리키는 말.
2) 甲夜(갑야) : 초경初更. 밤의 시간을 5등분한 것 중의 첫 시간. 저녁 7시부터 9시에 해당한다.

曙星(서성) : 새벽에 뜨는 별. 주로 샛별을 가리킨다.
3) 漏刻(누각) : 물시계. 물 항아리의 화살 위에 부호를 표하여 시간을 표시한다.

心腸(심장) : 마음. 감정.
4) 五更(오경) : 온 밤. 황혼녘부터 새벽까지의 밤 시간을 갑야甲夜, 을야乙夜, 병야丙夜, 정야丁夜, 무야戊夜로 5등분하고 이를 '오경'이라 하였다.

해설

이 시는 밤이 또 무정하게 지나감을 노래하였다. 변함없이 존재하는 '하늘'과 쉬지 않고 가는 '시계'를 통해 시간의 무정함을 탓하고 있다.

32-1-55

打殺長鳴雞,	길게 우는 닭을 쳐서 죽이고
彈去烏臼鳥,[1]	오구 새를 탄알로 없애야지.
願得連冥不復曙,[2]	원컨대 밤이 이어지며 다시 새벽되지 않아서
一年都一曉.[3]	한 해에 통틀어 하룻날만 밝기를.

주석

1) 彈去(탄거) : 탄알을 쏘아 제거하다. 탄알은 탄환이나 둥근 열매를 가리킨다.
   烏臼鳥(오구조) : 새 이름. 명明 이시진李時珍의 ≪본초강목本草綱目≫에 "급구鵖鳩는 ≪이아爾雅≫에 병급鵧鶋이라고 한다.···강동 지역에서 이를 오구라 하였다."라고 하였다. 이 새는 까마귀와 비슷한데 작으며 잘 운다. 특히 날 밝기 전에 우는 것을 좋아한다. 이 구는 오구 새가 울어서 날이 밝으면 안 되므로 이 새를 없애자는 것이다.
2) 冥(명) : 밤.
3) 都(도) : 통틀어. 모두.

해설

이 시는 새벽이 오는 것을 꺼리는 심정을 노래하였다. 새벽을 알리는 닭과 오구를 없앰으로써 새벽이 오지 않기를 바라고 있다. '타살', '탄거'의 표현에서 새벽이 오는 것을 얼마나 싫어하는지 알 수 있다.

32-1-56

| 空中人住在, | 허공에 사람이 살고 있나니 |
| 高牆深閣裏. | 높은 담과 깊은 누각 안일세. |

書信了不通,¹⁾　　서신은 끝내 통하지 못하니
故使風往爾.²⁾　　그래서 바람을 시켜 당신에게 가라 하였네.

주석

1) 了(료) : 끝내. 결국.
2) 爾(이) : 너. 당신. 2인칭 대사이다.

해설

이 시는 상대방에게 연락하지 못하는 안타까움을 노래하였다. 애정 상대가 신분이나 재력 면에서 큰 차이가 나는지 서신도 통하지 않는 상황임을 말하였다. 바람 편에라도 서신을 보내려는 서정화자의 절실함이 느껴진다.

32-1-57

儂心常慊慊,¹⁾　　저의 마음이 항상 못마땅한 것은
歡行由預情.²⁾　　임의 행동이 정에 끌려서라지요.
霧露隱芙蓉,　　　안개이슬이 부용꽃을 숨기니
見蓮詎分明.³⁾　　연을 보아도 어찌 선명하겠어요.

주석

1) 慊慊(겸겸) : 못마땅하다. 불만족스러운 모양.
2) 由(유) : ~로 말미암다. ~ 때문이다.
　預情(예정) : 정에 끌리다. 이 구는 임이 다른 여인에게 정을 주는 것을 말하였다.
3) 詎(거) : 어찌~하겠는가. 반문의 뜻이다.

해설

이 시는 다른 여인에게 끌리는 임을 원망하는 노래이다. 제1-2구는 자신이 못마땅한 이유를 분명하게 밝히고 있다. 즉 다른 여인에게 정을 주는 임 때문에 자신이 화가 나 있음을 말한

것이다. 제3구의 '안개이슬'로써 방해가 되는 여인을 비유하였고, 그래서 임의 모습도 선명하게 보이지 않는다고 말하였다.

32-1-58

非歡獨慊慊,	임만 유독 못마땅한 것이 아니라
儂意亦驅驅.¹⁾	내 뜻 또한 노력하며 애썼다오.
雙燈俱時盡,	쌍 등이 모두 때가 다하니
奈許兩無由.²⁾	어쩌나 우리 둘은 인연이 없구려.

주석

1) 驅驅(구구) : 노력하며 애쓰는 모습. 상대방 여인에게 자신도 충실하려고 노력했음을 말한다.
2) 奈許(내허) : 어찌하나. '허'는 의문사 뒤에 오는 조사이다.
   由(유) : 연유. 인연.

해설

이 시는 자신을 못마땅해 하는 여성의 노래에 답하는 내용으로, 자신도 애써보았지만 서로 인연이 없음을 말하였다. 앞의 여성의 노래가 다른 여성에게 끌리는 남성을 '안개이슬에 숨은 부용꽃'으로 비유적으로 표현했다면, 남성의 노래는 '둘이 인연이 없다'라고 단호하게 말하고 있다. 이러한 표현의 차이를 통해 애정의 온도차를 표현하였다.

32-1-59

誰交強纏綿,¹⁾	누가 시켜 억지로 정이 깊어답니까
常持罷作慮.²⁾	항상 그만두려는 뜻을 지녔었지요.
作生隱藕葉,³⁾	살아나려고 연근과 연잎 속에 숨었는지
蓮儂在何處.	연 당신은 어느 곳에 있는 건가요.

|주석|

1) 交(교) : 시키다. ~하게 하다. '敎교'와 통한다.
   纏綿(전면) : 정이 깊다. 정이 깊고 두텁다.
2) 罷作(파작) : 그만두다. 연애를 그만두는 것을 가리킨다.
3) 作生(작생) : 살아나다. 삶을 살다.

|해설|

이 시는 임과의 이별에 대처하는 여인의 태도를 노래하였다. 연애를 그만둘 수 있다고 단언하면서도 어딘가에 숨어있을지도 모르는 임의 존재를 언급함으로써, 자신의 마음과 행동이 다를 수 있음을 암시하였다.

(김수희)

32-1-60

相憐兩樂事,	서로 사랑하며 함께 즐기는 일이
黃作無趣怒.1)	헛되이 되었으니 까닭 없이 성만 나네.
合散無黃連,2)	만나고 헤어짐에 황련 같은 약도 없는데
此事復何苦.	이 일은 또 어찌나 괴로울지?

|주석|

1) 黃作(황작) : 헛되이 되다. 일이 무산되거나 뜻대로 되지 않는 것을 가리킨다.
   無趣(무취) : 까닭 없이.
2) 黃連(황련) : 약초 이름. 심화心火를 가라앉히는 효능이 있다.

|해설|

이 시는 임과 헤어져 이제는 더 이상 함께 사랑하며 즐거운 시간을 보낼 수 없어 공연히 화만 치미고 있는 상황을 말하며 치유할 수 없는 이별의 고통을 탄식하고 있다.

32-1-61

誰交強纏綿,¹⁾   누가 시켜 억지로 정이 깊어질까?
常持罷作意.   항상 그만두려는 생각 지니고 있었네.
走馬織懸簾,²⁾   말 달려 비단발을 짜야 되는데
薄情奈當駛.³⁾   박정하니 어찌 달리게 할 수 있겠는가.

주석

1) 交(교) : ~하게 하다. '교敎'와 같다.
　　纏綿(전면) : 얽히다. 남녀 사이의 애정이 깊음을 뜻한다.
2) 走馬(주마) : 말을 달리다. 두 사람 사이의 애정이 좋은 것을 나타내는 것으로, 주렴 짤 때의 소리를 형용한 것일 수도 있다.
　　織(직) : 짜다. 서로 사랑을 엮어나가는 것을 비유한다.
　　懸簾(현렴) : 발. 차광이나 엄폐 등을 목적으로 베나 비단을 짜서 늘어뜨렸다.
3) 駛(사) : 달리다.

해설

이 시는 임에 대한 사랑이 깊어 갈수록 불안감 또한 커져 갔음을 말하고, 임과 함께 사랑하고 싶지만 박정하기만 한 임의 태도에 실망감을 나타내고 있다.

32-1-62

執手與歡別,   손잡고 임과 이별하였으니
合會在何時.   어느 때에나 만날 수 있으리?
明燈照空局,¹⁾   밝은 등불은 빈 바둑판을 비추니
悠然未有期.²⁾   아득하여라, 만날 기약이 없구나.

주석

1) 空局(공국) : 빈 바둑판. 바둑을 뜻하는 '기棋'를 기약하는 의미의 '기期'와 쌍관어로 사용하여

텅 빈 바둑판으로써 만날 기약이 없는 상황을 나타내었다.
2) 悠然(유연) : 아득히 먼 모양. 또는 슬퍼 아파하는 모양.

|해설|

이 시는 임과 이별했던 때를 회상하며 임에 대한 그리움을 말하고 재회의 기약 없는 현실을 안타까워하고 있다.

32-1-63

百憶却欲噫,[1]	백 가지 추억에 도리어 한숨만 나오려 하고
兩眼常不燥.	두 눈은 늘 마르지 않네.
藩師五鼓行,[2]	변경으로 가는 군대가 오경에 행군하니
離儂何太早.[3]	나를 떠나심이 어찌 이리 빠르신가.

|주석|

1) 百憶(백억) : 백 가지 기억. 임과 함께했던 많은 추억들을 가리킨다.
　 噫(희) : 한숨 쉬다.
2) 藩師(번사) : 변경으로 가는 군대.
　 五鼓(오고) : 오경五更.
3) 儂(농) : 나. 일인칭을 가리킨다.

|해설|

이 시는 새벽 일찍 변방으로 종군하는 임과의 이별을 슬퍼한 것으로, 이별의 시간이 빠름을 안타까워하며 깊은 슬픔으로 인해 함께했던 좋은 추억조차 슬프게 느껴짐을 말하였다.

32-1-64

| 合笑來向儂,[1] | 웃음 머금으며 나를 향해 오시니 |
| 一抱不能置. | 한번 껴안고는 놓을 수가 없었네. |

領後千里帶,²⁾　　옷깃 뒤로 천리의 띠가 있었는데
那頓誰多媚.³⁾　　그 때 얼마나 예뻤던지?

주석

1) 合(함) : 머금다. '함含'으로 된 판본도 있다.
2) 領(령) : 옷깃.
   帶(대) : 띠.
3) 誰多(수다) : 얼마나. '허다許多'의 잘못으로 여겨진다.
   那頓(나둔) : 그때.

해설

이 시는 사랑하는 임과 함께했던 옛날의 추억을 회상하며 당시 임을 향한 자신의 주체할 수 없었던 사랑과 화려하고 아름다웠던 임의 모습을 노래하였다.

32-1-65

歡相憐,　　　　　임과 서로 그리워하니
今去何時來.　　　지금 떠나면 언제 돌아오려나.
裲襠別去年,¹⁾　조끼 입고서 떠나가고 나면
不忍見分題.²⁾　나눠 지은 시를 차마 보지 못하겠네.

주석

1) 裲襠(양당) : 옷 위에 입는 소매가 없는 짧은 겉옷. 여기서는 융의戎衣를 가리킨다.
2) 分題(분제) : 같이 나눠 지은 시.

해설

이 시는 종군하는 임과의 이별을 앞두고 함께 지었던 사랑의 시를 돌아보며 재회의 기약 없는 이별을 슬퍼하였다.

32-1-66

歡相憐,	임과 서로 그리워하니
題心共飮血,[1]	마음을 쓰고 함께 피를 마시네.
梳頭入黃泉,[2]	머리 빗고 황천길로 들어가는 셈이니
分作兩死計.	나누어 각자 죽을 계획을 세우네.

주석

1) 題心(제심) : 진심을 글로 쓰다.
   飮血(음혈) : 피를 마시다. 두 사람의 사랑을 맹세하는 것을 말한다.
2) 梳頭(소두) : 머리를 빗다.
   入黃泉(입황천) : 황천길로 들어가다. 임이 종군가는 상황을 가리킨다.

해설

이 시는 종군하여 이별하는 임과 글과 피로써 사랑을 맹세하며 저승에서라도 만나고픈 마음을 노래하였다.

(김해민)

32-1-67

嬌笑來向儂,	아리땁게 웃으며 나를 향해 오니
一抱不能已,[1]	한번 안으면 멈출 수가 없네요.
湖燥芙蓉萎,[2]	호수가 말라 부용이 시들어가니
蓮汝藕欲死.[3]	연, 네 뿌리가 죽을 것 같구나.

주석

1) 已(이) : 끝내다. 멈추다.
2) 燥(조) : 마르다.
   萎(위) : 시들다.

3) 藕(우) : 연뿌리. 배우자를 의미하는 '우偶'와 음이 같다.

해설

이 시는 예전에는 사랑했지만 이제는 더 이상 사랑이 지속되지 못하는 안타까움을 노래하였다.

32-1-68

歡心不相憐,	임의 마음은 좋아해주지 않으니
慊苦竟何已,[1]	원망과 괴로움이 마침내 언제 끝날지.
芙蓉腹裏萎,[2]	부용은 속부터 시들어가니
蓮汝從心起.	연, 너는 마음으로부터 일어나기를.

주석

1) 慊苦(겸고) : 유감이다. 원망하며 괴로워하다.
2) 腹裏(복리) : 속. 내부를 가리킨다.

해설

이 시는 임이 자신을 사랑하지 않아 가슴속에 원망과 괴로움만 늘어나고 있음을 노래하였다.

32-1-69

下帷掩燈燭,[1]	휘장 내리고 등촉을 가리니
明月照帳中.[2]	밝은 달이 침상 휘장 안을 비추네.
無油何所苦,	기름 없다한들 무엇이 괴로우랴?
但使天明儂.[3]	다만 하늘이 그대를 밝혀주도록 할 뿐.

주석

1) 帷(유) : 휘장. 수레나 창에 드리워 빛을 차단하는 용도로 사용하였다.

掩(엄) : 가리다.
2) 帳(장) : 침상 휘장. 침상에 드리워 보온과 방충 등의 용도로 사용하였다.
3) 儂(농) : 너. 당신. 뒤의 32-1-79에서는 '이爾'로 되어 있다.

해설

이 시는 방에서 임과 함께 밤을 보내는 상황을 말하고 등불 기름이 없어도 하늘의 달빛이 비쳐 행복한 모습을 노래하였다.

32-1-70

執手與歡別,   손잡고 임과 이별하는데
欲去情不忍.   떠나려 해도 마음은 차마 못 하네.
餘光照已藩,¹⁾ 남은 햇빛이 이미 끝자락을 비추니
坐見離日盡.²⁾ 이에 이별의 날이 다하는 것을 보네.

주석

1) 餘光(여광) : 해가 질 때 비추는 햇빛.
   藩(번) : 울타리. 가장자리.
2) 坐(좌) : 이에. 인하여.
   離日(이일) : 이별하는 날. 임과 함께 하는 마지막 날을 가리킨다.

해설

이 시는 임과 차마 헤어지지 못하는 심정을 말하고 임과 함께 하는 마지막 날이 저물어가는 것을 안타까워하고 있다.

32-1-71

種蓮長江邊,   장강 가에 연을 심었더니
藕生黃蘗浦.¹⁾ 황벽포에 연뿌리가 자라네.

必得蓮子時,²⁾　　분명 연밥을 얻을 때에는
流離經辛苦.³⁾　　떠돌며 쓰라린 고통 겪은 후겠지.

주석

1) 黃檗(황벽) : 지명. 어디인지는 자세히 알 수 없다.
2) 蓮子(연자) : 연밥. 사랑하는 임을 의미하는 '연자憐子'와 발음이 같다.
3) 流離(유리) : 떠돌다.

해설

　이 시는 연과 연뿌리를 통해 임을 향한 자신의 사랑을 말하고 임의 사랑을 얻기까지 많은 고통과 고난을 겪게 될 것임을 생각하고 있다.

32-1-72

人傳我不虛,¹⁾　　남들이 내가 비어있지는 않다고들 하니
實情明把納.²⁾　　실상을 분명 잘 알고 있는 것이지.
芙蓉萬層生,　　　부용은 만 겹으로 자라나고
蓮子信重沓.³⁾　　연밥은 참으로 빼곡하니.

주석

1) 傳(전) : 말을 전하다. 사람들끼리 서로 말하는 것을 가리킨다.
　 虛(허) : 비다. 사랑하는 사람이 없는 것을 말한다.
2) 把納(파납) : 파악해서 받아들이다. 잘 알고 있다.
3) 重沓(중답) : 겹쳐있다. 빼곡하다.

해설

　자신에 대해 사랑하는 사람이 있을 것이라 말하는 사람들의 짐작이 틀리지 않았음을 말하고, 만 겹으로 빼곡히 자란 부용과 연밥으로 임에 대한 충만한 사랑을 나타내었다.

32-1-73

聞乖事難懷,¹⁾　　틀어진 일도 가슴에 담아두기 어렵다 들었거늘
況復臨別離.　　　하물며 다시 이별이 가까웠음에랴.
伏龜語石板,²⁾　　엎드린 거북이가 석판에게 말하네.
方作千歲碑.³⁾　　"이제 천 년의 비석이 되었구나."

주석

1) 乖事(괴사) : 어긋난 일. 여기서는 사소하게 틀어진 일을 가리킨다.
2) 伏龜(복구) : 엎드린 거북이. 거북이 모양으로 된 비석의 하단을 말한다.
3) 碑(비) : 비석. 슬프다는 의미의 '悲'와 쌍관어를 이룬다.

해설

이 시는 자신의 뜻과 무관하게 생겨난 일은 아무리 사소한 것이라도 마음속에 남는데 하물며 임과의 이별은 더욱이나 견딜 수 없음을 말하고, 임과 헤어지며 비로소 완성된 비석의 비유을 통해 천 년토록 지속될 자신의 슬픔을 나타내었다.

(이다연)

32-1-74

鈐盪與時競,¹⁾　　바깥일에 시간을 다투니
不得尋傾慮.²⁾　　마음 쏟던 임 찾을 길 없네.
春風扇芳條,　　　봄바람 꽃 핀 가지에 부채질하니
常念花落去.　　　늘 꽃이 질 것만 염려하네.

주석

1) 鈐盪(검탕) : '검'은 검속하다. '탕'은 떠돌다. 사랑하는 임이 외지에서 공무에 종사함을 뜻한다.
2) 傾慮(경려) : 생각을 기울이다. 생각을 기울이는 대상으로 사랑하는 임을 뜻한다.

> [해설]
> 공무에 바쁜 임을 보지 못해 꽃 피는 청춘이 지나가버릴 것을 걱정하는 노래이다.

32-1-75

坐倚無精魂,[1]	주저앉아 기댄 채 넋이 나가 있으니
使我生百慮.	오만 걱정 들게 만드네.
方局十七道,[2]	바둑판 열일곱 줄
期會是何處.	만날 곳은 어디인가.

> [주석]
> 1) 精魂(정혼) : 정신.
> 2) 方局(방국) : 바둑판. 가로 세로가 각각 열일곱 줄로 되어 있다. 인간 세상을 비유한다.

> [해설]
> 사랑하는 이와 헤어진 뒤 넋이 빠진 채 기약 없는 만남을 체념하는 내용이다.

32-1-76

暫出白門前,[1]	잠시 백문 앞에 나와 보니
楊柳可藏烏.	버드나무가 까마귀 숨길 만 하네.
歡作沈水香,[2]	임은 침수향이 되고
儂作博山爐.[3]	나는 박산로가 되리라.

> [주석]
> 1) 白門(백문) : 남조南朝 송宋의 수도 건강建康의 남쪽 성문인 선양문宣陽門.
> 2) 沈水香(침수향) : 상록교목의 일종으로 일명 침향沈香. 향의 재료이다.
> 3) 博山爐(박산로) : 향로의 일종. 뚜껑이 전설상의 박산博山 모양으로 되어 있다.

해설

백문 앞 무성한 버드나무를 보고 향과 향로처럼 친밀한 임과의 사랑을 표현한 내용이다.

32-1-77

十期九不果,	열 번 기약에 아홉 번은 못 만나니
常抱懷恨生.	늘 한 품고 살아가네.
然燈不下炷,[1]	등불 태울 때 심지 넣지 않으면
有油那得明.[2]	기름이 있다한들 어찌 밝히리오.

주석

1) 然(연) : 태우다. '연燃'과 같다.
   下炷(하주) : 심지를 등잔 기름에 내리다. 남녀의 만남을 비유한다.
2) 油(유) : 기름. 방법을 뜻하는 '유由'와 발음이 같아서 쌍관어로 사용되었다.

해설

심지 없는 등잔의 비유로 임을 만나지 못하는 한을 노래하였다.

32-1-78

自從近日來,	근래 들어서
了不相尋博.[1]	전혀 나를 찾아 놀이하지 않네.
竹簾裲襠題,[2]	대나무 발 안에서 조끼에 글을 썼건만
知子心情薄.	그대 마음 얕아진 줄 알겠네.

주석

1) 博(박) : 박희博戱. 바둑, 장기 등의 놀이. 임과 함께 하던 놀이이다.
2) 裲襠(양당) : 옷 위에 입는 소매가 없는 짧은 겉옷.
   題(제) : 글을 쓰다. 임의 조끼에 사랑의 맹세를 쓴 것을 말한다.

> 해설

  예전에는 임이 늘 찾아와 놀이를 즐기고 그의 조끼에 사랑의 맹세까지 적어주었지만 그가 변심하여 찾아오지 않자 원망하는 노래이다.

32-1-79

下帷燈火盡,[1]	휘장 내리고 등불 꺼지니
朗月照懷裏.	밝은 달이 품 안을 비추네.
無油何所苦,	기름 없다한들 무엇이 괴로우랴?
但令天明儞.[2]	다만 하늘이 그대를 밝혀주도록 할 뿐.

> 주석

1) 帷(유) : 휘장. 수레나 창에 드리워 빛을 차단하는 용도로 사용하였다.
2) 儞(이) : 너. 당신. 앞의 32-1-69에서는 '농儂'으로 되어 있다.

> 해설

  함께 방에 있으며 임의 품에 안기니 등불 기름이 없어도 하늘의 달빛이 비쳐 행복한 모습을 노래하였다.

32-1-80

近日蓮違期,[1]	근래 연꽃이 피지 않더라니
不復尋博子.[2]	다시는 놀이 상대를 찾아오지 않네.
六籌翻雙魚,[3]	산가지 여섯 개에 물고기 두 마리 뒤집히니
都成罷去已.	모두 끝장이 나버렸네.

> 주석

1) 蓮(련) : 연꽃. '연戀'의 뜻으로 사랑을 비유한다.
   違期(위기) : 꽃 피는 때를 어기다. 임이 만날 약속을 어긴 것을 뜻한다.

2) 博子(박자) : 놀이 상대. 시의 화자를 가리킨다.
3) 六籌翻雙魚(육주번쌍어) : 놀이의 규칙으로, 놀이가 끝난 것을 말한다. 두 사람이 놀이판에서 말을 움직일 때 물고기 패를 뒤집으면 산가지 세 개를 얻으며, 물고기 패를 두 개 뒤집으면 산가지 여섯 개를 얻어서 놀이에서 이긴다.

|해설|

마음이 변하여 임이 이제 더 이상 찾아오지 않으니, 놀이의 승부가 결정되어 끝이 나듯 임과의 사랑도 끝이 나고 말았음을 원망하고 있다.

(이욱진)

32-1-81

一夕就郎宿,	어느 날 밤 낭군께서 묵는 곳에 가서
通夜語不息.	밤새도록 말을 그치지 않았네.
黃蘗萬里路,¹⁾	황벽나무 심어진 만 리 길
道苦眞無極.²⁾	길의 힘듦이 정말로 끝이 없었네요.

|주석|

1) 黃蘗(황벽) : 황벽나무. 낙엽교목으로 주로 깊은 산에 자란다. 내피를 약으로 썼는데 맛이 쓰다. 그래서 예전부터 황벽나무를 사용하여 '쓰다'는 의미를 많이 비유하였다.
   이 구는 두 사람의 만나기까지 겪은 고초를 비유한다.
2) 道苦(도고) : 길이 괴롭다. 또는 고초를 말하다. 그러면 이 구는 "고초를 말하는 것이 정말로 끝이 없었네."가 된다.

|해설|

여인이 주도적으로 남자의 숙소를 찾아갔다. 두 사람은 밤새 그들이 극복한 어려움에 대해 이야기하였다.

32-1-82

登店賣三葛,[1]	가게를 열어 거친 갈포를 파는데
郎來買丈餘,[2]	임이 한 길 남짓을 사시네.
合匹與郎去,[3]	한 필을 맞추어 임에게 가져가시라 드리니
誰解斷粗疏.[4]	갈포 자른 마음을 누가 알아줄까요?

주석

1) 登店(등점) : 가게를 열다.
   三葛(삼갈) : 거친 갈포.
2) 丈餘(장여) : 한 길(약 3m) 남짓.
3) 合匹(합필) : 필에 맞추어서. 한 필을 채우다. 한 필은 옛날에 4장丈이었다. 남자가 사는 것 보다 훨씬 많이 주는 것이다. 이 부분은 쌍관의 의미도 가지는데, "배필(짝)이 되어"의 의미를 암시할 수 있다.
4) 斷粗疏(단조소) : 거칠고 성긴 갈포를 재단하다. 여기서 갈포는 '거칠고 성긴 여자의 마음'을 의미한다.

해설

남자는 한 길 남짓한 갈포를 사려 했지만 여인은 한 필을 맞추어 갈포를 팔았다. 자신의 마음을 달리 표현하지 못하는 여인의 서툴고 안타까운 마음이 시에 담겨있다.

32-1-83

儂亦粗經風.[1]	그대는 정말 거칠게 지나가는 바람.
罷頓葛帳裏,[2]	나는 갈포 장막 안에서 지쳐 쓰러졌고,
敗許粗疏中.[3]	거칠고 성긴 속에서 그르쳤다네.

주석

1) 儂(농) : 너. 그대.

粗經風(조경풍) : 거칠고 성기게 지나가는 바람. 여인의 갈포 장막 안으로 불어온 것으로 이해할 수도 있다.
2) 罷頓(피둔) : 지치고 힘들어 쓰러지다.
葛帳(갈장) : 거친 베로 만든 침대 장막. 앞 시의 갈포 장수와 연관시킬 수도 있다.
3) 敗許(패허) : 실패하다. 그르치다. '허'는 조사.
粗疏(조소) : 거칠고 성긴 갈포 장막. 제2구와 제3구는 같은 장소를 가리킨다.

| 해설 |

여인은 남자를 사랑했으나 남자는 그저 잠깐의 스쳐감이라고 생각한 것 같다. 결국 그녀는 자신의 처소에서 좌절해 쓰러졌다.

32-1-84

紫草生湖邊,¹⁾   지치가 호수 가에 생겨나
誤落芙蓉裏.²⁾   부용꽃에 잘못 떨어졌네.
色分都未獲,³⁾   색의 구분을 도무지 할 수 없더니
空中染蓮子.⁴⁾   빈틈에 연밥을 물들이고 말았네.

| 주석 |

1) 紫草(자초) : 지치. 5~6월에 흰색의 꽃을 피운다. 서늘한 곳의 산과 들의 풀밭에서 자생하며 뿌리는 약용과 보라색을 내는 염료로 사용하였다. 뿌리는 보라색이 강해서 지치가 자라면 주위 흙도 보라색으로 변한다.
2) 芙蓉(부용) : 여기에서는 남편이나 연인을 의미한다.
3) 色分(색분) : 여러 잡초 사이에서 지치를 구분하는 일.
4) 空中(공중) : 빈틈. 틈 속. 방심한 사이를 의미한다.
蓮子(연자) : 연밥. 사랑하는 임을 의미한다.

| 해설 |

연꽃 옆으로 지치가 스며들었다. 다른 잡초도 있었지만 지치만큼은 구별해야 했다. 어느새

지치가 연밥을 물들였으니 그 요망한 그 여자가 나의 임을 꼬셔버렸다.

32-1-85

閨閤斷信使,[1]	규방에 소식을 전하는 사람이 끊겼지만
的的兩相憶.[2]	둘은 깊게 서로를 그리워하네.
譬如水上影,	비유하건데 물 위의 그림자가
分明不可得.	분명하지만 잡을 수 없는 것과 같구나.

주석

1) 閨閤(규합) : 여인이 거처하는 내실의 작은 문. 그래서 여자가 거처하는 내실을 의미한다.
   信使(신사) : 편지나 소식을 전달하는 사람.
2) 的的(적적) : 정과 그리움이 깊은 모양.

해설

여인에게 남자의 소식이 끊겼다. 두 사람은 서로 사랑하지만 그 사랑을 이루는 것은 어렵다.

32-1-86

逍遙待曉分,[1]	배회하다 새벽이 되고
轉側聽更鼓.[2]	전전반측하다 시간을 알리는 북소리를 듣는다.
明月不應停,[3]	밝은 달은 멈추지 않으니
特爲相思苦.[4]	그저 그대 그리워하는 괴로움만 되는구나.

주석

1) 逍遙(소요) : 배회하다.
   待(대) : 때가 되다. 마주하다.
   曉分(효분) : 새벽.
2) 更鼓(경고) : 시간을 알리는 북소리.

3) 明月(명월) : 흐르는 시간을 상징한다.

　　相思(상사) : ≪고악부古樂府≫에는 '사군思君'으로 되어있다. 같은 뜻이다.
4) 特爲(특위) : 그저 ~이 되다. 여기에서는 명월明月이 상사고相思苦가 된다는 뜻이다.

해설

여인은 밤새 날이 새도록 임을 그리워하였다. 멈추지 않는 밝은 달은 계속 흐르는 시간이기에, 시간이 지나도 임을 만나지 못하는 여인에겐 결국 그리움의 고통이 된다.

32-1-87

罷去四五年,[1]	헤어져 떠난 지 사오 년
相見論故情.	그대를 만나 옛 정을 이야기하네.
殺荷不斷藕,[2]	연꽃을 죽였지만 연뿌리를 자르지 않았기에
蓮心已復生.[3]	연심이 이미 다시 자라나네.

주석

1) 罷去(파거) : 헤어지고 떠나다.

　　四五年(사오년) : 4~5년. 20년으로 보기도 한다.
2) 殺荷(살하) : 연꽃을 죽이다. 사랑하는 마음을 없애버렸다는 뜻이다.
3) 蓮心(연심) : 연밥. 여기에서는 사랑의 마음을 비유한다.

해설

여인은 어떤 이유로 임과 이별했지만 여전히 미련이 남았었다. 그래서 시간이 지난 다음 다시 만나니 사랑의 감정도 다시 생겨났다.

32-1-88

| 辛苦一朝歡,[1] | 쓰라린 고통이 어느새 기쁨이 되었지만 |
| 須臾情易厭.[2] | 순식간에 그대의 사랑은 미움으로 바뀌었네. |

行膝點芙蓉,³⁾　　오랫동안 정성을 다해 부용을 점찍었지만
深蓮非骨念.⁴⁾　　그대의 깊단 사랑은 뼛속까지 사랑은 아니었다네.

주석

1) 一朝(일조) : 어느새. 순식간에.
2) 須臾(수유) : 갑자기.
   情易厭(정역염) : 애정이 질시로 바뀌다. 남자가 여인을 사랑한다던 감정이 미워하고 귀찮아 하는 감정으로 바뀌다.
3) 行膝(행슬) : 정성을 다해 힘을 쓰다. '주행슬보肘行膝步'의 줄임말로 팔꿈치로 가고 무릎으로 걷는다는 뜻이다.
   芙蓉(부용) : 부용은 쌍관어로 '부용夫容'을 의미해서 남자를 가리킨다.
4) 深蓮(심연) : 깊숙이 자리 잡은 연꽃. '심련深戀'과 쌍관어로 사용되어 '깊은 사랑'을 의미한다. 여기서는 남자가 했다는 깊은 사랑을 가리킨다.
   骨念(골념) : 뼈에 사무치는 사랑. 깊은 그리움.

해설

여인은 정말로 원하고 그리워서 간절하게 남자와 사랑을 나눴지만 남자는 그녀와 생각이 달랐다. 남자의 사랑 고백은 잠깐의 달콤함이었을 뿐 그의 진심이 아니었다.

32-1-89

慊苦憶儂歡,　　괴롭고 힘들다가도 그대를 생각하면 기뻐지니
書作後非是.¹⁾　　편지를 쓴 다음에는 나쁜 것도 좋아지네.
五果林中度,²⁾　　온갖 과일나무가 있는 숲 속을 지나다
見花多憶子.³⁾　　꽃을 보고 열매 생각 자주 한다네.

주석

1) 非是(비시) : 나쁜 것을 옳게 여기다. 기분이 좋아져서 생각이 긍정적으로 바뀌다.

2) 五果(오과) : 많은 과일 나무. 오과는 보통 복숭아, 자두, 살구, 밤, 대추를 가리키나 여기에서는 많은 과일을 의미한다.

度(도) : 지나다. 건너다.

3) 子(자) : 열매. 열매가 맺히다. '열매 생각을 한다'는 것은 화자의 생각이 긍정적으로 변해서 과일나무 꽃을 보고 과일이 열릴 것을 생각하듯이 임과의 사랑의 결실을 기대한다는 의미이다.

해설

이 시는 사랑하는 사람을 지금 만나지 못해 힘들지만 그리운 마음을 가지고 미래를 긍정적으로 기대하는 여인의 마음을 묘사하였다.

(서용준)

32-2 독곡가 5수 讀曲歌五首
당唐 장호張祜

32-2-1

窗中獨自起,	방 안에서 혼자 일어나
簾外獨自行.	주렴 밖을 혼자 거니네.
愁見蜘蛛織,1)	근심 속에 거미가 집을 짓는 것 보고
尋思直到明.2)	날 밝을 때까지 생각에 잠기네.

주석

1) 蜘蛛織(지주직) : 거미가 거미줄을 짜다. 좋은 일이 생길 징조다. 거미가 기쁜 일을 가져온다고 믿었다. 양梁의 유협劉勰의 ≪유자刘子·비명鄙名≫에 "요즘 사람들은 낮에 거미를 보면 기쁜 일이 생길 길조라고 여긴다.(今野人晝見蟢子, 以爲有喜樂之瑞)"라고 하였다.

2) 尋思(심사) : 골똘히 생각하다. 여기에서는 기대와 희망을 품은 모습이다.

해설
여인이 근심에 싸여 밤을 새웠는데 우연히 거미가 집을 짓는 것을 보고 좋은 일이 생길까 기대를 품게 되었다.

32-2-2

碓上人不舂,[1]	방아 가에서는 사람이 절구질 하지 않고
窗中絲罷絡.[2]	창 안에서는 실로 실타래 만들길 그만두었네.
看渠駕去車,[3]	그 사람이 멍에 채워 떠나는 수레를 보니
定是無四角.[4]	분명 사각 바퀴는 없구나.

주석

1) 碓(대) : 방아.
   人(인) : 사람. 여인을 가리킨다.
   不舂(불용) : 절구질을 하지 않다. 남자를 위해 밥을 짓지 않는다는 뜻이다. ≪전당시≫에는 '미불용米不舂'으로 되어있으며, 이 경우 '쌀을 찧지 않다'는 의미이다.
2) 罷絡(파락) : 실타래 만들기를 그만두다. 옷을 만들지 않는다는 뜻이다. '락絡'은 실 뭉치나 실타래이다.
3) 渠(거) : 그. 그 사람.
   駕(가) : 멍에를 얹어서 매다.
4) 定(정) : 분명히.
   四角(사각) : 4각 바퀴. '거륜사각車輪四角'은 "수레바퀴가 사각이 되길 바란다"는 뜻으로 헤어지고 싶지 않은 마음을 나타내는 전고典故다. 이 시에서는 이 전고를 사용하여 여인의 마음은 헤어짐을 슬퍼하는데 남자의 마음에는 슬픔이 없어 보인다는 것을 나타내었다.

해설
이별을 당한 여인은 모든 것을 포기하고 좌절했는데 그녀의 눈에 보이는 남자의 떠나는 모습은 그녀처럼 슬퍼하는 것 같지 않다.

32-2-3

不見心相許,[1]　마음으로 서로 통하는 것을 얻지 못하였으니
徒云脚漫勤,[2]　다만 너무 열심히 하지는 말라고 말하였네.
摘荷空摘葉,　연을 딴다면서 부질없이 연잎을 따니
是底採蓮人.[3]　이것이 어찌 연밥 따는 사람인지요?

주석

1) 不見(불견) : 피동의 뜻이다. 못하게 되다. 얻지 못하다.
   心相許(심상허) : 마음이 서로 통하다.
2) 脚(각) : 다리. 연을 따라 갈 때 타는 배는 좁고 작아서 보통 다리로 물 바닥을 민다. 또는 삿대 등의 기둥을 뜻한다.
   漫(만) : 그만두다.
   勤(근) : 부지런하다. 열심히 하다.
3) 底(저) : 어찌.

해설

아직 사랑한다고 말을 못한 여자는 남자에게 고작 쉬엄쉬엄 일하라는 말만 하였다. 그리고 본인은 따야하는 연밥을 안 따고 연잎만 따며 시간을 보낸다.

32-2-4

窓外山魈立,[1]　창밖에 산도깨비가 서있는데
知渠脚不多.[2]　그이의 다리가 많지 않다는 것을 안다네.
三更機底下,[3]　한밤중에 베틀의 옆에서
摸着是誰梭.[4]　더듬어 붙잡으니 이것이 누구의 베틀 북일까?

주석

1) 山魈(산소) : 산도깨비. ≪산해경山海經≫에도 나오는 중국 고대 전설상의 다리가 하나 뿐인

괴물. 덩치가 크고 시커먼 털이 몸을 덮었으며 입도 크다고 한다.
2) 渠(지거) : 그이. 도깨비를 가리킨다.
   脚(각) : 다리. 여기에서는 남자의 성기를 비유한다.
3) 三更(삼경) : 삼경. 밤 11시에서 새벽 1시 사이.
   機底下(기저하) : 베틀의 옆. 여인의 처소를 의미한다.
4) 摸着(모착) : 더듬어 움켜쥐다.
   梭(사) : 베틀 북. 북은 베를 짤 때 씨실을 풀어주는 구실을 하는 배처럼 생긴 크거나 작은 나무통이다. 여기에서는 남자의 성기를 비유한다.

해설

이 시는 여인이 밤에 남자를 만나 사랑을 나누는 것을 노래하였다.

32-2-5

郎去摘黃瓜,[1]	낭군은 저리 가면서 오이를 땄고
郎來收赤棗.[2]	낭군은 이리 오면서 대추를 거뒀다네.
郎耕種麻地,[3]	낭군이 갈아서 심은 마밭은
今作西舍道.[4]	이제는 서쪽 이웃집으로 통하는 길이 되었다네.

주석

1) 黃瓜(황과) : 오이. 오이는 보통 여름인 8월 무렵에 딴다.
2) 赤棗(적조) : 대추. 가을인 10월 무렵에 빨갛게 익은 열매를 딴다.
3) 麻(마) : 삼. 보통 봄(3~5월)에 씨를 뿌리고 여름(6~8월)에 베어내어 껍질로 섬유를 만든다.
4) 西舍(서사) : 서쪽 이웃.

해설

낭군은 집안일에 관심이 없고 오며 가며 남의 집 일만 도와주었다. 낭군이 갈아서 만든 마밭은 여인이 함께 생활할 터전이 된 것이 아니라 낭군이 바람을 피러 서쪽 집에 왕래하는 길이 되었다.

(서용준)

33. 춘강화월야 7수 春江花月夜七首

≪당서·악지≫에 이르기를, "<춘강화월야>, <옥수후정화>, <당당>은 모두 진 후주가 지은 것이다. 후주는 늘 궁궐의 여학사 및 조정신하들과 서로 창화하며 시를 지었는데, 태상령 하서가 또한 시문에 뛰어나서 그 중 특히 화려하고 아름다운 것을 골라 이 곡을 만들었다." 라고 하였다.

唐書樂志曰,[1] <春江花月夜><玉樹後庭花><堂堂>並陳後主所作.[2] 後主常與宮中女學士及朝臣相和爲詩,[3] 太常令何胥又善於文詠,[4] 採其尤艷麗者, 以爲此曲.

주석

1) 唐書(당서) : 곽무천의 ≪악부시집≫에는 진서晉書로 되어 있으나 ≪구당서舊唐書≫에 근거하여 고쳐진 것이다.
2) 陳後主(진후주) : 진숙보陳叔寶(553~604). 자는 원수元秀이고 소자小字는 황노黃奴이다. 남조 진나라 선제宣帝의 맏아들이며 진나라의 마지막 황제이다. 8년간 재위에 있었는데 정치를 멀리하고 주야로 주색에 빠져 염사艶詞와 곡조 짓기를 즐겼다.
3) 女學士(여학사) : 여관女官의 명칭. 후에는 재주와 학식을 갖춘 여자를 가리키는 말로도 쓰였다.
4) 太常令(태상령) : 관직명. 나라의 제사와 예악을 관장하였다.
   何胥(하서) : 남조 진나라 시인. 진나라 후주 때 태상령을 지냈다. 궁중의 염체시를 고르고 관현 가락을 입혀 신곡을 만들었다.
   文詠(문영) : 시문詩文.

33-1 춘강화월야 2수 春江花月夜二首
　　　수隋 양제煬帝

33-1-1

暮江平不動,	저물녘 강물은 잔잔하여 흔들리지 않고
春花滿正開.	봄날 꽃은 가득히 한창 피어있네.
流波將月去,[1]	흐르는 물결이 달을 데리고 가니
潮水帶星來.[2]	파도가 별을 데려 오는구나.

주석

1) 將(장) : 거느리다. 이 구절은 달이 진 것을 말한다.
2) 潮水(조수) : 조수.
　　帶(대) : 데리고 있다.

해설

이 시는 봄날 저녁부터 새벽이 되도록 강가에 머물면서 주변의 풍경을 감상하는 모습이다.

33-1-2

夜露含花氣,	밤이슬은 꽃기운을 품고
春潭漾月暉.[1]	봄날 연못엔 달빛이 넘실거리네.
漢水逢遊女,[2]	한수 가에서 노니는 여인을 만나고
湘川值兩妃.[3]	상수의 두 희첩을 만난 듯하네.

주석

1) 漾(양) : 물결이 넘실거리는 모양.
2) 漢水(한수) : 강 이름. 섬서성陝西省 남쪽에서 발원하는 장강의 최대 지류이다.
　　遊女(유여) : 노니는 여인. 한수의 여신을 가리킨다. 조식曹植의 <낙신부洛神賦>에서 "남쪽

307

상강의 두 비를 따르고, 한수가의 놀던 여인을 이끄네.(從南湘之二妃, 攜漢濱之游女)"라고 하였다.

3) 湘川(상천) : 상강湘江. 광서자치구廣西自治區에서 발원하여 호남성湖南省을 거쳐 동정호洞庭湖로 흘러 들어간다. 호남성 최대의 강이다.

値(치) : 만나다.

兩妃(양비) : 두 희첩. 요堯 임금의 두 딸인 아황娥皇과 여영女英을 가리키며 후에 순舜의 아내가 되었다. 순 임금이 죽자 슬퍼하다 상강湘江에 빠져 죽어 신이 되었다고 전해진다. 상비湘妃 혹은 상군湘君이라고 부른다.

해설

이 시는 봄밤에 달, 꽃, 연못이 어우러진 아름다운 경관을 바라보며 연회를 즐기는 모습을 나타내었다.

33-2 춘강화월야 春江花月夜
수隋 제갈영諸葛穎

花帆渡柳浦,¹⁾　　배가 버드나무 물가를 지나
結纜隱梅洲.²⁾　　닻을 묶고 매화 섬에 숨었네.
月色含江樹,　　달빛은 강가 나무를 품고
花影覆船樓.³⁾　　꽃 그림자는 선루를 뒤덮었네.

주석

1) 花帆(화범) : 꽃수가 놓인 돛. 배를 가리킨다.
   柳浦(유포) : 버드나무가 자라 있는 물가.
2) 結纜(결람) : 닻줄을 묶다. 배를 정박하는 것이다.
3) 船樓(선루) : 배의 갑판 위에 있는 누각 혹은 다락집.

해설
이 시는 봄밤에 배를 정박하고 연회를 즐기는 모습을 나타내었다.

33-3 춘강화월야 2수 春江花月夜二首
당唐 장자용張子容

33-3-1

林花發岸口,	수풀 꽃이 강가에 피어있고
氣色動江新.[1]	그 빛이 강에 일렁이며 새로워지네.
此野江中月,	이 들녘 강물 속에 달이 뜨고
流光花上春.	흐르는 빛에 꽃 위로 봄이로다.
分明石潭裏,[2]	바위의 연못 속을 또렷이 밝히니
宜照浣紗人.[3]	응당 빨래하는 여인도 비췄으리.

주석
1) 氣色(기색) : 향기와 빛깔.
2) 分明(분명) : 또렷하다. 분명하다.
   石潭(석담) : 바위로 둘러싸인 깊은 연못.
3) 浣紗人(완사인) : 빨래하는 여인. 서시西施가 포양강浦阳江에서 빨래하던 것에서 유래하였다.

해설
이 시는 달빛이 훤히 비추는 강가 주위를 바라보며 서시西施를 떠올린 것이다.

33-3-2

交甫憐瑤佩,[1]	정교보는 패옥을 아꼈으니
仙妃難重期.[2]	신녀를 다시 기약하기 어려웠네.

沈沈綠江晚,³⁾　　깊은 푸른 강가에 해가 지니
惆悵碧雲姿.⁴⁾　　서글픈 푸른 구름 속 자태여.
初逢花上月,　　　처음 만난 날에 꽃 위로 달이 떴었는데
言是弄珠時.⁵⁾　　구슬을 가지고 놀던 때였다 하지.

주석

1) 交甫(교보) : 정교보鄭交甫. ≪한시외전韓詩外傳≫에 따르면 정교보가 남쪽 초楚나라로 가다가 한고대漢皐臺 아래에서 두 여인을 만났는데 차고 있던 패옥을 청하니 풀어주었다. 정교보가 그것을 지니고 얼마쯤 가다보니 패옥이 없어졌고 여인들도 보이지 않았다고 한다.
  瑤佩(요패) : 패옥佩玉.
2) 仙妃(선비) : 신녀神女.
3) 沈沈(침침) : 물이 깊은 모양.
4) 惆悵(추창) : 슬퍼하는 모양.
5) 弄珠(농주) : 구슬을 가지고 놀다. 장형張衡의 <남도부南都賦>에서 "노닐던 여인이 한고의 굽이에서 구슬을 가지고 노네.(游女弄珠於漢皐之曲)"라고 하였다.

해설

이 시는 정교보가 한고대漢皐臺 아래에서 신녀를 만났다던 고사를 떠올리는 내용이다.

33-4 춘강화월야 春江花月夜
당唐 장약허張若虛

春江潮水連海平,　　봄 강의 조수가 바다까지 이어져 잔잔하다가
海上明月共潮生.　　바다 위로 밝은 달이 조수와 함께 떠오르네.
灩灩隨波千萬里,¹⁾　　반짝반짝 물결을 따라 천리만리 밖까지
何處春江無月明.　　봄 강 어딘들 밝은 달빛이 없으랴!

江流宛轉遶芳甸,[2]	강물은 굽이굽이 향기로운 들판을 에워싸고
月照花林皆似霰.[3]	달빛은 꽃 수풀을 비추니 온통 싸라기눈이 덮인 듯하네.
空裏流霜不覺飛,[4]	허공에서 내린 서리는 날리는지 느끼지 못했고
汀上白沙看不見.[5]	물가 흰모래는 보아도 보이질 않는구나.
江天一色無纖塵,[6]	강과 하늘이 한 빛으로 티끌 하나 없는데
皎皎空中孤月輪.[7]	훤하게 공중에 홀로 둥근 달이 떠 있도다.
江畔何人初見月,[8]	강가 어느 누가 처음 저 달을 보았을까?
江月何年初照人.	강가 달은 어느 해에 처음 사람을 비췄을까?
人生代代無窮已,[9]	사람은 대대로 이어져 끊어진 적이 없으니
江月年年望相似.	강가 달을 해마다 똑같이 바라보는구나.
不知江月待何人,	강가 달이 누굴 기다리는지 모르겠으나
但見長江送流水.	그저 긴 강이 흘려보내는 물만 보일뿐이네.
白雲一片去悠悠,[10]	흰 구름 한 조각이 아득히 떠나가자
靑楓浦上不勝愁.[11]	푸른 단풍나무 물가에서 서러움을 이기지 못하네.
誰家今夜扁舟子,[12]	이 밤 뉘 집 조각배의 나그네인가?
何處相思明月樓.[13]	달빛 아래 어디 누각에서 그리워하겠구나.
可憐樓上月徘徊,	가련하구나 누각 위로 배회하는 달이여
應照離人粧鏡臺.[14]	응당 헤어진 아내의 화장대를 비추겠지.
玉戶簾中卷不去,[15]	방문 주렴 한가운데 있어 걷어 올려도 사라지지 않고
擣衣砧上拂還來.[16]	다듬잇돌 위에 있어 떨쳐내도 다시 돌아오리.
此時相望不相聞,	지금 서로 바라만보고 소식을 듣지 못하니
願逐月華流照君.[17]	원컨대 달빛을 따라가 그대를 비췄으면.
鴻雁長飛光不度,[18]	기러기가 멀리 날아가도 달빛처럼 건너갈 수 없고
魚龍潛躍水成文.[19]	물고기가 잠겨있다 뛰어올라도 물보라만 일으킬 뿐이네.
昨夜閑潭夢落花,[20]	지난밤 고요한 연못에서 꽃이 지는 꿈을 꾸었는데

311

악부시집樂府詩集·청상곡사淸商曲辭 1

可憐春半不還家,	불쌍히도 봄이 절반이나 지났건만 집으로 돌아가지 못했네.
江水流春去欲盡,	강물에 흐르는 봄은 다 지려하고
江潭落月復西斜.	강가에 지는 달도 다시 서쪽으로 기우네.
斜月沈沈藏海霧,[21]	지는 달은 깊숙이 바다 안개 속으로 숨고
碣石瀟湘無限路.[22]	갈석산에서 소상까지 끝없이 길이 이어지네.
不知乘月幾人歸,	달빛을 타고 몇 이나 돌아갔을까?
落月搖情滿江樹.[23]	지는 달빛이 내 맘을 흔들며 강가 숲에 가득하구나.

주석

1) 灩灩(염염) : 반짝이는 모양.
2) 宛轉(완전) : 강물이 굽이굽이 흘러가는 모양.
   遶(요) : 에워싸다. 감돌다.
   芳甸(방전) : 향기가 무성한 들판.
3) 霰(산) : 싸라기눈.
4) 流霜(유상) : 내리는 서리. 여기서는 달빛이 높은 하늘에서 아래로 비추고 있음을 비유한다.
   不覺飛(불각비) : 날리는 것으로 느껴지지 않다. '비상飛霜'이라 하여 서리가 날린다는 표현을 쓰는데 실은 달빛인지라 그렇게 느끼지 못했다는 뜻이다.
5) 汀上(정상) : 물가.
   이 두 구는 달빛이 백사장을 하얗게 비춰 모래가 보이지 않는다는 뜻이다.
6) 纖塵(섬진) : 티끌.
7) 皎皎(교교) : 밝은 모양.
   月輪(월륜) : 둥근 달.
8) 江畔(강반) : 강가.
9) 窮已(궁이) : 끝나다. 다하다.
10) 白雲(백운) : 흰 구름. 여기서는 나그네를 비유한다.
    悠悠(유유) : 아득히 먼 모양.
11) 靑楓浦上(청풍포상) : 푸른 단풍이 있는 강가. 지금의 호남성湖南省 유양현瀏陽縣 지역에

청풍포가 있으나 여기서는 구체적인 지명으로 쓰이기보다는 나그네가 있는 곳을 가리킨다. 이 두 구는 나그네가 아내를 그리는 모습을 나타낸 것이다.

12) 扁舟子(편주자) : 조각배를 탄 나그네.
13) 明月樓(명월루) : 달빛 아래 누각. 남편이 아내가 자신을 그리워할 것이라 짐작하는 것이다.
14) 離人(리인) : 멀리 떨어진 사람. 여기서는 아내를 가리킨다.
    妝鏡臺(장경대) : 화장대.
15) 玉戶(옥호) : 옥으로 장식된 문. 여기서는 아내의 방을 가리킨다.
    卷(권) : 걷어 올리다. 달빛이 주렴을 비추고 있어 걷어 올려도 그대로 있음을 나타낸 것이다.
16) 擣衣(도의) : 옷을 다듬이질하다.
    砧(침) : 다듬잇돌.
    이 두 구는 남편의 그리움을 아내의 주변을 맴도는 달을 통해 형상화한 것이다.
17) 月華(월화) : 달빛.
18) 鴻雁(홍안) : 기러기. 소식을 전하는 것을 비유한다.
    光不度(광부도) : 달빛이 건너가지 못하다.
19) 魚龍(어룡) : 물고기. 소식을 전하는 것을 비유한다.
    潛躍(잠약) : 물밑에 잠겨 있다가 수면위로 뛰어오르다.
    成文(성문) : 무늬를 이루다. 여기서는 물보라를 가리킨다.
    이 두 구는 아내에게 소식을 전하기 위해 기러기와 물고기를 써보지만 이뤄지지 않았음을 나타낸 것이다.
20) 夢落花(몽낙화) : 낙화를 꿈꾸다. 봄이 가는 것을 안타까워하는 것이다.
21) 沈沈(침침) : 깊이 가라앉는 모양.
22) 碣石(갈석) : 산 이름. 지금의 하북성河北省 낙정현樂亭縣 남서쪽에 있다. 여기서는 북쪽을 비유한다.
    瀟湘(소상) : 강 이름. 지금의 호남성 동정호洞庭湖 남쪽의 소수瀟水와 상주湘水의 합칭이다. 여기서는 남쪽을 비유한다.
    無限路(무한로) : 길이 끝이 없다. 두 사람이 매우 멀리 떨어져 있음을 나타낸 것이다.
23) 搖情(요정) : 마음을 흔들다. 온 숲에 달빛이 가득 차니 아내에 대한 그리움이 더욱 요동친다는 뜻이다.

> **해설**
> 이 시는 아름다운 봄날이 지나도록 집으로 돌아가지 못한 나그네가 달빛에 기대 아내를 그리는 애틋한 심정을 노래한 것이다.

33-5 춘강화월야 春江花月夜
당唐 온정균溫庭筠

玉樹歌闌海雲黑,[1]	〈옥수후정화〉노래가 끝나자 바다 위로 먹구름이 끼더니
花庭忽作靑蕪國.[2]	꽃이 피었던 정원이 돌연 잡초의 땅으로 변했네.
秦淮有水水無情,[3]	진회에 강물이 있는데 강물은 무정하여
還向金陵漾春色.[4]	여전히 금릉을 향해 넘실넘실 봄빛을 띠며 흘러갔네.
楊家二世安九重,[5]	양가의 2세는 구중궁궐에서 편히 지냈고
不御華芝嫌六龍.[6]	수레를 부리지 않고 여섯 필의 준마도 싫다하였네.
百幅錦帆風力滿,	백 폭 비단 돛에 바람이 힘껏 가득 실리니
連天展盡金芙蓉.[7]	하늘까지 금빛 부용이 활짝 펼쳐졌네.
珠翠丁星復明滅,[8]	진주와 비취 장식이 별을 대하니 다시 반짝거리고
龍頭劈浪哀笳發.[9]	용머리가 물결을 가르자 구슬픈 피리 소리가 울려 퍼졌네.
千里涵空照水魂,[10]	천리까지 하늘을 담고 물의 정령까지 비추는데
萬枝破鼻團香雪.[11]	수많은 가지에서 향내가 코를 찌르며 흰 꽃이 뭉쳐있네.
漏轉霞高滄海西,[12]	물시계 단지가 바뀌고 아침노을이 바다 서쪽 높이 뜨면
頗黎枕上聞天雞.[13]	수정 침상에서 천계의 울음소리를 들었네.
蠻弦代雁曲如語,[14]	남방과 북방의 현악은 곡조가 말하는 듯하여
一醉昏昏天下迷.[15]	한번 취하면 혼미해져 천하가 미혹되었다네.
四方傾動煙塵起,[16]	사방이 기울어 동요하며 연기와 먼지가 피어오르는데
猶在濃香夢魂裏.[17]	여전히 짙은 향내의 꿈속 영혼으로 머물러 있었네.
後主荒宮有曉鶯,[18]	진 후주의 황폐한 궁궐터에 새벽녘 꾀꼬리가 있는데

飛來只隔西江水.¹⁹⁾　　날아오는 건 단지 서강을 사이에 두고 있을 뿐이라네.

주석

1) 玉樹(옥수) : <옥수후정화玉樹後庭花>의 곡명. 남조의 진陳 후주後主가 지은 것으로 대부분 장귀비張貴妃와 공귀빈孔貴嬪의 아름다움을 노래한 것이다. 후대에는 망국지음亡國之音으로 일컬어졌다.
   闌(난) : 끝나다.
   雲黑(운흑) : 먹구름. 여기서는 장차 나라가 망할 것을 비유한다.
2) 靑蕪(청무) : 잡초가 무성하게 자라있는 모양.
3) 秦淮(진회) : 강 이름. 회수淮水 또는 용장포龍藏浦라고 하며 강소성江蘇省 남경시南京市를 지나 장강으로 흘러간다. 진시황이 남순을 하다 용장포에 이르렀는데 그곳에서 왕의 기운이 느껴지자 종부鍾阜를 파고 장롱長隴을 끊어 왕기가 새어나가도록 물길을 만들었다고 한다.
4) 金陵(금릉) : 지금의 남경. 당시 진나라의 수도.
   漾(양) : 물결이 넘실거리는 모양.
   이 네 구는 진 후주가 사치 향락을 일삼다가 결국 패망에 이르렀으나 강물은 그대로임을 대조적으로 나타낸 것이다.
5) 楊家二世(양가이세) : 양가의 2세. 수나라 2대 황제인 양제煬帝 양광楊廣이다. 문제文帝의 둘째 아들로 문제를 시해하고 즉위하였다.
6) 御(어) : 타다. 부리다.
   華芝(화지) : 화려한 덮개. 황제의 수레를 가리킨다.
   六龍(육룡) : 여섯 필의 준마. 천자의 수레는 여섯 필의 말이 끌었는데 8척 이상의 말을 '용'이라 하였다.
   이 두 구는 수 양제가 뱃놀이를 슬기는 모습이다.
7) 金芙蓉(금부용) : 금빛 부용. 금실로 부용꽃을 수놓은 돛을 가리킨다. 수 양제가 강도江都(지금의 강소성江蘇省 양주揚州)에서 유람한 일을 나타낸 것으로 이를 위해 낙양의 서원西苑에서부터 하남의 변수汴水, 산동의 사수泗水를 거쳐 회하淮河로 이어지는 거대한 운하를 만들었다고 한다.

이 네 구는 수 양제가 운하를 뚫고 사치스런 뱃놀이를 즐기는 것이다.
8) 珠翠(주취) : 주옥과 비취로 만든 여인의 머리 장식.
丁星(정성) : 별빛을 대하다.
明滅(명멸) : 반짝거리는 모양.
9) 笳(가) : 악기의 이름. 고대 북방민족의 악기로 피리와 비슷하며 소리가 구슬프다. 수 양제가 악공에게 명하여 <범용주泛龍舟> 등의 곡을 짓게 하였는데 그 소리 또한 서글펐다고 한다.
10) 涵空(함공) : 하늘을 담다. 강물에 하늘이 비치는 것을 뜻한다.
水魂(수혼) : 물의 정령. 파도가 없어 물이 맑으니 달빛이 물속까지 훤히 비추는 것이다. 수 양제의 배가 지나갈 때면 물의 정령들도 그의 위엄을 두려워하여 파도나 바람을 일으키지 않았음을 나타내는 것이다.
11) 破鼻(파비) : 코를 찌르다. 꽃향기가 매우 짙음을 뜻한다.
團(단) : 뭉쳐있다.
香雪(향설) : 향기로운 흰 꽃. 여기서는 버드나무 꽃을 가리킨다. 수 양제가 운하를 건설하면서 제방을 따라 버드나무를 심고 '수제隋隄'라고 불렀는데 그 길이가 1300여 리나 되었다고 한다.
이 네 구는 기녀와 악공을 태우고 벌어지는 현란한 뱃놀이의 위엄과 주변 경물을 묘사한 것이다.
12) 漏轉(누전) : 물시계 단지가 바뀌다. 물시계 단지에 물이 넘쳐 다음 단지로 흐르는 것이다. 시간이 흐르는 것을 말한다.
霞(하) : 아침노을.
13) 頗黎(파려) : 수정처럼 생긴 보석의 일종.
天鷄(천계) : 전설상 천계의 닭. 날이 밝았음을 뜻한다.
14) 蠻弦(만현) : 남방 오랑캐의 현악기. 남금南琴을 비유하는 것으로 보기도 한다.
代雁(대안) : 대주代州의 현악기. 북쪽 변방의 현악기. 수당대에 모두 대주代州를 두었다가 다시 안문군雁門郡으로 바꾸었다. 지금의 산서성山西省 대현代縣이다. '대玳'로 된 판본도 있다. 북쪽 변방의 현악기 혹은 북무北舞를 비유하는 것으로 보기도 하는데 여기서는 '안雁'을 '안족雁足'으로 보고 현악기의 뜻으로 풀이하는 것이 좋을 듯하다.
15) 昏昏(혼혼) : 혼미한 모양.

天下迷(천하미) : 천하가 미혹되다.
이 네 구는 날이 밝도록 주색에 빠져 있는 모습을 묘사한 것이다.

16) 傾動(경동) : 무너져 동요하다.

煙塵(연진) : 연기와 먼지. 전쟁이 일어났음을 비유한다. 대업大業 13년(617) 5월에 당공唐公이었던 이연李淵이 태원太原에서 난을 일으켜 11월에 입성하였다. 이듬해 3월에 양제가 장군 우문화급宇文化及에 의해 살해되자 이연이 제위를 이어 당나라를 세웠다.

17) 夢魂(몽혼) : 꿈속의 넋. 옛사람들은 꿈속에서는 영혼이 육체와 분리된다고 여겼다 한다.
18) 後主(후주) : 왕조의 마지막 황제. 여기서는 남조南朝의 진 후주 진숙보陳叔寶를 가리킨다.
19) 曉鶯(효앵) : 새벽녘 꾀꼬리.

西江(서강) : 장강의 서쪽. 진나라의 수도 금릉과 수양제의 강도江都 황궁은 서강을 사이에 두고 떨어져 있다.

이 네 구는 수 양제가 전쟁이 일어났음에도 여전히 몽중에서 헤어 나오지 못하니 멸망의 시간이 그리 멀지 않았음을 나타낸 것이다.

해설

이 시는 수 양제가 진 후주의 교훈을 깨닫지 못하고 화려한 뱃놀이를 즐기며 주색을 일삼다가 패망에 이르게 된 일을 나타낸 것이다.

(홍혜진)

34. 옥수후정화 2수 玉樹後庭花二首

≪수서·악지≫에 이르기를, "진 후주가 청악 중에 <황려류> 및 <옥수후정화>, <금채량빈수> 등의 곡을 짓고 총애하는 신하들과 그 가사를 지었는데 화려함을 서로 높여 경박하고 음탕함이 극에 달했으며 남녀가 창화하고 그 음이 매우 애절했다."라고 하였다. ≪오행지≫에 이르기를, "정명 초에 후주가 새 노래를 지었는데 가사가 매우 애절하였으며 후궁 미인들로 하여금 이것을 익혀 부르도록 하였다. 그 가사에서 '아름다운 나무와 뒤뜰의 꽃, 꽃은 피었으나 더 이상 오래가지 못하겠구나.'라 하였다. 당시 사람들이 노래의 예언으로 삼았으니 이는 후주가 오래가지 못할 징조였다."라고 하였다. ≪남사≫에 이르기를, "진 후주의 장귀비는 이름이 여화로, 공씨와 공씨 두 귀빈, 왕씨와 이씨 두 미인, 장씨와 설씨 두 숙원, 원소의, 하첩여, 강수용 등과 함께 모두 총애를 받았으며, 또한 궁인 원대사 등을 여학사로 삼았다. 매번 손님을 초대하여 연회를 벌일 때면 여러 귀인, 여학사로 하여금 친한 손님과 새로운 시를 짓게 하고 그 중에서 더욱 아름답고 화려한 것을 골라 곡조를 만들고 새로운 소리를 입혀 궁녀 천 여 명을 선발하여 부르게 하였다. 그 곡으로 <옥수후정화>, <임춘락> 등이 있었다. 그것들은 대략 '둥근 달은 밤마다 가득하고, 아름다운 나무는 아침마다 새롭구나.'라 하였는데 대체로 모두 장귀비와 공귀빈의 모습을 찬미한 것이다."라고 하였다. ≪대업습유기≫를 살펴보면, '둥근 달' 구는 아마도 강총의 가사이다.

≪隋書·樂志≫曰, 陳後主於清樂中造<黃驪留>及<玉樹後庭花><金釵兩鬢垂>等曲,[1] 與幸臣等製其歌詞,[2] 綺艷相高,[3] 極於輕蕩,[4] 男女唱和, 其音甚哀. ≪五行志≫曰, 禎明初,[5] 後主作新歌, 辭甚哀怨, 令後宮美人習而歌之.[6] 其辭曰, 玉樹後庭花,[7] 花開不復久. 時人以歌讖,[8] 此其不久兆也.[9] ≪南史≫曰, 後主張貴妃名麗華,[10] 與龔孔二貴嬪王李二美人張薛二淑媛袁昭儀何婕妤江修容等,[11] 並有寵, 又以宮人袁大捨等爲女學士.¹²⁾ 每引賓客游宴, 則使諸貴人女學士與狎客共賦新詩,¹³⁾ 采其尤艶麗者, 以爲曲調, 被以新聲,¹⁴⁾ 選宮女千數歌之. 其曲有<玉樹後庭花><臨春樂>等. 其略云, 璧月夜夜滿,¹⁵⁾ 瓊樹朝朝新.¹⁶⁾ 大抵皆美張貴妃孔貴嬪之容色. 按≪大業拾遺記≫, 璧月句, 蓋江總辭也.¹⁷⁾

주석

1) 陳後主(진후주) : 남조南朝 진陳나라 마지막 황제인 진숙보陳叔寶.
   淸樂(청악) : 청상악淸商樂이라고도 부르는데 남조의 옛 음악을 가리킨다. ≪구당서舊唐書≫에 따르면 북위北魏의 효문제孝文帝, 선무제宣武帝가 회하淮河, 한수漢水 유역의 음악을 모아 청상악이라 하였고 이후 수나라 때에는 청상서淸商署를 두고 그 관장 음악을 모두 청악이라 불렀다고 한다.
2) 幸臣(행신) : 임금의 총애를 받는 신하.
3) 綺艶(기염) : 화려하고 아름다움.
4) 輕蕩(경탕) : 경박하고 음탕함.
5) 禎明(정명) : 진 후주의 연호(587~589)이다.
6) 美人(미인) : 후궁의 관직명.
7) 玉樹(옥수) : 아름다운 나무. 인품이 훌륭하고 재주가 많은 사람을 비유하기도 한다.
8) 歌讖(가참) : 노래로 예언하다.
9) 兆(조) : 징조.
10) 張麗華(장려화) : 진 후주의 후궁. 후주가 태자였을 때부터 총애를 받았고 즉위한 후에는 귀비에 봉해졌다. 정무에까지 참여할 정도로 권한이 막강하였는데 이후 망국의 책임을 지워 죽임을 당했다.
    貴妃(귀비) : 후궁의 관직명. 후궁 중 가장 높은 직급이다.
11) 貴嬪(귀빈), 美人(미인), 淑媛(숙원), 昭儀(소의), 婕妤(첩여), 修容(수용) : 후궁의 관직명.
12) 大捨(대사) : 여관女官의 명칭인 듯하다.
    女學士(여학사) : 여관女官의 명칭.
13) 貴人(귀인) : 후궁의 관직명.
    狎客(압객) : 스스럼없이 가까이 지내는 손님.

14) 被(피) : 입히다. 여기서는 가사에 곡조를 덧붙인 것을 말한다.
15) 璧月(벽월) : 둥근 달.
16) 瓊樹(경수) : 아름다운 나무. 고결한 인품을 가진 사람 혹은 미녀를 비유한다.
17) 江總(강총) : 진나라 대신이자 문학가로 자는 총지總持이다. 진 후주가 즉위하였을 때 상서령 尙書令에 봉해졌다. 진 후주의 압객으로 정무를 뒤로 하고 연회를 즐기며 염정시를 지었다. 저서로 ≪강령군집江令君集≫이 있다.

34-1 옥수후정화 玉樹後庭花
진陳 후주後主

麗宇芳林對高閣,¹⁾	화려한 집에 봄날 숲은 높은 누각을 마주하고
新妝豔質本傾城,²⁾	갓 단장한 고운 모습은 본디 성도 기울게 할 만하네.
映戶凝嬌乍不進,³⁾	문에 비친 엉겨있던 교태로운 모습 돌연 나아가지 않더니
出帷含態笑相迎,⁴⁾	휘장 밖으로 나와 어여쁜 자태를 띠고 웃으며 반기네.
妖姬臉似花含露,⁵⁾	아리따운 여인의 뺨이 이슬 머금은 꽃 같으니
玉樹流光照後庭,⁶⁾	아름다운 나무에서 내린 빛이 뒤뜰을 비추네.

주석

1) 麗宇(여우) : 화려한 집.
   芳林(방림) : 향기로운 숲. 봄날 숲을 말한다.
2) 豔質(염질) : 아름다운 모습.
   傾城(경성) : 성을 기울게 하다. 경성지색傾城之色의 준말로 여인의 미모를 극찬하는 것이다.
3) 映戶(영호) : 문에 비치다.
   凝嬌(응교) : 교태로운 자태가 엉겨있다. 애교가 많음을 나타낸다.
   乍不進(사부진) : 갑자기 앞으로 나아가지 않다. 머뭇거리는 모습을 나타낸다.
4) 含態(함태) : 아름다운 자태를 띠다.

5) 妖姬(요희) : 아름다운 여인으로 시녀나 첩에게 쓰인다.
　臉(검) : 뺨.
6) 玉樹(옥수) : 아름다운 나무. 여기서는 남자를 가리킨다.
　流光(유광) : 흐르는 달빛. 여기서는 남자의 사랑을 비유한다.
　後庭(후정) : 뒤뜰. 후궁의 거처를 비유한다.

해설

이 시는 아름다운 여인을 만나 사랑을 나누는 모습을 그린 내용이다. 맨 뒤에 이어서 "꽃이 피고 짐은 오래 가지 않아, 땅 가득 붉은 잎 떨구고 적막 속으로 돌아가네.(花開花落不長久, 落紅滿地歸寂中)"의 시구가 더 있는 판본도 있는데 후대에 덧붙여진 것으로 보인다.

34-2 옥수후정화 玉樹後庭花
당唐 장호張祜

輕車何草草,¹⁾	가벼운 수레 어찌 그리 다급한가?
獨唱後庭花.²⁾	홀로 〈옥수후정화〉를 불렀네.
玉座誰爲主,³⁾	옥좌는 누가 주인이 되려나?
徒悲張麗華.⁴⁾	그저 장려화를 서글퍼할 뿐이었네.

주석

1) 輕車(경거) : 가벼운 수레. 고대 군대용 수레의 일종이다.
　草草(초초) : 다급한 모양.
2) 後庭花(후정화) : 〈옥수후정화玉樹後庭花〉의 악곡명을 줄여 쓴 것이다.
3) 玉座(옥좌) : 임금의 자리.
4) 張麗華(장려화) : 진 후주의 총애를 받았던 후궁 장귀비張貴妃를 가리킨다. 진나라가 망하고 죽임을 당했다.

해설

　이 시는 진나라가 패망의 길로 접어들어 혼란에 빠진 가운데 진陳 후주後主의 애첩이었던 장려화張麗華의 신세를 안타까워하는 것이다.

(홍혜진)

35. 당당 堂堂[1]
당唐 온정균溫庭筠

錢塘岸上春如織,[2]	전당 기슭가로 비단 같은 봄이 펼쳐지고
淼淼寒潮帶晴色.[3]	아득히 차가운 조수는 맑은 빛을 띠고 있네.
淮南遊客馬連嘶,[4]	회남을 떠도는 나그네 말울음 소리 이어지는데
碧草迷人歸不得.[5]	푸른 풀이 사람을 미혹시켜 돌아가질 못하네.
風飄客意如吹烟,[6]	바람이 나그네 마음에 불어 흩어진 안개 같아지고
纖指殷勤傷雁弦.[7]	가녀린 손가락에 깊은 정을 담으니 금곡에 슬퍼지네.
一曲堂堂紅燭筵,	〈당당〉 곡조에 붉은 초를 밝힌 연회에서
金鯨瀉酒如飛泉.[8]	금색 고래로 술을 따르니 폭포 같구나.

주석

1) 堂堂(당당) : 진陳 후주後主가 지은 곡조명. 이 시가 ≪재조집才調集≫에는 <전당곡錢塘曲>으로 되어 있다.
2) 錢塘(전당) : 전당강. 절강성浙江省 북부를 지나 항주만杭州灣으로 흘러드는데 이때 동해의 조류가 항주만으로 급격히 흘러들어감에 따라 조수간만의 차가 크게 일어난다.
   織(직) : 비단.
3) 淼淼(묘묘) : 물이 아득히 넓고 큰 모양.
   晴色(청색) : 맑게 갠 하늘 빛.
4) 淮南(회남) : 회하淮河의 남쪽과 장강 북쪽을 가리킨다.
   嘶(시) : 말울음 소리.

5) 碧草(벽초) : 푸른 풀. 전설상에 술을 담그는 데 쓰이는 풀이라고도 한다.
   迷人(미인) : 사람을 미혹시키다.
6) 吹烟(취연) : 바람이 불어 흩어진 구름.
7) 纖指(섬지) : 가녀린 손가락. 여인의 손을 가리킨다.
   殷勤(은근) : 정이 깊다.
   傷(상) : 서글퍼지다. 여기서는 금곡 연주에 감동했음을 나타낸다.
   雁弦(안현) : 안족雁足과 현. 금琴을 가리킨다.
8) 金鯨(금경) : 금색의 고래. 크고 화려한 모양의 술 담는 그릇.
   瀉酒(사주) : 술을 따르다.
   飛泉(비천) : 폭포.

해설

이 시는 봄날에 나그네가 길을 떠날 것도 잊은 채 강가에서 연회를 즐기는 모습을 나타내었다.

(홍혜진)

36. 삼각사 4수 三閣詞四首

당唐 유우석劉禹錫

<삼각사>는 유우석이 지은 오성곡이다. ≪남사≫에 이르기를, "진 후주는 지덕 2년에 광소전 앞에 임춘, 결기, 망선의 세 누각을 세웠는데 높이가 수십 장이고 모두 수십 칸이었다. 창문, 벽대, 들보, 난간의 종류들을 모두 침향목과 단향목으로 만들었다. 또 진주와 옥으로 장식하고 진주와 비취를 사이에 섞었으며 바깥쪽에 주렴을 설치하고 안쪽에 보석 침대와 보석 휘장을 두었는데 옷의 노리개가 특이하고 아름다워 가까운 옛날에는 없던 것이었다. 매번 산들바람이 잠시 불어오면 향기가 수 리까지 풍겼고 아침 해가 막 뜨면 빛이 후정을 비췄다. 그 아래에는 돌을 쌓아 산을 만들고 물을 끌어 연못을 만들어 기이한 나무를 심고 꽃과 약초를 섞어 심었다. 후주는 스스로 임춘각에 머물렀고 장귀비는 결기각에 살았으며 공과 공씨 두 귀빈은 망선각에서 지냈는데 모두 복도로 서로 왕래하였다."라고 하였다.

<三閣詞>, 劉禹錫所作吳聲曲也. ≪南史≫曰, 陳後主至德二年,[1] 於光昭殿前起臨椿結綺望仙三閣,[2] 高數十丈, 並數十間. 窗牖壁帶懸楣欄檻之類,[3] 皆以沈檀香爲之.[4] 又飾以珠玉, 間以珠翠, 外施珠簾, 內有寶牀寶帳, 服玩瑰麗,[5] 近古未有. 每微風暫至, 香聞數里, 朝日初照, 光映後庭. 其下積石爲山, 引水爲池, 植以奇樹, 雜以花藥. 後主自居臨春閣, 張貴妃居結綺閣,[6] 龔孔二貴嬪居望仙閣,[7] 並復道交相往來.[8]

주석

1) 陳後主(진후주) : 남조南朝 진나라 후주 진숙보陳叔寶.
   至德(지덕) : 남조 진 후주의 연호(583~586)이다.
2) 光昭殿(광소전) : 진 후주의 황궁.

3) 窻牖(창유) : 창문.
   壁帶(벽대) : 벽 중앙에 띠처럼 가로 지른 나무.
   懸楣(현미) : 들보.
   欄檻(난함) : 난간.
4) 沈檀香(침단향) : 침향목과 단향목.
5) 服玩(복완) : 노리개. 옷의 장신구를 뜻한다.
   瑰麗(괴려) : 특이하고 아름다움.
6) 張貴妃(장귀비) : 진 후주의 애첩 장려화張麗華. 귀비는 후궁 가운데 가장 높은 관직명이다.
7) 龔孔(공공) : 공龔씨와 공孔씨.
   貴嬪(귀빈) : 후궁의 관직명.
8) 復道(복도) : 공중에 위아래 이중으로 만들어진 통로.

36-1

貴人三閣上,¹⁾   귀인들이 세 누각에서
日晏未梳頭.²⁾   해가 저물도록 머리를 빗지 않았네.
不應有恨事,   응당 원망할 만한 일은 아니니
嬌甚卻成愁.³⁾   교태가 지나쳐 도리어 근심이 된 것이라네.

주석

1) 貴人(귀인) : 궁중 여관女官의 명칭. 여기서는 진陳 후주後主의 첩인 장귀비張貴妃, 공龔과 공孔씨의 두 귀빈貴賓을 가리킨다.
   三閣(삼각) : 진 후주가 세운 임춘臨春, 결기結綺, 망선望仙의 세 누각.
2) 日晏(일안) : 해가 저물다.
   梳頭(소두) : 머리를 빗다.
3) 成愁(성수) : 근심이 되다.

해설

이 시는 진 후주가 임춘각, 결기각, 망선각을 짓고 주색을 즐기다가 수나라의 침입으로 몰락하게 되면서 세 명의 첩들도 더 이상 총애를 받을 수 없게 되었음을 말하였다.

36-2

珠箔曲瓊鉤,¹⁾	주렴에 갈고리가 휘어져 있는데
子細見揚州.²⁾	자세히 양주를 보았네.
北兵那得度,³⁾	"수나라 군대가 어찌 강을 건널 수 있으리오!"
浪語判悠悠.⁴⁾	함부로 말하며 판단이 사리에 맞지 않았네.

주석

1) 珠箔(주박) : 주렴.

   瓊鉤(경구) : 옥으로 만든 갈고리. 초승달을 비유하기도 한다. 589년 정월 초하루에 장강 하류에 있던 수나라 군대가 도강하기 시작하였는데 하약필何若弼의 부대가 양주 쪽에서 도강하였다. 이후 2월에 진나라는 결국 패망하게 되었다.

2) 子細(자세) : 자세히.

   見揚州(견양주) : 양주를 보다.

3) 北兵(북병) : 북쪽 군대. 여기서는 수나라 군대를 가리킨다.

   那得度(나득도) : 어찌 건널 수 있겠는가? ≪남사南史·은행전恩倖傳·공범孔範≫에 따르면 수군이 강을 건너 침략해 오려하자 뭇 관료들이 이에 대비할 것을 청하였는데 공범이 "장강은 천연의 요새인지라 예부터 가로막고 있으니 수군이 어찌 날아서 건널 수 있겠습니까?(長江天塹, 古來限隔, 虜軍豈能飛度?)"라고 하였다. 공범은 신 후주와 공귀인의 총애를 등에 업고 아부를 일삼으며 권력을 행사하였던 간신이었다.

4) 浪語(낭어) : 함부로 지껄이는 말.

   悠悠(유유) : 우활하다. 물정을 몰라 판단이 사리에 맞지 않음을 나타낸다.

> [해설]
>
> 588년 12월에 수隋 문제文帝가 천하를 통일할 계획을 세우고 건강建康을 기습하기 위해 장강 북쪽에 수나라 군대를 집결시켰으나 공범孔範이 사태의 심각성을 인식하지 못하고 진陳 후주後主에게 어리석은 망언을 올렸음을 나타내었다.

36-3

沈香帖閣柱,¹⁾	침향목을 덧붙인 누각 기둥
金縷畫門楣.²⁾	금실로 그림을 그려놓은 문미.
回首降幡下,³⁾	고개 돌리니 투항한 깃발 아래로
已見黍離離.⁴⁾	이미 무성한 기장이 보이네.

> [주석]
>
> 1) 沈香(침향) : 침향목.
>   帖(첩) : 붙이다.
>   閣柱(각주) : 누각 기둥.
> 2) 門楣(문미) : 문틀 위에 가로로 댄 나무.
> 3) 降幡(항번) : 투항한 깃발.
> 4) 黍離離(서리리) : 기장이 무성한 모양. 도성이 황폐한 모습을 비유한다. ≪시경詩經·왕풍王風·서리黍離≫에 "기장이 무성하고 피의 싹이 돋았구나.(彼黍離離, 彼稷之苗)"라고 하였다.

> [해설]
>
> 이 시는 화려한 삼각三閣의 모습과 망국의 모습을 대조하여 진 후주의 실정을 비판하였다.

36-4

三人出皆井,¹⁾	세 사람이 마른 우물에서 나왔는데

一身登檻車.²⁾	한 사람은 호송 수레에 올랐네.
朱門漫臨水,³⁾	붉은 문이 질펀히 흐르는 강물을 대하고 있으니
不可見鱸魚.⁴⁾	더 이상 농어를 볼 수 없겠구나.

주석

1) 三人(삼인) : 세 사람. 여기서는 진陳 후주後主, 장귀비張貴妃, 공귀빈孔貴嬪을 가리킨다.
   眢井(원정) : 메마른 우물. 위 세 사람이 수나라 군대를 피해 몸을 숨겼던 경양궁景陽宮의 우물을 가리킨다.

2) 一身(일신) : 한 몸. 진 후주를 가리킨다.
   檻車(함거) : 죄인을 호송하는 수레. 진 후주는 수나라 군대의 침략 후 건강建康에서 장안長安으로 후송되었다.

3) 朱門(주문) : 붉은색 문. 본래 고관대작의 집을 가리키나 여기서는 진 후주의 장안 거처를 가리킨다. 문제는 진 후주에게 거처를 마련해주고 삼품관三品官으로 예우하였다.
   漫臨水(만임수) : 질펀히 흐르는 물을 대하다. 《남사南史·진본기陳本紀·후주後主》에 따르면 외다리인 새들이 궁궐 뜰에 모여 땅에다 부리로 그림을 그려 문장을 이뤘는데 "외로이 높은 누대에 오르니 무성한 풀들은 잿더미가 되었네. 내 집터를 알고자 하는데, 붉은 문이 물을 대하고 열려있네.(獨足上高臺, 盛草變爲灰. 欲知我家處, 朱門當水開)"라고 쓰여 있었다. 풀이하는 자가 말하기를, "장안에 이르러 식솔들과 도수대에서 지냈는데 이른바 높은 누대에 올라 강물을 대한다고 한 것이다.(及至京師, 與其家屬館于都水臺, 所謂上高臺, 當水也)"라고 하였다.

4) 鱸魚(노어) : 농어. 고향을 그리며 돌아가고픈 심정을 말한다. 《세설신어世說新語·식감識鑑》에 따르면 서진西晉의 장한張翰이 제왕齊王 사마경司馬囧의 동조연東曹掾으로 낙양洛陽에 있었는데 가을바람이 이는 것을 보고는 고향인 오중吳中 땅의 순채국과 농어회를 그리며 벼슬에 얽매이지 않고 자신의 뜻에 따라 살겠다고 말하고는 고향으로 돌아가 버렸다. 그런데 얼마 있지 않아 제왕이 패망하자 사람들은 장한이 이미 조짐을 알았던 것이라 생각했다고 한다.

악부시집樂府詩集 · 청상곡사淸商曲辭 1

해설

  이 시는 진나라가 몰락한 후 진 후주가 장안으로 송치되어 다시는 자신의 황궁으로 되돌아갈 수 없게 되었음을 안타까워하는 것이다.

(홍혜진)

37. 범용주 泛龍舟[1]

수隋 양제煬帝

≪수서·악지≫에 이르기를, "수 양제가 염정시를 대대적으로 지었는데 시어가 극도로 음탕하고 기려하였다. 악정 백명달로 하여금 새 곡을 짓게 하여 <만세락>, <장구락>, <칠석상봉락>, <투호락>, <무석동심계>, <옥녀행상>, <신선류객>, <척전속명>, <투계자>, <투백초>, <범룡주>, <환구궁>, <장락화>, <십이시> 등의 곡을 지었는데 낮고 침울한 소리가 매우 서글펐으며 애처로운 소리는 애간장이 끊어지는 듯하였다."라고 하였다. ≪당서·악지≫에 이르기를, "<범용주>는 수 양제가 강도궁에서 지은 것이다."라고 하였다.

≪隋書·樂志≫曰, 煬帝大製豔篇, 辭極淫綺,[2] 令樂正白明達造新聲,[3] 創<萬歲樂><藏鉤樂><七夕相逢樂><投壺樂><舞席同心髻><玉女行觴><神仙留客><擲磚續命><鬪鷄子><鬪百草><泛龍舟><還舊宮><長樂花><十二時>等曲,[4] 掩抑摧藏,[5] 哀音斷絶.[6] ≪唐書·樂志≫曰, 泛龍舟, 隋煬帝江都宮作.[7]

> 주석

1) 龍舟(용주) : 수 양제는 강도江都 유람을 위해 길이 200척에 높이 4층의 거대하고 화려한 배를 만들었다고 한다.
2) 淫綺(음기) : 음란하고 기려함.
3) 樂正(악정) : 고대 악관樂官의 관직명.
   白明達(백명달) : 궁정 음악가. 수 양제 때에 악정을 지냈고 이후 당 고종高宗에게도 총애를 받아 음악을 관장하였다.
4) 投壺樂(투호락) : 악곡명. 곽무천의 ≪악부시집≫에는 없으나 ≪수서·악지≫에 근거하여

악부시집樂府詩集 · 청상곡사淸商曲辭 1

추가된 것이다.

鬪鷄子(투계자) : 악곡명. '투'는 '단斷'으로 되어 있던 것을 ≪수서·악지≫에 근거하여 바꾼 것이다.

5) 掩抑(엄억) : 낮고 침울한 소리.

摧藏(최장) : 꺾고 거두어들이다. 극도의 슬픔을 나타낸다.

6) 斷絶(단절) : 애간장이 끊어지다.

7) 江都宮(강도궁) : 강도현의 행궁.

舳艫千里泛歸舟,[1]	배꼬리와 뱃머리가 천리까지 이어져 돌아가는 배들
言旋舊鎭下揚州.[2]	옛 진영으로 돌아가느라 양주로 내려가네.
借問揚州在何處,	양주가 어디에 있는지 물으니
淮南江北海西頭.[3]	회하의 남쪽, 장강의 북쪽, 바다의 서쪽이라 하네.
六轡聊停御百丈,[4]	수레를 잠시 세우고 배의 밧줄을 부리니
暫罷開山歌棹謳.[5]	산을 파던 것을 잠시 그만두고 뱃노래를 부르네.
詎似江東掌間地,[6]	어찌 강동의 손바닥만 한 땅에서
獨自稱言鑑裏遊.[7]	홀로 거울 속 유람이라 말하는 것과 같겠는가.

주석

1) 舳艫(축로) : 선미船尾와 선두船頭. 배가 앞뒤로 수없이 연이어져 있는 모습을 나타낸다.

2) 言(언) : 어조사.

旋(선) : 돌아가다.

舊鎭(구진) : 옛 진영. 수 양제는 황제가 되기 전인 590~600년에 양주총관揚州總管을 지냈다.

揚州(양주) : 한나라 때는 강도현江都縣이었고 수나라 때는 양주라 하였다. 수 양제는 605년, 610년, 616년 세 차례 강도궁에 행차하였다.

3) 淮南(회남) : 회하淮河의 남쪽.

4) 六轡(육비) : 여섯 고삐. 여섯 마리의 말이 끄는 황제의 수레를 가리킨다.

聊(료) : 잠시.

332

百丈(백장) : 대로 만든 밧줄로 배를 끌 때 사용한다.
5) 開山(개산) : 산을 파다. 양주의 운하를 개통하는 것을 나타낸다.
棹謳(도구) : 뱃노래.
6) 詎(거) : 어찌.
江東(강동) : 장강 하류 일대를 가리킴.
掌間地(장간지) : 손바닥만 한 땅. 작은 땅을 뜻한다.
7) 鑑裏遊(감리유) : 거울 속 유람. '감'은 깨끗하고 맑은 강물을 나타낸다.

해설
　이 시는 양주를 향해 가는 용주의 거대하고 웅장한 행렬과 뱃놀이를 즐기는 감회를 나타낸 것이다.

(홍혜진)

38. 황죽자가 黃竹子歌

당나라 이강성이 이르기를, "<황죽자가>, <강릉녀가>는 모두 지금의 오 땅 노래이다."라고 하였다.
唐李康成曰,¹⁾ <黃竹子歌><江陵女歌>, 皆今時吳歌也.

| 주석 |

1) 李康成(이강성) : 당나라 천보天寶 연간의 문인. 저서로 ≪옥대후집玉臺後集≫이 있는데 진陳 후주後主, 수隋 양제煬帝, 강총江總, 유신庾信, 심전기沈佺期, 송지문宋之問, 초당사걸初唐四傑 등 209명의 작품이 수록되어 있다.

江邊黃竹子,¹⁾   강가의 황죽은
堪作女兒箱.²⁾   아가씨의 상자로 만들 만하지.
一船使兩槳,³⁾   배 한 척에 두 노를 써서
得娘還故鄉.   아가씨를 얻어 고향으로 돌아가야지.

| 주석 |

1) 黃竹子(황죽자) : 황죽. '모죽毛竹'이라고도 한다. 단단하면서도 탄성이 높고 뿌리가 단단히 넓게 뻗어있어 다른 대나무에 비해 쉽게 꺾이거나 뽑히지 않는다. 각종 생활용품과 공예품에 사용된다.
2) 堪(감) : ~할 수 있다.
   箱(상) : 상자.
3) 槳(장) : 노.

해설

이 시는 황죽으로 아가씨의 환심을 사서 함께 고향으로 돌아가려는 남자의 마음을 담은 것이다.

(홍혜진)

39. 강릉녀가 江陵女歌

雨從天上落,　　비가 하늘에서 내리니
水從橋下流,　　강물이 교각 아래로 흘러가네.
拾得娘裙帶,[1)]　아가씨의 치마 띠를 집어서
同心結兩頭.　　마음을 같이하며 치마 띠의 양끝을 묶었네.

주석
1) 拾得(습득) : 집다.
　　裙帶(군대) : 치마 끈.

해설
이 시는 비오는 날에 두 남녀가 만나서 서로 사랑을 나누는 모습을 나타낸 것이다.

(홍혜진)

40. 신현가 18수 神弦歌十八首[1]

≪고금악록≫에 이르기를, "<신현가>는 11곡인데 첫째 <숙아>, 둘째 <도군>, 셋째 <성랑>, 넷째 <교녀>, 다섯째 <백석랑>, 여섯째 <청계소고>, 일곱째 <호취고>, 여덟째 <고은>, 아홉째 <채릉동>, 열째 <명하동>, 열한째 <동생>이다."라고 하였다.

≪古今樂錄≫曰, <神弦歌>十一曲, 一曰<宿阿>, 二曰<道君>, 三曰<聖郞>, 四曰<嬌女>, 五曰<白石郞>, 六曰<靑溪小姑>, 七曰<湖就姑>, 八曰<姑恩>, 九曰<採菱童>, 十曰<明下童>, 十一曰<同生>.

주석

1) 十八首(십팔수) : 곽무천 ≪악부시집≫의 작품 목록에 근거하여 보충된 것이다.

40-1 숙아곡 宿阿曲

蘇林開天門,[1]	소왕이 하늘 문을 여시고
趙尊閉地戶.[2]	조왕이 땅의 문을 닫으시네.
神靈亦道同,	신령도 뜻을 같이하여
眞官今來下.[3]	진관이 지금 내려오시네.

주석

1) 蘇(소) : 무엇을 가리키는지 분명하지 않다.

林(임) : 군왕. ≪초사楚辭·천문天問≫에 "태자가 목메어 죽으니 무슨 까닭인가?(伯林雉經, 維其何故)"의 왕일王逸의 주석에서 '백伯'은 우두머리이고 '임林'은 군왕이라 하였다.
天門(천문) : 하늘의 문. 전설에 따르면 하늘에는 '문門'이 있고 땅에는 '호戶'가 있는데 천문은 서북쪽에 지호는 동남쪽에 있다고 하였다.
2) 趙(조) : 무엇을 가리키는지 분명하지 않다.
尊(존) : 높은 자.
地戶(지호) : 땅의 문.
3) 眞官(진관) : 관직이 있는 신선.

해설
이 시는 천지에 제사를 지내니 신선이 강림함을 나타낸 것이다.

40-2 도군곡 道君曲[1]

中庭有樹,   정원 한 가운데 나무가 있는데
自語梧桐,[2]   스스로 오동이라 하니
推枝布葉.[3]   늘어진 가지에 넓은 잎을 가졌네.

주석
1) 道君(도군) : 지위가 높은 도사.
2) 梧桐(오동) : 오동나무. 고대에는 봉황이 서식하는 상서로운 나무로 여겨졌는데 잎이 매우 크다.
3) 推枝(추지) : 늘어진 가지.
布葉(포엽) : 넓은 잎. 또는 잎이 무성하게 펼쳐져 있는 모습이다.

해설
이 시는 상서로운 기운을 가진 오동나무의 모습을 나타낸 것이다.

40-3 성랑곡 聖郎曲

左亦不佯佯,[1]	왼쪽을 봐도 꾸밈이 없고
右亦不翼翼.[2]	오른쪽을 봐도 존엄하지 않네.
仙人在郎傍,	신선이 그대 옆에 있고
玉女在郎側.[3]	선녀가 그대 곁에 있도다.
酒無沙糖味,[4]	술이 단맛이 없으나
爲他通顏色.[5]	그로 인해 낯빛이 통해지기를.

주석

1) 佯佯(양양) : 가식적으로 꾸미다.
2) 翼翼(익익) : 근엄하다.
3) 玉女(옥녀) : 선녀.
4) 沙糖(사탕) : 단맛을 내는 감미료의 일종.
5) 他(타) : 그것. 여기서는 술을 가리킨다.
   通顏色(통안색) : 낯빛이 같아지다.

해설

이 시는 정성스럽게 술을 올리며 신과 마음이 통하게 되기를 바라는 것이다.

(홍혜신)

40-4 교녀시 2수 嬌女詩二首[1]

40-4-1

北遊臨河海,	북쪽에서 노닐며 넓은 강에 임해
遙望中菰菱.[2]	멀리 바라보니 줄과 마름이 눈에 들어오네.
芙蓉發盛華,	부용은 무성한 꽃을 피우고
淥水淸且澄.[3]	녹수는 맑고 또 깨끗한데
弦歌奏聲節,[4]	현의 노래로 음악을 연주하니
仿佛有餘音.[5]	남은 소리가 있는 것 같네.

주석

1) 嬌女(교녀) : 아름다운 여인. 신녀神女를 가리킨다.
2) 菰菱(고릉) : 줄과 마름. 물가에 자란 풀들을 말한다.
   中(중) : 적중하다. 눈에 들어오다.
3) 淥水(녹수) : 호남성 동부에 흐르는 강.
4) 弦歌(현가) : 현과 노래.
   聲節(성절) : 음악 소리와 가락.
5) 仿佛(방불) : 비슷하다. 마치 ~인 듯하다.
   餘音(여음) : 노래의 여운.

해설

이 시는 신녀가 녹수 가에서 현을 타며 노래하는 모습을 말하고 있다.

40-4-2

蹀躞越橋上,[1]	잔걸음으로 다리 위를 넘는데
河水東西流.	강물은 동서로 흐르는구나.
上有神仙居,	위에는 신선의 거처가 있고

下有西流魚,	아래에는 서쪽으로 흘러가는 물고기가 있네.
行不獨自去,	가는데 홀로 가지 않고
三三兩兩俱.	둘둘 셋셋 같이 가네.

주석

1) 蹀躞(접섭) : 잔걸음으로 걷다. 사뿐사뿐 걷다. 보폭이 크지 않게 걷는 것이다.

해설

이 시는 다리 건너에 있는 신선의 거처로 신녀들과 물고기들이 짝을 지어 가는 모습을 노래하고 있다.

40-5 백석랑곡 2수 白石郞曲二首

40-5-1

白石郞,[1]	백석랑은
臨江居.	강가에 산다네.
前導江伯後從魚.[2]	앞에는 장강의 신이 인도하고 뒤에는 물고기가 따르네.

주석

1) 白石郞(백석랑) : 전설 속에 등장하는 물의 신.
2) 江伯(강백) : 장강의 신.

해설

이 시는 물의 신 백석랑이 장강의 신의 인도를 받으며 물고기들이 뒤를 따르는 모습을 노래하였다.

40-5-2

積石如玉.	쌓인 돌은 옥 같고
列松如翠.	늘어선 소나무는 비취 같지.
郞艷得絶.[1]	백석랑의 아름다움은 지극히 빼어나서
世無其二.	세상에 둘도 없다네.

주석

1) 艷(염) : 아름답다.
   得絶(득절) : 빼어남을 얻다. 매우 빼어나다는 말이다.

해설

이 시는 백석랑의 외모가 옥과 비취처럼 아름답다고 칭송하고 있다.

(이다연)

40-6 청계소고곡 青溪小姑曲

오균의 《속제해기》에 이르기를, "회계의 조문소가 남조 송 원가 연간에 동부시로 있었는데 관서가 청계의 중교에 있었다. 가을밤에 달 아래를 걷다가 서글피 고향으로 돌아가고 싶은 생각이 있어 문에 기대어 <오비곡>을 불렀다. 홀연 푸른 옷을 입은 여인이 있어 나이는 15~6세쯤 되어 보였는데 문에 이르러 말하기를, '여랑께서 노래 소리를 들으셨는데 한 미남자께서 달을 쫓으며 노닐고 계시기에 저를 보내어 물어보라 하셨습니다.'라 하였다. 조문소는 이를 조금도 의심하지 않고 마침내 잠시 들르실 것을 청하였다. 잠시 후 여랑이 왔는데 나이는 18~9세쯤 되었으며 용모가 매우 뛰어났다. 조문소에게 이르기를, '그대가 노래를 잘하는 것을 들었는데 노래 한 곡을 지어줄 수 있겠는지요?'라 하였다. 조문소가 즉시 '풀은 반석 아래에서 자라네.'라 노래를 불렀는데 소리가 매우 맑고 아름다웠다. 여랑이 푸른 옷을 입은 여인을 돌아보며 공후를 가져와 이를 타게 하니 맑고 깨끗하기가 초곡과 같았다. 또 시녀에게 명하여 <번상>을 노래하게 하고 스스로 금비녀를 빼어 공후를 타며 이를 반주하였다. 시녀가 이에 노래하기를, '짙은 서리를 노래하니, 짙은 서리가 새벽 장막에 스미네. 그대의 생각을 엿보며 헛되이 방을 지키고, 앉아 짙은 서리 내리기를 기다리네.'라 하였다. 침실에 머물렀다가 아침에 장차 떠나려 하며 금비녀를 조문소에게 주었으며, 조문소 또한 은그릇과 유리 숟가락을 주었다. 다음날 청계의 사당에서 이를 발견하였으니, 그제야 만났던 사람이 청계의 신녀였음을 알게 되었다."라고 하였다. 간보의 ≪수신기≫에 이르기를, "광릉의 장자문이 일찍이 말릉위로 있으면서 적을 공격하다 부상을 당해 죽었다. 오나라 손권 때 중도후로 봉하고 종산에 사당을 세웠다."라고 하였다. ≪이원≫에 이르기를, "청계의 젊은 여인은 장후의 셋째 여동생이다."라고 하였다.

吳均≪續齊諧記≫曰, 會稽趙文韶, 宋元嘉中爲東扶侍,[1] 廨在青溪中橋.[2] 秋夜步月, 悵然思歸, 乃倚門唱<烏飛曲>. 忽有青衣, 年可十五六許, 詣門曰, 女郎聞歌聲, 有悅人者[3] 逐月遊戱, 故遣相問. 文韶都不之疑, 遂邀暫過. 須臾, 女郎至, 年可十八九許, 容色絶妙. 謂文韶曰, 聞君善歌, 能爲作一曲否. 文韶卽爲歌草生盤石下, 聲甚清美. 女郎顧青衣, 取箜篌鼓之, 泠泠似楚曲.[4] 又令侍婢歌<繁霜>, 自脫金簪, 扣箜篌和之. 婢乃歌曰, 歌繁霜, 繁霜侵曉幕. 伺意空相守, 坐待繁霜落. 留連宴寢[5] 將旦別去, 以金簪遺文韶, 文韶亦贈以銀碗及琉璃匕. 明日, 於青溪廟中得之, 乃知得所見青溪神女也. 按干寶搜≪神記曰≫, 廣陵蔣子文,[6] 嘗爲秣陵尉, 因擊賊, 傷而死. 吳孫權時封中都侯, 立廟鍾山.[7] ≪異苑≫曰, 青溪小姑, 蔣侯第三妹也.

주석

1) 元嘉(원가) : 남조南朝 송宋 문제文帝 유의륭劉義隆의 연호(424~453)이다.
   東扶侍(동부시) : 동궁東宮에 속한 관직 이름으로, 태자의 보필을 담당하였다.
2) 青溪(청계) : 삼국시기 오吳나라가 건업성建業城 동남쪽에 뚫은 도랑으로, 지금의 강소성江蘇省 남경시南京市 종산鍾山 서남西南 쪽에서 발원하여 진회하秦淮河로 들어간다. 물줄기가 구불구불한 것이 10여 리에 달하여 '구곡청계九曲青溪'라고도 부른다.
3) 悅人(열인) : 미색이 뛰어난 남자. 여기서는 조문소趙文韶를 가리킨다.
4) 泠泠(영령) : 맑고 깨끗한 모양.

5) 宴寢(연침) : 편안하게 거처하는 곳. 침실을 가리킨다.
6) 蔣子文(장자문) : 장흠蔣歆. 한대漢代 말 광릉廣陵 사람으로 자가 자문子文이다. 말릉위秣陵尉로 있으면서 도적과 싸우다가 종산鍾山에서 전사하였다. 오吳의 손권 때 제후로 봉해졌고 남조 제齊 영명永明 연간에 제帝에 봉해졌으며 남당南唐 때 장무제莊武帝로 추서되었다.
7) 鍾山(종산) : 지금의 남경南京에 있는 자금산紫金山이다. 손권이 장흠蔣歆을 제후로 봉하고 이곳에 사당을 세운 후 이름을 장산蔣山으로 바꾸게 하였다.

開門白水,	문을 열면 흰 물이요
側近橋梁.1)	그 옆에 다리가 가까이 있네.
小姑所居,2)	젊은 여인이 사는 곳이니
獨處無郎.3)	남편도 없이 홀로 살고 있다네.

주석

1) 橋梁(교량) : 다리. 청계淸溪에 놓인 다리를 가리킨다.
2) 小姑(소고) : 젊은 여인. 장자문蔣子文의 셋째 여동생을 가리킨다.
3) 郞(랑) : 남편. 장자문의 여동생은 결혼을 하지 않은 채 죽었으며, 종산鍾山의 장자문蔣子文의 사당에 함께 배향되었다.

해설

　청계淸溪의 다리 근처에서 홀로 살고 있는 젊은 여인을 노래한 것으로, 후에 미혼의 홀로 사는 젊은 여인을 가리키는 '소고독처小姑獨處'라는 말의 기원이 되기도 하였다.

(주기평)

40-7 호취고곡 2수 湖就姑曲二首

40-7-1

赤山湖就頭.[1]	적산 호취 가.
孟陽二三月.[2]	1월, 2월, 3월에
綠蔽賁荇藪.[3]	무성한 초록빛이 마름 뜬 못을 덮었구나.

주석

1) 赤山(적산) : 전설 속의 산.
   湖就(호취) : 지명인 듯하나 정확히 알 수 없다. 이를 호숙湖熟으로 보는 설도 있는데, 고증에 의하면 호숙의 한대漢代 명칭은 호숙胡孰인데 孰熟과 孰熟의 음이 통하고, 孰孰은 취就와 글자 모양이 통했다. ≪홍치구용현지弘治句容縣志≫에서는 이 시를 수록하고 호취를 호숙湖熟으로 고쳤으며, "호숙고묘는 현의 치소 남쪽 20리에 있으니 복조향福祚鄉 기간촌奇干村이다."라고 하였다.

2) 孟陽(맹양) : 봄의 첫째 달. 1월을 가리킨다.

3) 綠蔽(녹폐) : 푸른 덮개. 무성한 초록빛을 말한다.
   賁(비) : 덮다. 가리다.
   荇藪(행수) : 마름이 뜬 못.

해설

이 시는 적산 호취 가에 봄이 되어 푸른 잎들이 가득 자라난 모습을 노래하였다.

40-7-2

湖就赤山磯.[1]	호취는 적산의 물가.
大姑大湖東.[2]	첫째 신녀는 큰 호수 동쪽에 있고,
仲姑居湖西.[3]	둘째 신녀는 호수 서쪽에 살고 있네.

주석

1) 磯(기) : 물가. 기슭.
2) 大姑(대고) : 첫째 신녀.
3) 仲姑(중고) : 둘째 신녀.

해설

이 시는 적산 호취 동서쪽에 신녀들이 살고있음을 노래하였다.

40-8 고은곡 2수 姑恩曲二首

40-8-1

明姑遵八風,¹⁾	명고께서 팔풍을 타시니
蕃謁雲日中.²⁾	변방국이 구름과 해 속에 알현하네.
前導陸離獸,³⁾	앞에서 이끄는 것은 광채 화려한 짐승들
後從朱鳥麟鳳凰.⁴⁾	뒤에서 따르는 것은 주작, 기린, 봉황.

주석

1) 明姑(명고) : 신녀의 이름.

遵(준) : 따르다. 바람을 타는 것을 가리킨다.

八風(팔풍) : 팔방에서 불어오는 바람. 이 구는 신녀가 바람을 타고 사방팔방 다닐 수 있음을 말한다. ≪여씨춘추呂氏春秋·유시有始≫에서 "무엇을 팔풍이라 이르는가. 동북쪽에서 부는 바람은 염풍, 동쪽은 도풍, 동남쪽은 훈풍, 남쪽은 거풍, 서남쪽은 처풍, 서쪽은 요풍, 서북쪽은 여풍, 북쪽은 한풍이라 한다.(何謂八風. 東北曰炎風, 東方曰滔風, 東南曰熏風, 南方曰巨風, 西南曰凄風, 西方曰飂風, 西北曰厲風, 北方曰寒風)"라고 하였다.

2) 蕃(번) : 번국蕃國. 중국의 변방 국가. ≪주례周禮·추관秋官≫에서 "구주의 밖을 번국이라 이른다.(九州之外, 謂之蕃國)"라고 하였다.

雲日(운일) : 구름과 해. 여기서는 신녀가 있는 곳을 가리킨다.

3) 陸離(육리) : 광채가 찬란하고 아름다운 모양. 신의 이름으로 볼 수도 있다.
4) 朱鳥(주조) : 주작朱雀.

해설

이 시는 변방국에서 신녀 명고에게 알현하는 장면을 노래하였다. 앞뒤로 따르는 신수神獸를 통해 신녀의 위용을 드러내었다.

40-8-2

迢迢山頭柏,[1]	아득한 산꼭대기 측백나무
冬夏葉不衰,	겨울이나 여름이나 잎이 시들지 않네.
獨當被天恩,	홀로 하늘의 은혜 받게 되어
枝葉華葳蕤.[2]	가지와 잎이 화려하고 무성하네.

주석

1) 迢迢(초초) : 아득하다.
2) 葳蕤(위유) : 초목이 무성하여 가지와 잎이 늘어진 모양.

해설

이 시는 측백나무가 신녀의 은혜를 받아 사시사철 푸름을 칭송하였다.

40-9 채련동곡 2수 採蓮童曲二首

40-9-1

泛舟採菱葉,	배를 띄워 마름 잎을 뜯는데
過摘芙蓉花.[1]	지나가다 부용꽃도 딴다네.
扣楫命童侶,[2]	노를 두드리며 동무에게 명하여

齊聲採蓮歌.3)　　일제히 채련가를 부르게 하네.

> **주석**

1) 芙蓉花(부용화) : 연꽃. 마음에 드는 연인을 비유한다.
2) 扣楫(구즙) : 노를 두드리다.
   童侶(동려) : 동무. 함께 채련하는 이를 가리킨다.
3) 聲(성) : 소리를 내다. 노래하는 것을 가리킨다.

> **해설**

이 시는 채련동이 부용꽃을 따고는 동무들과 함께 채련가를 부르는 장면을 노래하였다.

40-9-2

東湖扶菰童,1)　　동호에서 줄밥 잡던 선동仙童
西湖採菱茋.2)　　서호에서 마름을 뜯네.
不持歌作樂,3)　　들지 못해서는 노래로 즐거움을 삼다
爲持解愁思.　　　들고 나서는 근심이 풀리네.

> **주석**

1) 扶(부) : 마땅히 '발拔'자로 써야 한다고 한다.
2) 菱茋(능기) : 마름. '능'은 양각 마름, '기'는 삼각, 사각 마름을 가리킨다.
3) 持(지) : 들다. 부용꽃을 따는 것을 가리킨다.
   作樂(작락) : 즐거움을 삼다.
   이 구는 부용꽃을 따지 못하면 노래라도 불러 흥을 내는 것을 말한다.

> **해설**

이 시는 호수의 동서쪽에서 줄밥, 마름 등의 수초를 따는데, 부용꽃을 따지 못하면 노래라도 불러 흥을 내고 부용꽃을 따게 되면 마음의 시름이 절로 풀리는 것을 노래하였다.

40-10 명하동곡 2수 明下童曲二首

40-10-1

走馬上前阪,[1]	말을 달려 앞 비탈을 오르니
石子彈馬蹄.[2]	돌멩이가 말발굽에 튕기네.
不惜彈馬蹄,	말발굽에 튕기는 건 애석하지 않으나
但惜馬上兒.[3]	말위의 선동仙童이 그저 애석할 뿐이네.

주석

1) 前阪(전판) : 앞 비탈. '판'은 산의 비탈길을 뜻한다.
2) 石子(석자) : 돌멩이. 작은 돌덩어리.
3) 馬上兒(마상아) : 말위의 선동仙童. 제목상의 '명하동'을 가리킨다.

해설

이 시는 말을 달려 산위로 오르는 과정에서 명하동이 다칠까 염려하는 마음을 표현하였다.

40-10-2

陳孔驕赭白,[1]	진선과 공범은 자백마를 교만하게 탔고
陸郎乘班騅.[2]	육유는 얼룩 추마에 올라탔네.
徘徊射堂頭,[3]	활터 주변을 서성거리는데
望門不欲歸.	문만 바라본 채 돌아가려하지 않네.

주석

1) 陳孔(진공) : 진선陳宣과 공범孔範. 진陳 후주後主가 총애하던 신하들이다.
   赭白(자백) : 자백마赭白馬. 붉은색과 흰색의 털이 섞인 준마.
2) 陸郎(육랑) : 육유陸瑜. 진陳 후주後主가 총애하던 신하.
   班騅(반추) : 얼룩 추마. 준마를 가리킨다.

3) 射堂(사당) : 활터. 활쏘기 연습장.

해설
이 시는 말을 탄 여러 신하들이 활터에서 명하동을 기다리는 장면을 묘사하였다. 제1-2구의 '진공'과 '육랑'은 청淸 왕기王琦에 의하면 진선陳宣과 공범孔範, 육유陸瑜를 가리키는데, 이들은 모두 진 후주에게 총애를 받던 신하들이다. 따라서 당시의 권력가들이 말을 탄 채 명하동이 내려오길 기다리는 것을 노래한 것으로 추정된다.

40-11 동생곡 2수 同生曲二首[1]

40-11-1

人生不滿百,	인생 백년도 살지 못하면서
常抱千歲憂.	항상 천년 시름을 안고 있네.
早知人命促,[2]	일찌감치 사람 명줄 짧은 줄 알아서
秉燭夜行遊.	등촉 잡고 밤마다 놀러 다니네.

주석
1) 同生(동생) : 동생신同生神. 불교에서 말하는 하늘의 이름. 동생천同生天이라고도 한다. 모든 사람은 태어나면서부터 동생천과 동명천同名天을 갖는데 이들이 항상 따르면서 호위한다. 동생천이라는 것은 이 하늘이 그 사람과 삶을 같이 하는 것이고, 동명천이라는 것은 이 하늘이 그 사람과 이름자를 같이하는 것이다.
2) 促(촉) : 짧다.

해설
이 시는 인생이 짧으니 근심걱정으로 허비하지 말고 즐기며 살 것을 노래하였다.

40-11-2

歲月如流邁,[1]	세월은 물처럼 흘러가는데
行已及素秋,[2]	흘러가서 가을이 되었네.
蟋蟀鳴空堂,[3]	귀뚜라미 텅 빈 당에서 울어
感悵令人憂.[4]	슬픔을 느껴 사람을 근심하게 하네.

주석

1) 邁(매) : 흘러가다. 지나가다. 이 구는 시간이 지나가는 것을 가리킨다.
2) 素秋(소추) : 가을. '소'는 흰색으로 오행五行 중 가을에 해당한다.
3) 蟋蟀(실솔) : 귀뚜라미.
4) 感悵(감창) : 슬픔을 느끼다. 귀뚜라미 소리에 서글퍼지는 것을 가리킨다.

해설

이 시는 가을에 귀뚜라미 소리를 듣고 슬퍼하게 됨을 노래하였다. 가을은 만물이 쇠락하는 계절인데, 이때 삶을 함께하던 이조차 없으니 슬퍼지지 않을 수 없는 것이다.

(김수희)

41. 신현곡 神弦曲

당唐 이하李賀

西山日沒東山昏,	서쪽 산에 해가 지자 동쪽 산이 어둑하고
旋風吹馬馬踏雲.	회오리바람이 말에 부니 말이 구름을 밟네.
畫弦素管聲淺繁,[1]	채색 현악기와 민무늬 관악기 소리 짧고 요란해지니
花裙綷縩步秋塵.[2]	꽃 치마 사각거리며 가을 먼지를 밟네.
桂葉刷風桂墜子,[3]	계화의 잎이 바람에 쓸리면서 꽃이 떨어지니
青狸哭血寒狐死.[4]	창백한 삵은 피 토하며 울고 오싹해진 여우는 죽어가네.
古壁彩虯金帖尾,[5]	옛 벽의 화려한 교룡에는 금이 꼬리에 붙어 있는데
雨工騎入秋潭水.[6]	우공이 타고 가을 못으로 들어가 버렸네.
百年老鴞成木魅,[7]	백년 묵은 늙은 올빼미는 나무귀신이 되었으니
笑聲碧火巢中起.[8]	웃음소리와 푸른 불만 둥지에서 일어나네.

주석

1) 畫弦素管(화현소관) : 장식된 현악기와 소박한 관악기. 악기를 뜻한다.
   淺繁(천번) : 소리가 짧고 요란한 것을 말한다.
2) 綷縩(최채) : 의성어. 옷이 흔들릴 때 나는 소리.
3) 桂(계) : 계화.
   刷風(쇄풍) : 바람이 휩쓸다.
4) 狸(리) : 삵. 악귀를 가리킨다.
   狐(호) : 여우. 악귀를 가리킨다.

5) 帖(첩) : 붙어있다.
6) 雨工(우공) : 비와 우레를 다루는 신. ≪유의전柳毅傳≫에 따르면, 동정호洞庭湖의 용군龍君이 기르는 양이라고 한다.
　　이 구는 '우공이 밤에 타고 못 속으로 들어갔네.(雨公夜騎入潭水)'로 되어있는 판본도 있다.
7) 老鴞(노효) : 늙은 올빼미. 재앙을 불러오는 새로 여겨졌다.
　　木魅(목매) : 나무의 정령.
8) 碧火(벽화) : 푸른 불. 귀신이 일으킨 불이다.

해설
　이 시는 신이 강림하는 모습과 강림하는 신을 환영하는 무녀의 모습, 신에게 쫓김을 당한 악귀들의 모습을 묘사함으로써 사악한 존재를 물리치는 신의 위엄을 나타내었다.
(김해민)

42. 신현별곡 神弦別曲

당唐 이하李賀

巫山小女隔雲別,[1]	무산의 신녀가 구름 너머로 떠나가니
松花春風山上發.	송화가 봄바람에 산 위에서 피어나네.
綠蓋獨穿香逕歸,[2]	녹색 덮개가 홀로 향기로운 길 뚫고 돌아가고
白馬花竿前孑孑.[3]	백마의 꽃 깃대가 앞에서 우뚝 솟아있네.
蜀江風澹水如羅,[4]	촉강은 바람 잔잔하여 강물이 비단 같은데
墮蘭誰泛相經過.[5]	누군가 띄어 놓았을 떨어진 난초를 밟고 지나가네.
南山桂樹爲君死,	남산의 계수나무는 그대 위해 죽어
雲衫殘汙紅脂花.[6]	구름옷에 붉은 계수나무 꽃으로 남아 물들였네.

주석

1) 巫山小女(무산소녀) : 무산의 신녀. 적제赤帝의 딸 요희姚姬를 가리킨다. 꽃다운 나이에 세상을 떠났으며 무산巫山에 묻혔다.
2) 綠蓋(녹개) : 녹색 덮개. 신녀가 타고 있는 수레 덮개를 말한다.
   香徑(향경) : 향기로운 길.
3) 白馬(백마) : 신녀를 모시는 무리를 말한다.
   花竿(화간) : 꽃 깃대.
   孑孑(혈혈) : 우뚝 솟아있는 모양.
4) 蜀江(촉강) : 무산 기슭에 흐르는 강.
   澹(담) : 잔잔하다.

5) 泛(범) : 뜨다.
6) 雲衫(운삼) : 구름옷. 신녀의 옷을 가리킨다.
   殘(잔) : 남다. '淺'으로 된 판본도 있다.
   汙(오) : 물들이다.
   紅脂花(홍지화) : 계수나무 꽃을 가리킨다. 계수나무 꽃은 세 가지 색상이 있는데, 흰색은 은계銀桂, 황색은 금계金桂, 붉은색은 단계丹桂라 한다.

해설

　이 시는 무산의 신녀를 송별하며 쓴 것으로, 무산으로 돌아가는 신녀의 신비로운 분위기와 화려한 모습을 신령한 사물과 선명한 색채대비를 통해 부각시키며 신녀가 다녀가심에 기뻐하는 마음을 드러내었다.

(김해민)

43. 사어산신녀가 2수 祠漁山神女歌二首

당唐 왕유王維

장화의 <신녀부> 서문에 말하기를, "위나라 제북의 종사 현초가 가평 연간에 밤에 꿈을 꾸었는데 신녀가 와서 스스로 말하기를, '하늘의 선녀인데 성은 성공이고 자는 지경이며 동군 사람입니다. 어려서 부모님을 여의었는데 하늘과 땅이 저의 외롭고 고통스러움을 슬피 여겨서 아래 인간세상으로 시집갈 수 있게 해주었습니다.'라고 하였다. 그 후로 삼사일 마다 한 번씩 왔는데 장막을 드리운 수레를 타고 비단옷을 입었다. 지경은 그 모습을 숨길 수는 있었지만 그 소리를 감출 수는 없었으며 또한 그 향기가 지붕까지 이르렀기에 다른 사람들이 알게 되었다. 어느 날 아침 신녀가 떠나면서 치마, 홑저고리, 조끼를 남겨주었다."라고 하였다. ≪술정기≫에 이르기를, "위나라 가평 연간에 신녀인 성공지경이 현초에게 시집을 왔는데 함께 살다가 현초가 그녀에게 간교함이 있는지 의심하자 지경이 곧 관계를 끊었다. 오 년 뒤에 현초가 사신으로 서쪽의 낙양으로 가게 되었는데 제북 어산 아래에 이르러서 길 위에서 멀리 굽은 길 언저리를 바라보니 수레와 말이 있었고 지경과 비슷하였다. 가서 보니 과연 그녀였다. 낙양에 이르러서 옛날의 좋은 관계를 회복할 수 있었다."라고 하였다. 당나라 왕발의 <잡곡>에 이르기를, "지경은 신녀인데 문군을 방문했다."라고 하였다. ≪십도지≫를 살펴보면, "어산은 오산이라고도 한다. 한 무제가 어산을 지나다가 <호자가>를 지어 '오산은 평평하고 거야는 넘친다.'라 하였는데, 바로 이곳이다." 라고 하였다.

張茂先,[2] <神女賦>序曰, 魏濟北從事弦超[3] 嘉平中,[4] 夜夢神女來, 自稱天上玉女, 姓成公, 字智瓊, 東郡人. 早失父母, 天地哀其孤苦, 令得下嫁. 後三四日一來, 即乘輜軿,[5] 衣羅綺. 智瓊能隱其形, 不能藏其聲, 且芬香達于室宇, 頗為人知. 一旦, 神女別去, 留贈裙衫裲襠.⁶⁾ ≪述征記≫曰, 魏嘉平中, 有神女成公智瓊降弦超⁷⁾ 同室, 疑其有奸, 智瓊乃絶. 後五年, 超使將之洛西, 至濟北漁山下陌上, 遥望曲道頭⁸⁾ 有車馬, 似智瓊, 果是. 至洛, 克復舊好.⁹⁾ 唐王勃<雜曲>曰, 智瓊神女, 來訪文君.¹⁰⁾ 按≪十道志≫云, 漁山, 一名吾山. 漢武帝過漁山, 作<瓠子歌>云, 吾山平兮巨野溢.¹¹⁾ 是也.

주석

1) 祠漁山神女歌(사어산신녀가) : 어산의 신녀에게 제사지내는 노래. ≪전당시全唐詩≫ 권125에는 <어산신녀사가魚山神女祠歌>로 되어 있다. '어산'은 '어산魚山' 또는 '오산吾山'이라고도 하며 지금의 산동성 동아현東阿縣에 있다.
2) 張茂先(장무선) : 서진西晉의 문학가인 장화張華로 '무선'은 그의 자이다.
3) 濟北(제북) : 지금의 산동성 제북현.
4) 嘉平(가평) : 위나라 제왕齊王 조방曹芳의 연호로 249~254년이다.
5) 輜軿(치병) : '치'와 '병'은 모두 장막을 드리운 수레이다.
6) 裙衫裲襠(군삼량당) : '군'은 치마이고 '삼'은 홑저고리이며 '양당'은 조끼이다. 여기서는 성공지경이 입던 옷을 가리킨다.
7) 降(강) : 윗사람이 아랫사람에게 시집가는 것을 말한다.
8) 曲道頭(곡도두) : 굽은 길의 끝.
9) 克(극) : 할 수 있다.
10) 文君(문군) : 원래는 주나라 문왕을 가리키는데, 여기서는 누구인지 알 수 없다.
11) 巨野(거야) : 지금의 산동성에 있는 호수의 이름.

(임도현)

43-1 영신 迎神

坎坎擊鼓,	둥둥 북이 울리는
漁山之下.	어산 기슭.
吹洞簫,	퉁소 불며

望極浦,[1)]　　　　먼 포구 바라보네.
女巫進,　　　　　무녀가 나아가
紛屢舞.[2)]　　　　몇 바탕 춤 어지럽네.
陳瑤席,[3)]　　　　옥 자리 펼치니
湛淸酤.[4)]　　　　맑은 술 깨끗하네.
風淒淒,　　　　　바람 처량하고
又夜雨.　　　　　밤 비 오는데.
不知神之來兮不來,　신녀가 올지 안 올지 몰라
使我心兮苦復苦.　　내 마음 졸이고 또 졸이네.

주석

1) 極浦(극포) : 먼 포구. ≪구가九歌·상군湘君≫에 "잠양의 아득한 포구를 바라보며 장강 가로질러 영기를 드날린다.(望涔陽兮極浦, 橫大江兮揚靈)"라고 하였다.
2) 屢舞(누무) : 여러 종류의 공연이 이어지는 춤.
3) 瑤席(요석) : 제사 때 신이 내려오는 제단.
4) 湛(잠) : 물이 맑은 모양.
   淸酤(청고) : 맑은 술.

해설

어산漁山 신녀사神女祠에서 제사를 지내며 신녀의 강림을 기원하는 노래이다.

43-2 송신 送神

紛進舞兮堂前,　　　제당 앞에 어지러이 나아가 춤추는데
目眷眷兮瓊筵.[1)]　　옥 자리에는 아쉬운 눈길.
來不言兮意不傳,　　내려와도 말없이 뜻을 전하지 않고

作暮雨兮愁空山. 저녁 비만 내리시니 빈 산 시름겹네.
悲急管兮思繁弦,[2] 급한 관현악에 슬프고 그리운데
神之駕兮儼欲旋[3] 신녀의 수레 장엄하게 돌아가려 하네.
儵雲收兮雨歇,[4] 어느새 구름 걷히고 비 그쳐
山靑靑兮水潺湲.[5] 산빛은 푸릇푸릇하고 물소리는 졸졸거린다.

주석

1) 眷眷(권권) : 미련을 두고 돌아보는 모습.
   瓊筵(경연) : 좋은 자리. 여기서는 '요석'과 마찬가지로 신이 내려오는 제단이다.
2) 急管(급관), 繁弦(번현) : 악기 연주 리듬이 급함을 가리킨다.
3) 儼(엄) : 엄숙하다.
4) 儵(숙) : 빠르게.
5) 潺湲(잔원) : 물 흐르는 소리.

해설

송신무와 음악 공연으로 제사를 마무리하는 모습을 그린 노래이다.

(이욱진)

44. 사신가 2수 祠神歌二首

당唐 왕예王叡

44-1 영신 迎神

蓪草頭花椰葉裙,[1]	통탈목 꽃 머리에 꽂고 야자 잎 치마 두르고
蒲葵樹下舞蠻雲.[2]	비로야자 나무아래 남만의 춤을 추네.
引領望江遙滴酒,[3]	목 늘여 강 바라보며 멀리 술 방울방울 뿌리니
白蘋風起水生文.[4]	자라풀에 바람 일며 물결 생긴다.

주석

1) 蓪草(통초) : 통탈목. 느릅나무과의 상록관목으로 중국 남부에 자생한다. 높이는 6~8미터에 이르고 늦가을에 흰 꽃이 핀다. 줄기로는 종이를 만들고 뿌리는 이뇨제로 쓰인다.
   頭花(두화) : 무당이 머리에 통탈목 꽃을 장식한 모습을 가리킨다.
2) 蒲葵(포규) : 비로야자. 종려과의 상록관목으로 중국 남부에 자란다. 높이는 8~15미터에 이르고 잎은 부채꼴이다.
   蠻雲(만운) : 남방 이민족 춤의 일종으로 보인다.
3) 滴酒(적주) : 방울진 술. 땅바닥에 술을 뿌리며 신을 부르는 의식이다.
4) 白蘋(백빈) : 자라풀. 수별水鱉이라고도 한다. 연못에서 자라는 수중식물로 잎은 둥글고 8~9월에 흰 꽃이 핀다.

해설

남방의 이국적인 배경에서 영신무를 추며 강의 신을 기다리는 굿판의 노래이다.

44-2 송신 送神

根根山響答琵琶,¹⁾	챙챙 메아리가 비파에 답하는데
酒濕靑莎肉飼鴉,²⁾	술은 향부자 적시고 고기는 까마귀 먹이네.
樹葉無聲神去後,	나뭇잎 소리 없으니 신께서 떠나신 것
紙錢灰出木綿花.³⁾	지전 태운 재에서 목면 꽃이 나오네.

주석

1) 根根(정정) : 의성어. 비파 소리를 형용한다.
2) 靑莎(청사) : 향부자. 사초과의 여러해살이풀로 물가 모래밭에 나며 아열대에 분포한다. 덩이줄기는 부인병에 쓰이는 약재이다.
3) 紙錢(지전) : 종이돈. 신에게 바치는 재물이다.
   木綿(목면) : 낙엽교목으로 인도가 원산지이다. 3~4월에 붉은 꽃이 피며 씨앗 표면에는 흰 솜이 있다.

해설

신을 보낼 때는 음악 연주와 함께 음식을 주변 동식물에 던지는 고수레를 행한다. 신이 떠나자 바람이 그쳐 조용해지고, 종이돈을 태우자 꽃모양 불꽃이 피어오른다. 이것으로 제례는 마무리된다.

(이욱진)

작자소개

곽원진(郭元振, 656~713)

곽진郭震. 당나라 위주魏州 귀향貴鄕(지금의 하북성河北省 대명현大名縣 부근) 사람으로 자가 원진元振이다. 고종高宗 때 진사가 되어 측천무후則天武后 때 양주도독凉州都督이 되었고 중종中宗 때 좌효위장군左驍衛將軍이 되어 안서도호安西都護로 옮겼으며 현종玄宗 때에는 병부상서兵部尙書를 지냈다. 호협豪俠한 성품으로 이름이 높았으며 시문에도 능하였다. 작품집은 모두 산실되었으며 현재 ≪전당시全唐詩≫와 ≪전당문全唐文≫에 일부 시문이 전한다.

설요(薛耀, ?~?)

당나라 시인으로 자세한 사적은 알려져 있지 않다.

송 무제(宋 武帝, 363~422)

남조 송나라의 개국황제 유유劉裕이다.

수 양제(隋 煬帝, 569~618, 재위 604~618)

이름은 양광楊廣이고, 수 문제文帝의 둘째 아들이다. 개황開皇 2년(582)에 진왕晉王이 되어 9년(589)에 진陳을 멸망시키고 병주幷州, 양주揚州 총관總管을 역임하였다가 604년에 제위에 올랐다. 장성을 보수 축조하고 대운하를 건설하였으며 북방과 서방으로 대외원정을 감행하고 612~614년에는 3차례에 걸쳐 고구려를 침공하다 실패하였다. 점차 국운이 기울고 반란이 일어 강도江都(지금의 강소성 양주시揚州市)의 행궁에서 우문화급宇文化及에게 살해되었다. 시문을 즐겨 진왕晉王 시절에 진陳의 옛 신하와 재학을 갖춘 선비 100여 명을 불러 사우師友로 지냈으며, ≪전수시全隋詩≫에 40여 수가 수록되어 있다.

양 무제(梁 武帝, 464~569, 재위 502~549)

남조南朝 양梁나라의 초대황제로 이름이 소연蕭衍이고 자가 숙달叔達이며 남란릉南蘭陵 사람이다. 501년 남제南齊의 황제 동혼후東昏侯를 타도하고 이듬해인 502년 4월 제위에 올랐다. 경릉팔우竟陵八友 중 한 사람으로 문무 재간이 뛰어났으며, 저서로 ≪주역강소周易講疏≫, ≪모시대의毛詩大義≫ 등 주석서 200여 권이 있다.

온정균(溫庭筠, 812~870)

당나라 문인으로 자가 비경飛卿이고 본명은 기岐이며, 병주并州(지금의 산서성 태원시太原市) 사람이다. 재주가 뛰어났지만 과거시험에는 누차 낙방하였으며, 수현위隋縣尉, 국자조교國子助教 등을 역임하였다. 시와 사에 모두 뛰어나 시에 있어서는 이상은李商隱과 더불어 '온이溫李'라고 병칭되었고, 사에 있어서는 위장韋莊과 더불어 '온위溫韋'라고 병칭되었다. 저서로 ≪온비경시집溫飛卿詩集≫ 7권이 있다.

왕금주(王金珠, ?~?)

남조 양梁나라 여류문인이다. 자세한 사적은 알려져 있지 않다.

왕예(王叡, ?~?)

당나라 문인으로 ≪전당시≫에 따르면 당나라 원화元和(806~820) 이후 사람이고 스스로 자곡자炙轂子라고 호를 붙였으며 문집이 5권이다. ≪전당시≫에 <사신가祠神歌> 2수를 포함하여 9수의 시가 실려 있다.

왕유(王維, 701~761)

당나라 문인으로 하동河東 포주蒲州(지금의 산서성山西省 운성시運城市) 사람이며 자가 마힐摩詰이다. 개원開元 9년(721)에 진사가 되어 태악승太樂丞을 역임하였다. 현재 4백여 수의 시가 전하며 맹호연孟浩然과 병칭하여 '왕맹王孟'이라고 불린다. '시불詩佛'이라고 불리며 그림도 잘 그렸는데 그의 그림에는 시가 있고 그의 시에는 그림이 있다는 평을 받았다.

왕한(王翰, 687-726)

당나라 문인으로 자가 자우子羽이며 병주并州 진양晉陽(지금의 산서성山西省 태원시太原市) 사람이다. 예종睿宗 경운景雲 원년(710)에 진사에 급제하였고, 비서성정자秘書省正字, 선주별가仙州別駕 등을 역임하였다. 14수의 시가 전하고 있으며 그 중 <양주사涼州詞>는 낭내 칠언절구 중 걸작으로 꼽힌다.

유우석(劉禹錫, 772~842)

당나라 문인으로 자는 몽득夢得이며 하남河南 낙양洛陽(지금의 하남성 낙양시洛陽市) 사람이나.

유종원柳宗元, 진간陳諫, 한엽韓曄, 왕숙문王叔文 등과 교유하여 팔사마八司馬로 불렸으며 영정혁신永貞革新을 일으켰으나 실패하고 좌천되었다. 만년에는 배도裴度, 백거이白居易와 교유하여 '유백劉白'이라 불리기도 하였다. 주요 작품으로는 <오의항烏衣巷>, <죽지사竹枝詞>가 있으며 문집으로는 ≪유몽득문집劉夢得文集≫과 ≪유빈객문집劉賓客文集≫이 전한다.

육구몽(陸龜蒙, ?~881?)

만당晩唐의 문인으로 소주蘇州 오현吳縣(지금의 강소성江蘇省 소주시蘇州市 오중구吳中區 부근) 사람이다. 어려서부터 육경六經에 통달하였으나 진사 과거에 실패하였다. 호주자사湖州와 소주자사蘇州刺史를 지낸 장박張博의 막료로서 따라다니다가 고향인 송강松江의 보리甫里(지금의 상해시上海市 송강구松江區 부근)에 은거하였다. 시가의 내용에는 강남 지역의 특성이 강하게 나타났다. 피일휴皮日休와 친하게 지내어 '피륙皮陸'이라고 병칭되었다. 문집으로 ≪보리집甫里集≫이 있다.

이가(李暇, ?~?)

당나라 문인으로 현종玄宗 천보天寶 연간에 이강성李康成이 편찬한 ≪옥대후집玉臺後集≫에 그의 시가 수록되었다. ≪전당시≫에 <벽옥가碧玉歌>, <의고동비백로가擬古東飛伯勞歌>, <원시怨詩>의 5수가 실려 있다.

이백(李白, 701~762)

당나라 문인으로 자는 태백太白이고 호號는 청련거사青蓮居士이다. 한림공봉翰林供奉을 역임했다. 안록산의 난이 일어난 뒤 영왕永王의 토벌군에 합류하였다가 반역죄로 유배되었으나 도중에 사면되었다. 자유로운 시풍을 선호하여 가행체歌行體의 시가와 고체시古體詩 및 장편 악부시樂府詩에 능하였다. 백여 수의 악부시를 직접 지었으며 스스로 창작한 신제악부新題樂府도 다수 포함되었다.

이하(李賀, 790~816)

당나라 문인으로 자字가 장길長吉이며 당나라 황실의 후예이다. 재능이 출중하여 한유韓愈와 황보식皇甫湜의 인정을 받았지만, 부친의 휘諱가 문제가 되어 진사시進士試를 치르지 못하였다. 독특하고 기괴한 시를 많이 지어 시귀詩鬼라 불린다.

장약허(張若虛, 647?~730?)

당나라 문인으로 자와 호는 미상이며 양주揚州(지금의 강소성 양주시揚州市) 사람이다. 연주병조兗州兵曹를 지냈으며, 중종中宗 신룡神龍 연간(705~707)에 하지장賀知章, 장욱張旭, 포융包融과 함께 '오중사사吳中四士'로 시명을 떨쳤다. 궁체시에서 벗어나 묘사가 세밀하고 음절이 조화로우며 청려淸麗하고 운치가 풍부하여 초당 시풍의 변화에 영향을 주었다고 평가받는다. 대부분의 작품이 실전되고 ≪전당시全唐詩≫에 2수만 남아 있다.

장자용(張子容, ?~?)

당나라 문인으로 양양襄陽(지금의 호북성 양양시襄陽市) 사람이다. 현종玄宗 선천先天 원년(712)에 진사가 되어 낙성령樂成令, 동성위東城尉, 진릉위晉陵尉를 역임하였고, 맹호연孟浩然과 녹문산鹿門山에 함께 은거하며 많은 시를 주고받았다. 시의 흥취가 고원高遠하여 당시 문사들의 칭송을 받았다.

장호(張祜, 785?~849?)

당나라 문인으로 자가 승길承吉이며 청하淸河(지금의 하북성 청하현淸河縣) 사람이다. 원화元和와 장경長慶 연간에 영호초令狐楚의 눈에 들어 그가 직접 장호의 시 300여수를 조정에 바쳤다. 오랜 세월 동안 강호에서 떠돌다가 조정에 와서 황제에게 자신을 써 줄 것을 청하였지만 원진元稹의 폄하로 인해 결국 회남淮南에서 지내게 되었다. ≪전당시全唐詩≫에 총 349수가 실려 있으며 대표적인 작품으로는 <제금릉도題金陵渡>, <안문태수행雁門太守行> 등이 있다.

제갈영(諸葛穎, 535~612)

남조 양나라 문인으로 자는 한단漢丹이고 건강建康(지금의 강소성 남경시南京市) 사람이다. 양나라 소릉왕邵陵王의 참군사參軍事로 있다가 후경侯景의 난 때 제齊나라로 와서 태자사인太子舍人이 되었다. 수隋나라 양광楊廣이 그의 명성을 듣고 데려와 참군사로 삼았으며 양제煬帝가 즉위한 후에는 저작랑著作郎에 임명하였다. 이후 조청대부朝請大夫, 정의대부正議大夫를 역임하였다. 저서로 ≪수서지隋書志≫, ≪양당서지兩唐書志≫ 등 문집 20권이 있다.

진 후주(陳 後主, 553~604, 재위 582~589)

진숙보陳叔寶. 남조南朝 진陳의 마지막 군주로 자가 원수元秀이고 소자小字는 황노黃奴이다. 주색에 빠져 사치향락을 즐기며 정치를 등한시 하였다가 588년 수隋 문제文帝가 진陳의 수도 건강建康을 함락시켜 체포되었다. 장안長安으로 압송되었는데 문제의 극진한 예우로 석방되어 삼품관三品官의 신분으로 있었다. 인수仁壽 4년(604)에 낙양洛陽에서 병사하였다. 강충江總 등의 문인들과 염사艶詞를 짓고 <춘강화월야春江花月夜>, <옥수후정화玉樹後庭花>, <임춘락臨春樂> 등과 같은 곡을 지었다. 저서로 ≪진후주집陳後主集≫이 있다.

최국보(崔國輔, ?~?)
당나라 문인으로 현종玄宗 개원開元 14년(726)에 진사에 급제하였으며, 산음위山陰尉, 예부원외랑禮部員外郎 등을 역임하였다.

포명월(包明月, ?~?)
남조 양梁나라 사람으로 궁정 가무를 주관하던 궁인이다.

포조(鮑照, 414?~466)
남조南朝 송宋 동해東海(지금의 강소성 연수현漣水縣 북쪽) 사람으로 자가 명원明遠이다. 빈한한 서족庶族 출신으로 임천왕臨川王 유의경劉義慶에게 헌시하여 국시랑國侍郎에 발탁되었으며 해우海虞, 영가永嘉의 현령과 중서사인中書舍人 등을 역임하였다. 임해왕臨海王 유자욱劉子頊의 전군참군前軍參軍을 지내어 포참군鮑參軍이라 불리며, 임해왕이 모반에 실패하여 피살되었을 때 함께 죽었다. 시에 능하였으며 특히 악부시에 뛰어나 북조北朝의 유신庾信과 더불어 '포유鮑庾'라 병칭되고 안연지顔延之, 사령운謝靈運와 더불어 '원가삼대가元嘉三代家'라 칭해진다.

편자소개

곽무천(郭茂倩, 1041~1099)

북송北宋 수성須城(지금의 산동성 동평현東平縣) 사람으로 자가 덕찬德粲이다. 내주통판萊州通判을 지낸 곽권郭勸의 손자이자 태상박사太常博士를 지낸 곽원명郭源明의 아들로, 신종神宗 원풍元豐 7년(1084)에 하남부河南府 법조참군法曹參軍을 역임하였다. ≪악부시집樂府詩集≫ 100권을 편찬하여 한위漢魏 이래 당唐, 오대五代에 이르기까지의 역대 악부시들을 수집 정리하고, 치밀한 고증과 상세한 해제를 통해 후대 악부시 연구에 많은 자료를 제공하였다.

역해자소개

주기평(朱基平)

호號는 벽송碧松이다. 서울대학교 중어중문학과를 졸업하고 동 대학원에서 문학박사 학위를 취득하였다. 서울대학교 규장각한국학연구원의 책임연구원과 서울대학교 인문학연구원의 객원 연구원을 지냈으며, 현재 서울대·서울시립대 등에서 강의하고 있다.
저역서로 ≪육유시가연구≫, ≪육유사≫, ≪육유시선≫, ≪고적시선≫, ≪잠삼시선≫, ≪역주 숙종춘방일기≫, ≪당시삼백수≫(공역), ≪송시화고≫(공역), ≪협주명현십초시≫(공역), ≪사령운·사혜련 시≫(공역), ≪진자앙시≫(공역) 등이 있으며, 주요논문으로 <중국 만가시의 형성과 변화과정에 대한 일고찰>, <진자앙 감우시의 용사 연구>, <중국 역대 도망시가의 사회문화적 배경과 문학예술적 특징 연구> 등이 있다.

서용준(徐榕浚)

서울대학교 중어중문학과를 졸업하고 동 대학원에서 문학박사 학위를 취득하였다. 현재 서울대 등에서 강의하고 있다.
저역서로 ≪사시선원삽흥≫, ≪협주명현십초시≫(공역), ≪사령운·사혜련 시≫(공역), ≪진자앙시≫(공역) 등이 있으며, 악부시 관련 논문으로 <이백 악부시 '오서곡' 연구-시의 화자를 중심으로>, <고악부 '오야제'와 '오서곡'의 기원과 계승 연구-육조시기 악부시를 중심으로>, <악부시 '오야제'와 '오서곡'의 계승과 변화에 대한 연구-당대부터를 중심으로> 등이 있다.

김수희(金秀姬)

이화여자대학교 중어중문학과를 졸업하고 서울대학교 대학원에서 문학박사 학위를 취득하였다. 이화여자대학교 전임연구원을 지내며 명대 여성 작가에 대한 연구를 수행하였다. 현재 서울대·이화여대 등에서 강의하고 있다.

저역서로 ≪풍연사사선≫, ≪명대여성작가총서-이인시선≫, ≪명대여성작가총서-명대여성산곡선≫, ≪협주명현십초시≫(공역), ≪이제현 사선≫(공역), ≪사령운·사혜련 시≫(공역), ≪진자앙시≫(공역) 등이 있으며, 주요논문으로 <남당사의 아속공존 양상 연구>, <명대 기녀사에 나타난 기녀 모습과 그 의미>, <'동귀기사'로 본 명대 여성여행과 여행의식> 등이 있다.

홍혜진(洪惠珍)

숙명여자대학교 중어중문학과를 졸업하고 서울대학교 대학원에서 문학박사 학위를 취득하였다. 현재 서울대·동국대 등에서 강의하고 있다.

저역서로 ≪진자앙시≫(공역)가 있으며, 주요논문으로 <시학 전문서 ≪수원시화≫의 기능>, <강남도시와 원매 전기류 작품의 상관성>, <계보에서 취향으로-袁枚의 <不飮酒二十首>를 중심으로>, <袁枚의 시가창작의 활성화를 위한 방법 고찰> 등이 있다.

임도현(林道鉉)

서울대학교 금속공학과와 영남대학교 중어중문학과를 졸업하고 서울대학교 대학원에서 문학박사 학위를 취득하였다. 이화여대 중문과에서 박사후연구원을 지냈으며, 현재 서울대에서 강의하고 있다.

저역서로 ≪건재 한시집-오리는 잘못이 없다≫, ≪시의 신선 이백 글을 짓다-이태백문집≫(공역), ≪이태백시집 1-7≫(공역), ≪쫓겨난 신선 이백의 눈물≫, ≪한유시선 - 고래와 붕새를 타고 돌아오리라≫, ≪하늘이 내린 내 재주 반드시 쓰일 것이니 - 이백의 시와 해설≫, ≪두보전집 기주시기시역해 1, 2≫(공역), ≪협주명현십초시≫(공역), ≪사령운·사혜련 시≫(공역), ≪진자앙시≫(공역) 등이 있다.

이욱진(李旭鎭)

서울대학교 중어중문학과를 졸업하고 동 대학원에서 문학박사 학위를 취득하였다. 해군사관학교 중국어교관을 지냈으며, 현재 서울대에서 강의하고 있다.

저역서로 ≪협주명현십초시≫(공역)가 있으며, 주요논문으로 <문심조룡 갈래 체계로 본 유협의 시가관>, <≪시경≫ 자연 경물 모티프의 은유>, <전고 사용의 은유와 환유-교연 ≪시식≫의 용사관> 등이 있다.

김해민(金海珉)
중국 칭화대학교 중어중문학과를 졸업하고 서울대학교 대학원에서 박사과정을 수료하였다. 현재 박사 논문을 준비 중이다.

이다연(李多娟)
홍익대학교 법학과를 졸업하고 서울대학교 대학원에서 박사과정을 수료하였다. 주요논문으로 <롤랑 바르트의 신화론으로 典故 읽기>, <The Xingxing Blood Metaphor and its Color in Chinese Classical Poetry>가 있다.

악부시집 · 청상곡사 1

초판 인쇄 2020년 1월 15일
초판 발행 2020년 1월 23일

지　　음 | 곽무천
역　　해 | 주기평 서용준 김수희 홍혜진
　　　　　임도현 이욱진 김해민 이다연
펴 낸 이 | 하운근
펴 낸 곳 | 學古房

주　　소 | 경기도 고양시 덕양구 통일로 140 삼송테크노밸리 A동 B224
전　　화 | (02)353-9908　편집부(02)356-9903
팩　　스 | (02)6959-8234
홈페이지 | http://hakgobang.co.kr/
전자우편 | hakgobang@naver.com, hakgobang@chol.com
등록번호 | 제311-1994-000001호

ISBN　　978-89-6071-943-9　93820

값 : 26,000원

이 도서의 국립중앙도서관 출판시도서목록(CIP)은 서지정보유통지원시스템 홈페이지(http://seoji.nl.go.kr)와 국가자료공동목록시스템(http://www.nl.go.kr/kolisnet)에서 이용하실 수 있습니다. (CIP제어번호: CIP2020001973)

■ 파본은 교환해 드립니다.